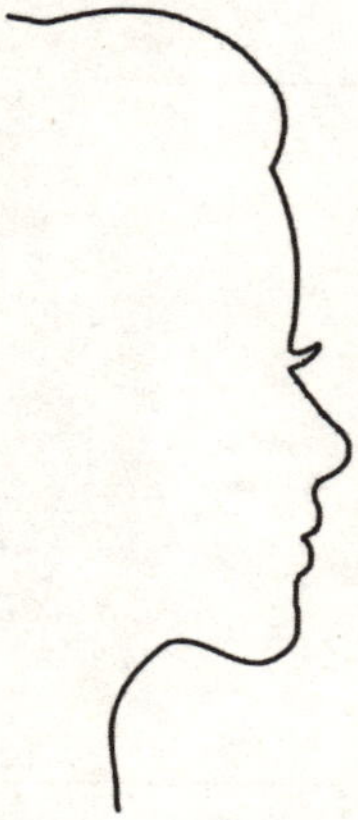

语文课
行进在对话中

邢秀凤◎著

浙江教育出版社·杭州

图书在版编目（CIP）数据

语文课 ：行进在对话中 / 邢秀凤著. -- 杭州 ：浙江教育出版社，2021.11
ISBN 978-7-5722-2363-1

Ⅰ. ①语… Ⅱ. ①邢… Ⅲ. ①小学语文课—教学研究 Ⅳ. ①G623.202

中国版本图书馆CIP数据核字(2021)第175676号

语文课：行进在对话中

YUWENKE XINGJIN ZAI DUIHUA ZHONG

邢秀凤　著

出版发行　浙江教育出版社
（杭州市天目山路40号　电话：0571-85170300-80928）
责任编辑　高露露
美术编辑　韩　波
责任校对　王晨儿　戴正泉
责任印务　曹雨辰
图文制作　杭州兴邦电子印务有限公司
封面设计　大米工作室
印　　刷　浙江新华数码印务有限公司
开　　本　720mm×1000mm　1/16
印　　张　17.75
字　　数　229 000
版　　次　2021年11月第1版
印　　次　2021年11月第1次印刷
标准书号　ISBN 978-7-5722-2363-1
定　　价　48.00元

序一

邢秀凤，1990年毕业于浙江师范大学中文系，2007年被评为教授。她一直致力于小学语文教学法的研究和教学，在这个领域中深耕多年，也取得了傲人的成绩。从21世纪初，她就开始探索“对话理念在小学语文教学中的实践应用”，从理论和实践两个层面构建了“语文对话式阅读教学”体系，在此期间，有多篇论文在《教育研究》等高层次杂志上发表。她是一位接地气的教授，每周走进小学语文课堂成了她几十年的习惯，同时她积极吸纳小学语文教师参与她主持的一系列教育课题研究。与小学语文教师切磋教学成为她工作的重要组成部分，在这一过程中不断引领着小学语文教学的改革。

她的新著《语文课：行进在对话中》我得以先睹为快，并极愿将其推荐给我们的同行。平日常有中小学生反映“语文课没意思”，这是一个值得我们高度关注的问题。没意思即没兴趣之谓也，而兴趣则往往是学习的动力。这本专著提出了正确、有效的解决之道，概括地说，就是要把语文课上成“对话课”，让师生在阅读中与课文自然而然地进入对话关系，兴趣也就在对话中不知不觉地生成了，教学的艺术就是“自然而然”的艺术。同时，本书又围绕小学语文教学培养文本解读能力和提高教师学识修养这两大关键要素，出谋划策，提供了具体的提升策略。邢老师在对“语文课堂教学没意思现状”的原因分析中，既阐明了目前语文教学中的学生观、教师观、课堂观等层面存在的问题，剖析了教学形式、教学手段和教学评价等层面比较保守甚至僵化的现象，同时又从正面提出了高效对话与文本解读以及提升学识修养的几十种举措，可谓金针度人，有助于老师们在尝试对话教学的实践中不断进步。邢老师对语文教学独到、深刻和创新的理解，还体现于她提出的“对话既是教学理念也是教学策略”“对话培育对话者的高阶思维”“语文课堂当从看得见的风景走向看不见的风光”等思想中，这些内容都在相当程度上拓展了语文教学研究的视域。本书不但可以为中小学语文教师改进教学、推动自身专业发展提供借鉴，也可以供语文教研员、师范院校“小学语文教学法”教师作进一步研究的参考。

王尚文

2020年冬月于金华

（王尚文，浙江师范大学教授、国内著名语文教学法专家、当代语文教育家。曾任浙江省中学语文教学研究会会长。）

序二

对话，狭义的理解是人际交往的基础；广义的理解可以延展到人与自然的对话、人与自我的对话、人与世界的对话，望文生义的理解关键在于“对”与“不对”：对，即姿态对等、主题对头、内容对口、形式对眼、过程对劲儿、感觉对味儿；若是不对，可包容对待，棋逢对手、对擂比拼、对标对焦，既对立又统一。而对话的“话”，则可视作言语—语言—言语的螺旋式进阶。

对话，是教育的基本样态。两千多年前的孔子，创生了“不愤不启、不悱不发”的启发式教学，最主要的教学策略便是观察与对话，其《论语》作为儒家经典，大多为对话记录的文式。在古希腊苏格拉底老师的课堂上，没有严格的讲课，大多为师生之间共享式的对话，在互相问答、互为激发的过程中，探索主题、寻求方法与答案。

对话，是语文教育的实践精髓。新文化运动以来，语文教育历经百年流变，探索不止，纷争不断。先是“语文”称谓分说，从国文到国语，再到语文，其间也蕴含着白话与文言之争。后有文学与汉语分科还是合科的讨论、语文课是文学课还是政治课的争鸣。尤其是工具性与人文性之辩，绵延了整个20世纪，未曾停歇。当下，基础教育课程改革正迈向新时代，业界就学科核心素养与语文要素的联结展开了多维的解读与探求。这些观点与主张，有的偏向理性思考，有的偏向感性经验，有的属大师学者之道，有的系名师一家之言，既有真知灼见，也有偏颇之解。纵观中国语文教育百年史，有时真会让人陷入“乱花渐欲迷人眼”之境地。笔者长期从事语文教研，行走在理论与实践中间，倾向于务实的视角，特别欣赏能让一线语文教师可学可做的研究成果与实施策略。秀凤老师的《语文课：行进在对话中》一书，令我眼前一亮，理论探索与实践操作兼具，感性与理性相融，这在近年众多研究专著中鲜得一见，特别适合语文教学研究与一线教师阅读学习。抑或说，这个对话比较“对茬儿”。因为，她抓住了语文教学的牛鼻子，触摸到了语文教育的精髓。

秀凤老师的专著，主要论述了导致语文课没意思的十方面原因、高效对话成就有意思语文课的十方面思考、高效对话的模式策略和内涵阐述、提升师生文本解读能力的具体方法、提升教师素养的数十种修炼等，提出了“有意思的语文课定然是有意义的对话课”“对话的课堂是实现师生和谐共生的课堂”等思想，给人耳目一新的感觉。语文教育的对话，尤其是在小学语文教学中的对话，有多个层面：师生对话、生生对话、文本对话、心灵对话、读者与编者的对话、文本创作时代背景与当下社会的对话等；对话，主张对等、平等、尊重、合作、兼容、存异、拓展等；对话教学的难点犹如合唱，教师应该艺术地把学生的不同声音汇聚成一曲合唱，而不是强制合成一个声音，在美妙的合唱主旋律中，让每个声音都保留个性特色而不失真。否则，就会沦落“串讲串问”的窘境，重回内容分析式的语文教学老路。

作为一名有着三十六年教龄的语文教师，还找不到一个精准的词儿来描述我与秀凤的渊源，亦师亦友？同行同道？似乎都不够贴切。只能试着从异同角度去审视——相同的是：都是二十世纪八十年代的中师生，曾有五年在同一食堂就餐，均长期从事语文教育研究；相异的是：我虚长两岁排行师兄，秀凤则以学术引领我推进语文教研。

一个人，一个研究方向，潜心探寻数十年。从教师口语研究转向语文对话教学研究，初心质朴未曾改变，脚踏实地成果不断。这本身就是极好的对话引领，极佳的示范。

滕春友

庚子年冬月，于午潮山居

（滕春友，浙江省语文特级教师，浙江省教育厅教研室副主任兼语文教研员。教育部基础教育教学指导委员会委员、中国教育学会小学语文教学专业委员会常务理事兼教师发展委员会主任、国家统编义务教育语文教材核心编写者、浙江省基础教育课程改革专业指导委员会副主任、浙江省中小学教材审定委员会委员、浙江省政府兼职督学。）

目录
CONTENTS

第一章

语文教学没意思之现状

目前的部分语文课，让一些教师和学生感觉没意思，其依据主要有三方面：

一是来源于笔者对一至六年级学生对语文课学习兴趣的了解。随着年级升高，很多学生对语文课的兴趣不升反降，对语言文字的感情也在不断递减。

二是来源于笔者对大量语文课的观察和思考。一些小学语文教师仍处于“完成教学任务”的状态，大量学生也处于“完成学习任务”的状态，彼此都缺乏对课堂的热情。

三是教师对语文教学的内容选择、方法运用、学生学习情况评价等仍比较茫然，对语文规律的理解把握也比较欠缺，大多只是根据他人经验、网络资料等作“传声筒式”的教学，无法体会到课堂教学作为一种创造性活动的内在乐趣。

以上关于“语文课没意思”的事实和依据，涵盖了一些学生语文学习的较长期状态、课堂状态以及一些教师对自身语文教学作理性反思后的真实感受，应该说是具有代表性的。对于部分教师和学生而言，这种状态已经持续了许久，即使是在语文教学思想观点不断丰富、教师经验学习和培训机会不断增加的今天，这种状态依然没有得到很好的改善；

有些教师虽然知道问题的症结所在，但因为缺乏改变的主观愿望或实践智慧而导致成效不明显。

自2011年至今，笔者主持过20余期中小学教师专业成长培训项目，主题包括“小学语文对话教学与文本解读”“语文课堂朗读指导”等。每次培训的开始环节，我都会先了解教师们在语文教学中的困难和困惑，然后根据交流情况提炼关键词，使其成为接下来开展讨论交流和培训学习的逻辑起点。总括而言，教师们提出的困难和困惑有以下几个特点：一是所提问题范围较广，从小学语文教学的五大板块到课外作业等都有涉及，比如在拼音教学中如何提高学生的兴趣，怎样使识字教学更加高效，在阅读教学中如何提高学生的理解能力，等等。二是所提问题内涵较浅，往往停留在某个板块的表层，如“在阅读教学中如何提高教学质量”等“大问题”，没有深入到更为具体和细节之处，可以感觉出一些教师对自己天天在进行的语文教学规律和方法缺乏深入细致和高水平的思考。三是所提问题历时较久，十余年之前所提的问题在每一次培训的交流环节都依然被频繁提出。可见，小学语文教学的整体面貌并未得到本质改变。

问题范围广、问题内涵浅、问题历时久，一些教师在语文教学中存在的无奈感、无趣感使他们对自己的语文教学工作与生活缺乏价值感和幸福感，觉得自己每天都只是在完成教学任务。“只是在完成教学任务”成为一些语文教师在教育教学中共同的课堂存在状态。而在这样的课堂存在状态中，学生和教师都很难收获价值感和幸福感，因为收获价值感和幸福感的前提是，在语文课中学生和教师都能够感到有意思。

在下面的几篇短文中，笔者将从不同角度对现行语文课堂教学为什么没意思作更为细致和深入的分析。

一、学生配合教师

一天，笔者到一所小学五年级的一个班里听课，坐在最后一排一个男生的旁边，这个男生一直在做小动作。后来老师提了一个问题，没有人回答，这个男生举起了手回答了问题，而且回答得非常好。我很好奇，就问他："你刚才不是一直在忙着自己的事情吗？怎么举手回答问题了呢？"他脱口而出给了我一个答案。尊敬的读者，读到这儿，我们不妨先一起来猜一猜这个男生是怎么回答我的，你是否有以下几种猜测？

第一种："虽然我在做小动作，但我其实一直在听。"

这种猜测让我们联想到小学生"必须要坐端正"的课堂常规并促使我们对这一课堂常规作出如下反省：是否有些学生在做小动作的时候也能集中注意力？小学课堂中是否一定要让学生一直坐得笔直？我们不妨回忆一下自己听讲座时的坐姿，或者看一看您此时在阅读该书时的坐姿，是否并不是我们要求小学生做到的那种坐得笔直、两手整齐地放在课桌上的坐姿？当然，让学生坐端正并把手平放在课桌上是出于组织课堂的需要，是有其必要性的，但是否可以适当宽松一些呢？我们没有必要将大人都做不到的事情强加在年龄比较小、注意力集中时间比较短而且正处于特别活泼好动阶段的孩子身上，更不要将坐姿是否端正作为评价学生好坏的标准。

第二种："老师所讲的内容我已经全会了。"

这种猜测带给我们的思考就更多了，主要集中在对教学内容的选择和确定上。语文课和其他课有一个很大的不同，即语文课是母语教学，任何一个教学内容对于学生来说都不是零起点，换句话说，即使教师不教，学生只要学会了汉语拼音或者认识了一定量的汉字，就能够大致读懂这些内容。所以，如果教师选择的教学内容没有高于学生的母语基础或者凭学生自己的母语基础就能读懂，那么课堂就会很无趣。这是目前导致语文课没意思的又一重要原因，即教师常常在讲学生已经知道的内容，导致学生没有兴趣。可见，语文课教学内容的选择和确定极为关键。

第三种：“前面老师提出的问题比较简单，而太简单的问题我不愿意回答。”

这种猜测提示我们一定要关注学生的心理特点，因为很多时候，教师所揣摩的学生学习状态和心理与真实情况有很大出入。小学低段学生上课举手发言很积极，得到教师“发言很积极”的表扬也很高兴；但随着年级升高，学生对教师提出的问题是否回答已经有了自己的主张，有的学生对那些简单问题都举手回答的同学嗤之以鼻，表现出很不屑的样子，有的甚至会直接说“你怎么连这么‘弱智’的问题都回答的”。而事实上，在学生看来很弱智、没有思维含量的教师提问所占比例还是很高的。所以，语文教学必须关注学生的学习心理，提出并引导学生思考有一定难度的问题，促使他们拥有持续学习的兴趣和热情。

但以上三种猜测都不对！那天这位学生脱口而出给我的回答是：“今天有老师听课，如果老师提出的问题没人回答，我们老师会很没面子的。”

听到这一回答，笔者感到很吃惊、很诧异，进而开始反思我们的课堂，并为这种大量存在的“学生配合教师”的语文课堂现象而感到悲哀。

教育教学就其宗旨而言定然应该是“教师配合学生”的，并应该使之成为一种平常和自然的课堂状态。但目前语文课堂的普遍状态却是颠倒的，学生配合教师成了常态。很多教师在上公开课、展示课或竞赛课等之前，通常会交代学生“配合老师上好课”“上课要积极举手发言”，甚至会说“某某同学，不要提怪问题”等。当教师如此交代学生的时候，其实都是在提醒学生要做一个配合教师上好课的学生。

“教师配合学生”的课堂（为表述方便，以下简称“前者”）和“学生配合教师”的课堂（以下简称“后者”）有本质的区别。其一，教学的逻辑起点不同，前者的逻辑起点是学生的问题困惑或兴趣点、关注点，后者则是出于教师教学的需要确定要求学生掌握的内容；其二，教学的内容选择不同，大家常说“数学是清清楚楚一条线，语文是模模糊糊一大片”，语文课可选择的教学内容是多种多样的，根据学生需要和根据教师需要确定的内容会有很大不同；其三，教学的评价标准不同，前者可以愉悦接纳学生的各种认识和理解，并能自觉给予学生明确具体且具个性特征的肯定、鼓励和引领，后者则很容易按照教师的预设标准进行简单的对错评判；其四，教学的心态和节奏不同，前者教师会以从容的心态根据学生的具体情况临时调整课堂内容和节奏，达成课堂中师生互动的和谐默契，后者则往往容易按照教师自己设定好的环节使课堂往前推进；其五，教学的课堂文化不同，前者因为实现了对学生的尊重理解，并基于学生自身需求而使之获得提高，因而课堂是宽松的、温暖的，后者则总是处于教师的权威之下，学生就会显得比较拘谨，由于不得不时刻接受教师的评判而存在较大心理压力。因此，从课堂的逻辑起点到课堂文化形成的整个过程中，前者才是真正体现以生为本理念、尊重学生困惑、唤起学生体验、激发学生兴趣、促进学生发展、使学生拥有获得感并把话语权交给学生的课堂，后者则是忽视学生需求，教师单方面确定内容、粗暴评判并把话语权掌握在教师手中的课堂。

孔子曾说“不愤不启，不悱不发”，其意为没有困惑就不作启发；苏格拉底的“产婆术”意为只有产妇要生产时产婆才能发挥作用。中西方这两位伟大的教育家在两千多年前就已经为我们揭示了教育的规律和真谛，但目前一些语文课堂却是与之背道而驰的。从某种程度上说，不以学生问题困惑为逻辑起点的“学生配合教师”的教育教学其实是伪教育、伪教学。我们必须改变这样的现状，形成正确的课堂理念和行为策略，只有让语文课达成“教师配合学生”的状态，才能构建起有意思的语文课。

二、固化的教学流程

走进语文课堂，我们会发现目前通行的一个共同课堂流程：导入课文，即教师通过创设情境、联系生活等各种方式导入课题；围绕课题提问，即有些教师会围绕课题让学生提问，但对学生所提问题的反馈常常是“这些问题在后面学习中都会得到解决”，而事实上很多问题（有时候甚至是所有问题）教师并没有在后面的教学中去面对，“这些问题在后面的学习中都会得到解决”这句话只是教师对学生所提问题的简单回应而已，学生所提问题没有得到重视、研究和解决，提问题仅仅出于教师对教学环节的设置需要；初读课文，提出标上自然段序号、读通课文、概括课文主要内容等具体要求；生字词教学，从音、形、义三个方面进行把握；拎出某个重点段进行仔细品读；以提炼中心思想等形式总结整篇文章；写字写话或拓展延伸等。

一节课就在“导入课文、围绕课题提问、初读课文、生字词教学、重点段品析、提炼中心、写字写话、拓展延伸”中结束了。难怪有学生在听说语文老师要出差时会自告奋勇地说：“老师，您放心出差，语文课我来上。”我们的语文课堂流程连学生都已经了如指掌，教师的课堂作用竟可以由学生替代。这种按部就班简单推进的语文课堂模式，显然是乏味的。

下面，我们不妨就其中的几个环节作进一步思考，看看其导致语文课没意思的内在原因究竟包含哪些。

第一，关于导入环节。一篇课文导入之前，相信很多教师都会布置预习作业。既然如此，为什么还要把课文当作没有预习过似的运用各种方式进行复杂的导入呢？

第二，关于初读课文环节。学生已经预习过了，那么在初读课文环节所提出的读通课文这一要求又有哪些增量呢？

第三，关于生字词教学。笔者曾参加过一次语文教学培训活动，一位专家在讲座中呈现了两个生字词教学视频。第一个视频中的教师像我们平常所用方法一样，将生字词出示在课件上，然后进行音、形、义教学，整个过程非常流畅。另一个视频中，这位教师采用了另一种不同的教学方式：先让学生找出自己还不会的字词，然后进行汇总，并将汇总结果当场输入电脑打在课件上。通过对比，我们发现第二个视频中学生汇总上来的生字词和第一个视频中教材要求学生掌握的生字词之间存在较大出入。教师认为学生没有掌握的生字词，学生已经掌握了；而一些之前学过的教师认为学生已经掌握的字词却并不如预期。所以，第一个视频呈现的目前较为流行的生字词教学中，教师是按照自己的想法进行教学，但这并不符合学情。

第四，关于重点语段的品析环节。课文的语段很多，很多时候教师确定教学“这一段”的原因是这段写得美、写得好，可以对学生进行人文内涵教育或语言训练，比如里面有排比、比喻修辞手法等。出发点没有错，但问题是这是教师的想法，学生并不一定认可。而且，任何文章都有整体性，一段和一段的组合必须与整体相融，将某一段孤立于课文整体之外进行教学，并不符合文章规律。

第五，关于中心思想提炼。重点语段品析后，教师会提炼出一个中心思想，但这个思想很多时候和学生的认知基础与生活经验相脱节，这样的提炼其实无法影响学生的原有思想和观点、经验和体验，所以，教师想通过这样的方式实现对学生的引领，事实上是效率极低的。

由此可见，语文阅读教学固定教学流程中的某些环节很值得我们反思。这些固化的教学流程让语文课机械呆板、缺乏生气。它之所以会长期、普遍地存在，主要有两方面原因：一是操作简单，二是不需要太多的思维含量。该流程因为没有遵循学生的认知特点和真实的学习需求，缺乏教师对文本真诚、丰富的理解，导致了师生在语文课堂中没有真正的“自己”，只能按部就班。

三、师问生答的状态

在目前一些语文课中，教师和学生之间似乎就是一种问与答的关系：课堂中教师总是不停地在发问，学生总是不停地在回答教师的提问。有时候一节课中教师提问的数量多达一百多个，这中间有很多是没有意义的。这种教师问、学生答的课堂状态也导致了语文课的没意思。

我们不妨来作一个分析。可以毫不夸张地说，一节40分钟的语文课，教师提四五十个问题已成为一种普遍现象，即很多教师的提问频率是平均不到1分钟提一个问题。在这种提问频率下，学生对一个问题的思考时间少之又少，根本不可能实现高质量的有效思维，更别说深度思维了。更糟糕的是，教师所提的诸多问题之间经常缺乏逻辑关联，这使得学生在接受教师这么多问题的过程中没有一个明确的思考方向，只能茫然应对，无法实现循着自己某种思维方向进行自主探究学习的目标。教师对一个学生的评价往往取决于他的回答，这导致学生揣摩教师需要的答案而失去自主、独立的想法，正如前文所写的那位后排学生“如果没人回答，我们老师很没面子的”的内心想法，这种以回答问题情况来评价的方式导致“学生配合教师”现象的普遍存在，也导致学生察言观色心理与行为的形成，投教师所好的不良习惯的形成，导致学生自主思考能力和主体精神受到抑制。教师所提问题大多是教师认为学生应该掌握的，而并非出于学生真正的需要，日复一日年复一年地重复这样的课堂，学生对语文学习的热情会日益弱化。教师总是站在评判者的角度和立场，习惯于以考一考学生的姿态出现，师生关系缺乏轻松愉快之感，这样的语文课，当然没有意思。所以问与答、评价与被评价的师生关系成为导致语文课没意思的又一重要原因。

从教师层面看，教师自己从小学开始（甚至从幼儿园开始）接受的教育也都是“问—答”式的教育，因此已经非常习惯这种课堂方式，甚至有些教师认为课堂达成教学目标、完成教学任务的介质就是“问”，除了问，他们不知怎样推进课堂教学。也有一些教师觉得，只有教师提问学生回答，才能了解学生的学习情况以及个体差异。所以，这种“问—答”式语文课堂的存在，也是由教师自身固有的受教育体验（原生教育）、教学能力和教学观念所导致的。教师缺乏高质量、有逻辑、有诚意的提问，导致了学生敷衍、假大空、缺乏理解和同样缺乏诚意的回答。因此，教师们必须付出巨大努力去扭转这种状态，才能使语文课堂实现本质改变。

教师需要迫使自己“不问”，而积极地去创设更多的师生交流方式、语文学习方式，比如让学生静静品读和体会，让学生真诚表达和质疑，让学生之间进行分享和交流等。

教师需要改变课堂话语方式，克服诸如“我们一起来读一读好不好”“行不行”等口头禅式的提问，因为面对这样的问题，学生大多会作出“好”“行”等惰性回答，毫无意义。

教师需要提炼出关键问题，让真正有价值的问题引领课堂的行进和学生的思维。这就要求教师设身处地去揣摩学生的真实学习状态，了解他们的学习感受和真实困惑，让问题真正贴近学生的真实需求。

教师需要对不得不问的问题之间的逻辑关系进行梳理，使之具有思维的层次感和阶梯感，循序渐进，不断提升或深入，不断拓展或延伸，使学生在学习过程中把握住思维的方向、体验到自主思维的乐趣。

教师需要学会不以提问、评价的方式去对待学生的观点和想法，而应在更多理解、尊重、认同、悦纳的基础上，以一个对话者的身份介入课堂，使课堂真正呈现出平等的师生关系。

四、问题解答的直接性和规定性

教师提出问题后，总希望在短时间内得出答案，因此学生没有足够的思考时间，这导致了语文教学思维含量的缺失，缺乏对学生高阶思维能力的培养。在答案的得出过程中，教师又往往以标准答案为评价依据，这使得学生对问题的思考缺乏发散性、创造性和个性化。语文学科是人文学科，人们对文本、语言文字的理解和运用应该是仁者见仁智者见智的。这种直接且具规定性的问题解答方式定然不利于批判精神和创新精神的培养。

在从提出问题到得出答案的直接性和规定性中，学生缺乏对语言文字敏感度和根据情境选择语词句子等能力的训练机会，也就因此缺少了对思维乐趣和对祖国语言文字热爱感情的体验。因为，思维乐趣和对语言文字的热爱之情是在不断品鉴语言文字的过程中才能形成的，而品鉴的过程没有绝对的标准答案，基于不同立场，处在不同角度，学生对文本的理解都可以不一样，这就要求我们的课堂能够放慢脚步，让学生对有价值的问题展开多方位的思考，拥有属于自己的理解和领悟，并在理解领悟的过程中发现和觉知自己内在的力量，获得审美体验，实现情感发展。

就语文学科而言，除了对拼音和汉字的音、形、义具有相对严格的规定性之外，其他内容都可以是仁者见仁智者见智的。如字和字的组合、词和词的组合、句与句的顺序、修辞手法的运用等都没有具体的规定性，在不同的情境中都可以具有不同的运用状态。文章的某处用这个词或那个词，都可以因为作者心境的不同而发生改变；读同样一个字词，因为阅读者心境情境的不同，其感受到的意义也完全不同。因此，“多样性”应是语文学科最平常、最重要的特质，正如语文考试中的阅读理解题，应该是最能体现学生不同理解的考题方式，但很多学生特别害怕阅读理解题，因为教师评卷时总用标准答案去套个性化解答，如果答案不一样那就得不到高分，所以学生不敢想、不敢写。缺乏思想、缺乏情感、缺乏思维过程的从问题到答案的直接性和规定性，导致了一些语文课的没有意思。

很多时候，对语言文字的感觉是只可意会不可言传的，是很难在一个短暂的时间内立即清晰地表达出来的。这种只可意会不可言传的感觉极为重要，它会在时间的累积和推移中成为一个人内在的涵养并外化为一种语文素养，只是这种内在涵养和语文素养很难通过文字得以表述，于是教师就采用了给出具有直接性的、规定性的、能够用固化的文字得到体现的方式进行教学，所以，从问题到答案的直接性和规定性，折射出的是语文课的分数取向、功利取向。如若教师懂得内在涵养、语文素养和固化为文字之间有一个反复斟酌、选择锤炼的过程并在课堂上给学生更多的机会，那么这种直接性和规定性定然会得以弱化，也定然能使语文课堂面貌得到极大改善。

五、自我价值感和觉知感的缺失

因为语文课上学生对自我的判断与评价大多来自教师，缺乏主动的发现感和觉知感，于是其内在力量便很难在课堂上得以体现，学生在回答教师问题过程中所呈现的也并非完全是其内在真实的力量和价值，更直接地说就是他并非为自己而学习。或者可以说，在这样的课堂中，学生根本不明白他为什么而学习。

对于刚刚进入小学的低段学生来说，这种不明白为何学习的盲目感和迫于课堂压力、教师压力而不得不强打精神作出专心听讲的样子的压迫感，都会使其产生不愉快的课堂体验，这就是为什么一年级刚入学时学生是那样兴高采烈，慢慢地这种热情就渐渐消失以至于有些学生最后产生厌学情绪，因为课堂带给他的内心体验太不愉快、太没意思了。比如，缺乏思考、没有体验、功利性的回答问题，比较谁回答得更好，按照标准答案回答问题，由教师来作评价的回答问题，这些便是学生大部分的课堂生活。在这样紧张的课堂生活中，学生怎么可能产生有意思的感觉？

汉语汉字是充满趣味和意义的，可以说，每一个字都是一个故事，每一个词都有独特的味道，也都能在某一特定情境中找到适切点，从而带给学生共鸣的快乐、发现的惊喜。但一些教师将一篇篇充满情趣、意境、哲思，充分体现文字奥秘和文化意义的文学作品序化为一个个教学环节，拆散为一个个问题，抽象为一个个道理，而这些问题和道理又是远离学生生活体验的。这些与学生生活关系松散的内容和形式占据了课堂大多数时间，取代了学生自己对文本的理解和鉴赏，就无法实现文学带给学生内心最真实的审美体验和情感满足。

导致这种情况产生的关键原因在于教师，在于教师对文本缺乏自我的理解与体验。现在一些教师备课会先翻阅教学参考书，也会很努力地在网络上寻找各种资料充实进课堂教学，甚至借用特级教师的优秀教案，但缺少了最重要的一点，那就是他本人对文本的理解和在理解过程中所产生的真实困惑和真实体验，文本没有和他的生活、内心产生链接，他只是那些外在于他的各种教学资料的传声筒。他讲出来的每一句话都只是道理和知识，没有经过内心情感的激荡、内在体验的重组，那些充满诗情画意的别人的语言因为没有经过他的消化吸收最终只能变成干巴巴的说教，所以他们虽然在学优秀教师的教案，但就是无法达到优秀教师上课的那种状态和效果。因为优秀教师上的那节课的背后是他自己进入了文本，获得了真正属于他自己的思想和体验。正因为这样，教师们在模仿某个教学片段时经常会闹出一些笑话来。举个例子，语文教学中有一个很典型的方法是师生接读，即教师读前一句，学生接着读课文中的重点句，教师再变换一下他所读的那句话的内容（比如换一个情境），学生则继续接读课文中的重点句。这样的过程大约会反复三到五次，其目的在于拓展重点句在不同场景下的适用性，同时推进课堂的情感使之上升到一个高潮。很多教师觉得这样的环节很好，所以也会学着运用，但在运用过程中经常会出现这样的情况：教师读了前半句，学生愣在那儿不知所措，此时教师便会提醒学生“请你们读后一句”，这就是简单模仿所导致的语文课堂上尴尬的一幕。为什么会出现这样的状况？因为优秀教师运用这个方法之前，他与学生的心灵已经达到了一种共识共振的状态，当文本情感走进了学生的内心世界，师生接读便是一种水到渠成的情感推动。但一些教师在模仿过程中并没有捕捉到这个环节背后的内心互相振动的力量，所以其设置这个环节的作用仅仅是设置了一个环节而已。

对一个人产生重要影响的因素包括长期的情感情绪积累、特殊情境下的某种体验，以及特殊情境下能够与体验对接并能化解其困扰的具有醍醐灌顶作用的某个道理。一个人的文学积累对其产生的作用，也是在这些积累与人生某个环节、某个特殊情境切合的时候才会出现一种豁然开朗的效果。由此可见，如果教师没有自己对文本的理解而要使课堂获得真正打动人心的效果是不太可能的。教师所给出的各种道理，学生会出于学生角色的原因接受，但当他走出教室，便会很快忘记，因为没有与社会生活对接，更没有经过他内心的消化吸收，对他的成长起不了太大作用。相反，教师给出这些道理的时间却占据了学生原本可以自己去发现与觉知的时间，所以，从另一个角度说就是遏制了学生自我判断力和创造力的发展，致使语文课堂中学生无法获得与觉知自我价值感。

六、教学内容的知识记忆取向

我曾经问过很多大学生是否对语文课感兴趣，很多学生表示没有兴趣，不少学生表示非常讨厌，而当问及原因时，多数学生脱口而出地说他们非常讨厌背诵。

背诵是一种非常有效的语文学习方式，这已经得到古今很多饱学之士的验证。但为什么我们的学生那么讨厌很有效的背诵方式呢？这个问题值得每一个语文教师认真思考。我们一起来作一分析。

其一，是背诵内容的不同。在过去，大家背诵的大多是经典之作，很多作品立意阔达高远、思想独到深刻，能给人带来思维的力量；语言的凝练、文字的适切能给人带来审美的愉悦；基于生活的提炼、高于常人的体验能给人带来豁然开朗的欣喜。经典作品中理趣与情趣总能带给人无限的享受，读之背之便有一种酣畅之感，这是现在很多要求学生背诵的文章所不能企及的。

其二，是课业类别的不同。在古代，学子学习礼、乐、射、御、书、数“六艺”之余，便是对经典的阅读，所以学习是比较单纯的。而现在的学生，除了语文，还要学习其他很多科目，且学习方法也有很大不同，要他全心投入背诵，自然不太愿意，客观上也没有太多时间和精力。

其三，是背诵意义的不同。学生背诵的内容包括词语、段落、篇章等，大多属于知识层面内容，所以背诵过程是知识积累的过程。知识很重要，它是思维得以整合发展的重要基础。但随着时代的发展与变迁，知识的存在方式和传递载体发生了重要改变，获得知识的渠道也已经不同于以前传统的方式，任何人通过网络和智能终端都可以随时随处获得知识，因此，学生对背诵意义的认知自然地发生了改变。

毋庸置疑，拥有比较大的知识量是促进思维发展的基础，拥有知识优势的人往往见多识广，其最大好处是可以调用更多的知识资源来促进思考。但是，如果我们的语文课是以知识掌握为取向的，而这些知识学生依靠网络又是可以轻而易举获得的，那么他们自然就不喜欢背诵了。尤其在小学阶段，在他们非常活泼好动的年龄，在他们同时学习很多学科的今天，要他们安安静静地去背诵，这本身就是一件不容易的事情。

所以在今天，面对浩瀚的知识，我们要学会如何去辨别、品鉴、整合、提炼并进行批评与创新以拥有自己独立的思考——思维能力才是引领人类发展尤其是我们这个时代发展的优势所在。很显然，我们的语文教学需要跟进时代的变迁，在知识学习的基础上，要帮助学生利用泛在学习形成自己独立的思考，尤其是和社会与自身生活进行连接的、能够对其发展带来积极影响的思考，帮助学生获得这种思考所产生的发自内心的语言实践的快乐体验。

从语文学科本质来看，知识记忆取向也须作内容、方法等的调整。其一，背诵的内容应有所选择。优秀文学作品之所以能够流芳百世，其首要原因是作品所体现的世界观、人生观、价值观，作者将自己的人生与宇宙天地、历史沉浮结合思考所形成的高境界与大格局都对读者产生了深远影响，从《诗经》《楚辞》及诸子散文到现在的各种优秀作品，无一不因思想而取胜。对于这些作品，我们应该采用合适的方法让学生多阅读、多背诵、多积累。其二，要在语言实践中掌握知识。语文学习的一个重要目的是能够熟练、恰当、自如地理解和运用语言文字来表达自己的思想和情感，只有建立在实践基础上的语文学习，才能使这些知识转变为语言能力；只有在合适的情境中反复运用，才能使之纳入自己的语词库，才能被自如、自主、自由地提取调用。

七、热爱之情的缺失

语文课是培养心灵的课程，而心灵的培养需要情感的支撑。但目前有一些语文课堂存在诸多热爱之情缺失的现象。

首先是师生之间互相热爱的感情的缺失。由于多种因素影响，一些教师和学生之间的感情不再是纯粹的热爱，而多了一层功利因素，这些功利因素导致教师在课堂中对学生的评价和态度往往比较冷静，哪怕面对学生非常精彩的具有独创性的思考，一些教师也激动不起来；另外，由于有些教师在课堂中习惯于扮演评价的角色，与学生缺少情感的共鸣。教师的共情能力、悦纳能力显得比较弱，无法形成一种宽松、和谐的课堂文化。在我与师范学院学生交流实习感受时，他们经常会提及实习时遇到个别教师对学生的态度极其恶劣。虽然这样的教师占比不大，不能代表教师群体，但教师是人类灵魂的工程师，这种冷酷的态度怎么可能培养出具有高尚和活泼心灵的新人？

其次是学生和学生之间热爱之情的缺失。当下，我们的课堂文化往往是竞争性的，在这种竞争性的文化中，每个人都将自己和外界进行比较，教师会习惯性地说“看谁最认真”“还有谁比他读得更好”等话语。虽然竞赛的氛围会使学生提高自我要求，但也会使学生把提高自我要求的达成放置于与他人的比较中去把握，而缺少和自己进行比较的意识和能力，这对学生心灵成长也是不利的。班级授课制有其客观存在的劣势，如人数多、认知水平有参差、管理难度大等，但如果我们能够建立一种超越竞争的、让同学之间彼此热爱的文化，那么班级授课制的劣势就能转化为优势。这种优势能最大可能地促进学生合作探究的意识和能力的发展。比如，我们可以将比赛读变成“合作读”，在学生不同的音调交替出现或融合一起的和谐中体会朗读的美妙，那么班级的每一位学生都会获得一种轻松喜悦的感觉，从与他人竞争而导致的紧张感、失败感中解放出来。

再者是对汉语、汉字热爱感情的缺失。这其中的原因是多方面的：首先在教学中，教师缺少对汉语、汉字背景文化的渗透，使学生对汉语、汉字的学习只滞留于知识层面，而缺少对汉语、汉字所包含的伟大智慧、深刻丰富的内涵所具有的文化意义等的把握，也使汉语、汉字与其生活之间产生了很大距离；其次，教师经常用罚抄生字、背课文等方式来惩罚他认为不认真的学生，这就使学生自然而然地认为，抄写语言文字是一种惩罚行为。在这样的思考下，学生怎么可能对语言文字产生热爱的感情呢？又比如，教学中教师对语言文字所含思想情感理解的唯一性，使学生无法体会到语言文字所表达的思想情感的多元性，以及在使用语言文字过程中的逻辑智慧，大到文章的谋篇布局、选材组材，小到遣词造句、标点使用，等等。语言文字各元素之间都有一种逻辑关系，之所以这样表达，是因为有这样的想法；之所以选择这个材料组织，是因为背后有一些思考；之所以选择这个语词，是因为和别的语词比较它最贴切地表达了作者的思想和情感；等等。缺少对语言文字运用的无限奥秘的品味却要让学生对语言文字产生热爱之情，这是不现实的。

我曾遇到过一件令我无法忘记的事情。那是一个傍晚，我遇到一个在家门口哭泣的小学生，上去询问得知，妈妈认为他写字不认真，就不让他进家门。我仔细一看，孩子手中两张作文稿纸（每张400字）已经写了一张半，而且所写的是同一个字——“库”，也就是说，他已经写了600个“库”字！可想而知，他的字自然是越写越潦草，因为哪怕是一个大人，都无法忍受反复地、机械地去写同一个字，何况是一个孩子！出于一个教师的职责和对孩子的怜爱，我敲开了门，并将上述分析讲给孩子的母亲听，他母亲的怒容才慢慢缓和下来……虽然这个例子来自家长，但事实上教师中用抄写字、词、句段甚至篇章作为课后练习甚至当作惩罚行为的也不在少数，这是很不明智的举动！

八、人文教育的概念化

我曾到一所优秀小学参加一次同课异构教学展示活动，在一天中我听了七位教师上课，执教内容是《牵手》一文，内容是这样的：

妈妈牵着阳阳的小手准备过马路。阳阳手里拿着一元钱，要到马路对面去买冰棍儿。忽然，一阵风吹跑了阳阳手里的钱，她挣脱妈妈的手追过去。

“当心汽车！”妈妈一边喊着，一边追了上去。

阳阳追到人行横道中间，突然站住了。原来，她看见一位盲人老爷爷正在过马路，说：“老爷爷，当心汽车！我领您过马路。”

妈妈牵着阳阳的手，阳阳牵着老爷爷的手，他们一起过了马路。

执教过程中，各位教师都围绕“爱”这个主题展开，而爱的内容都是“阳阳帮助老爷爷过马路”，课堂结束时七位教师都不约而同地在黑板上写着的“爱”字上画了一个大大的心形图，以此作为课的结束点和提升点。

这样的教学固然没有错，但是，这样的教学也没有太好的效果。因为“爱”的概念太抽象，仅是最后得出“爱”的概念，学生们对什么是爱、怎样去爱依然是模糊不清的。更何况，在生活中，帮助老人过马路并非难事，若如此，这篇课文学习的增长点在哪里？难道仅仅是为了学会“牵手、挣脱、一边……一边……”等语词的意思吗？这样的定位是无法使课堂效果最大化的。

那么，这篇短短的文章对于学生的人文成长具有怎样的意义呢？我的观点是要让爱的教育具体化，让爱的行为具有可借鉴的意义，更进一步地说，是要让人文品质教育过于概念化的倾向得以改变。

以《牵手》一文为例作一诠释。爱的内涵很丰富，不同情境中爱的表现都会有不同。就这篇文章而言，文中阳阳帮助老爷爷过马路的“爱”与平时我们所看见的帮助老爷爷的情况有很大不同。其不同在于文中的一样“道具”，就是阳阳手里拿着的一元钱，那是要到马路对面买冰棍儿的一元钱。我们知道，这一元钱对于大人来说也许不算什么，但对于孩子来说，这一元钱是用来买特别爱吃的冰棍儿的，其价值和意义以及诱惑都是极大的，所以当“一阵风吹跑了阳阳手里的钱”，阳阳便“挣脱妈妈的手追过去”，急得妈妈只能一边喊“当心汽车”一边追了上去。但是当阳阳看到老爷爷过马路时，“突然站住了”，“而且牵着老爷爷的手过了马路”。我们可以这样说，如果阳阳没有追这一元钱的情况，那么他牵着老爷爷的手过马路便是一件很容易的事情，但现在的情况是扶老爷爷过马路和追一元钱之间是有矛盾冲突的，需要阳阳在很短的时间内作出选择，这就很不容易了。所以，这篇文章传递的爱，其实质是帮助小朋友理清矛盾中的行为选择，即当帮助别人和自己的事情（从大人角度说是“自己的利益”）发生冲突时，我们该如何选择。阳阳放弃对他而言极为重要的利益而选择了帮助老爷爷，这便是一种高层次的爱，对很多成人来说都是需要作一些比较后才能确定的，而阳阳作为小朋友则是在刹那间便作出了选择。

这篇文章是“爱”的概念具体化的一个例子，而通过对更多课文的学习，爱的具体化行为就会习得更多，也更丰富，这对学生成长而言，其指导意义也就会更大。所以，当我们将文本主题上升到“爱”时，作为语文教师，一定要追问自己，文章中爱的具体内涵究竟是什么？从文中的哪些地方可以得出？对于学生实际生活的指导意义是什么？哪些具体内容是可以让他们在生活中进行借鉴并最终成为良好习惯与品质的？

另外，“爱”的对象也是多元的：一是爱他人，是人与人的关系；二是爱自然，是人与自然的关系；三是爱自己，是人与自我的关系；等等。而这些关系，可以说体现在语文教材的每一篇文章之中。所以，语文教学要取得高效，关键在于教师对生活、社会、自然、自我的认识和价值取向，以及是否具有将“爱”具体化的意识和能力。

而且，爱的具体内容还会随着情境而改变。包容是爱，但有时候严格才是爱；拥有是爱，但有时候放下才是爱；面对是爱，但有时候转身才是爱；赞美是爱，但有时候批评才是爱；给予是爱，但有时候不给才是爱……所以，教师必须分析文本特定的情境、内容、人物心理和行为，必须对其中的各种“道具”具有敏锐的捕捉能力。

让爱的教育和以爱为基础的各种人文品质教育去概念化，实现具体化，是改善语文教学极为重要的内容。抽象的爱、说教的爱无法让学生理解和体会，而且会使课堂变得非常无趣，甚至会使学生对这些老生常谈而又没有共鸣和体会的道理产生排斥心理，若长久如此，终将使其内心对爱的理解产生偏差，对其成长形成阻碍。

九、总是误会学生的善良

我曾在带学院小学教育专业学生到城区一所小学实习时遇到了让我很难受的一幕。

“你看看，一点都不认真，全班同学都会了，就你不会，拉班级的后腿。”声音很是生硬，带着严厉训斥的口吻。循着声音，我看到一名四十岁左右的教师正在训斥一个小女孩，看样子应该是一年级小朋友。小女孩手里拿着一根塑料绳，正在慌乱地、一遍又一遍地跳着，那位教师则在旁边不停地重复着上面的斥责。在她俩旁边，站着一个挺魁梧的男子，应该是小女孩的父亲，但其神情却极其卑微，面对教师的训斥，一直赔着笑脸。我看了不到一分钟，便搞清楚了其中的原委。原来是一年级小朋友按学校常规要进行跳绳比赛，这个女生一直跳不好，教师把她留下来进行单独训练，于是就出现了上述这一幕。其实，小女孩之所以跳不好，是因为动作没有协调好，导致脚触到绳子的概率大大增加。这时候最有效、最重要的方法应该是让学生不要着急、放慢速度，指导她将甩绳和跳脚的动作协调起来，教师应该用平静温和的话语作出指导，使她消除内心的紧张情绪。

那么，为什么如此显而易见的情况和原因，这位教师却看不到？不外乎以下几种可能：一是教师缺乏对小女孩跳绳情况的观察和分析；二是教师缺乏基本的耐心和方法；三是教师有意无意地将小女孩跳不好绳的原因归结为“不认真”。而不管哪种原因，这位教师将学生“不会跳”拔高至“不认真跳”，将一个能力问题上升到一个态度问题，这种认知和判断都是有问题的。

在学校里，类似这样的事情极为常见，面对学生上课做小动作、不小心损坏了公物、没有按时完成作业等现象，很多教师会习惯性地将其归因为态度问题，甚至会因此将其定位为坏学生。的确，很多小学生是很调皮，这是天性使然。当教师面对学生的调皮而将其归因为“不认真”或“坏”时，教师因这样的归因而自然产生的坏情绪就会占据上风，理智便会被蒙蔽而无法发挥作用。这不仅会使许多小学生因蒙受了冤屈而产生惧怕上学、排斥学习等心理，而且会使他们对教师的尊敬和热爱因为这一次次的冤屈而消失殆尽，更糟糕的是，这种冤屈或许会影响学生的一生。所以，作为一个教师，必须树立一种信念，就是“相信孩子是善良的”，当小学生出现了一些大人眼里的所谓错误，我们要相信他们不是故意的，不要轻易将其归因为“不认真”或者“坏”，哪怕有时候学生真的是有意为之，也要相信其有意为之的背后定然有具体原因，我们需要重新去寻找和思考。

运动会上，一位一年级学生因为个子高脚步大而在60米跑步的前半程处于第一名，但也同样因为个子高频率慢等原因到后半程落在了后面，面对这样戏剧性的变化，有些教师责备他“为什么后面不再用劲跑”或者“多可惜，没有为班级争光”，但有一位教师却跑到这个孩子跟前，说：“你太可爱了，老师看出你已经非常努力地在奔跑了。”并且带着灿烂的笑容与孩子合影留念。这位教师之所以能够这样，是因为她相信孩子在努力奔跑。其实，当我们不是这个孩子的班主任而能够客观看这个孩子的表现时，我们内心也一定会相信孩子在60米跑的整个过程中一直都是很努力的，但一旦成了班主任，那些责备的话语便会自然流出。所以，从这个例子可以看出，教师不可有太重的功利之心，而应做到发自内心地去关爱呵护孩子。希望比赛中拿到好名次，这是人之常情，是必要的进取心，但如果教师总是担心跳绳比赛成绩不好、只关心运动会成绩排名，那就是太重的功利之心了，就会把这种担心和焦虑转嫁到学生身上。

当我们“相信孩子是善良的”并且放下了过重的功利心，那么我们就会看到事情的真正原因，并且循着原因找到智慧的解决办法，在此过程中让学生和教师都品尝到成长的喜悦。

十、语文味的缺失

我们经常说：“语文教师站在讲台上，他就应该是‘语文’。”这句话的内涵是，语文教师应该带着浓浓的语文味和语文气质置身于语文教学中。

就本质而言，“语文味”指向的应该是教师的内在语文素养，这些内在素养的外在表现主要是教师的语言，所以我们可以通过教师语言的情况来观照其语文味体现的程度。

教师语言的指向也是多方面的，语音的标准是其中最基础的方面，而且国家也对语文教师的普通话水平作出了规定：语文教师必须达到《普通话水平测试等级标准》二级甲等。但这只是基础，语文教师通过了普通话等级考试，并不意味着其语言具有语文味，我们还应该着重去观照“语言”中语文味的其他方面内涵。

一是语音语调要具有丰富的情感表现力。首先教师与学生交流时，其语音语调应能带给学生舒适悦耳之感，使学生通过教师语音语调感受祖国语言文字的优美，培养其对祖国语言文字的热爱之情；其次教师在表现各种不同文体、不同主题、不同情感的课文时，能够采用与文本相契合的语音、语调进行恰当充分的表达。例如，《桂林山水》中景色的优美与作者的陶醉，《窃读记》中作者窃读时的快乐与惧怕，《钓鱼的启示》中对放不放掉鲈鱼的内心矛盾与思考，《珍珠鸟》中人对鸟的欢喜和人与鸟的会心及信赖，《草原》中草原人民的热情和作者表达的民族团结的豪情，等等，教师在教学中都应该采用与之和谐一致的语音、语调、停顿节奏等进行把握和表达，也就是说，教师的课堂语言应该随着课文的需要而不断作出调整，各种风格都应习得，使自己的语言表现力不断丰富起来。

二是思想演绎要具有突出的逻辑力量。虽然语文课的学科逻辑性不如数学那么环环相扣，但这并不意味着语文课没有逻辑性，相反，语文课的逻辑性在语文能力培养过程中具有极为重要的作用。因为语言是表达思想的，其中所表达的情感也是基于某种思想、基于对生活某个方面某种角度的认知的，缺乏了这样的思想和认知，情感就没有了基石，文本就没有打动人的力量。语文课的逻辑应该像串珍珠的丝线，没有这根丝线，珍珠便会散落无序。但现在，很多教师没有意识到这一点，教师的语言缺乏逻辑、情感体会缺乏思想的支撑等现象在语文课中比较常见。

三是遣词造句要具有良好的修辞效果。语文说到底是学习如何围绕思想和情感进行遣词造句的学科。所以，遣词造句应该是语文课极为重要的教学内容，也因此应该是语文教师语言具有语文味的关键体现点。遣词造句的语文味至少指向两方面：一是词句的内涵要具有丰富性。教师要有意识地拓展思维的角度，将词句的内涵基于不同角度、不同层面作出诠释，使其既严谨，又具有开放性，如《钓鱼的启示》一课，便可作出“从父亲角度看”“从作者角度看”“从鲈鱼角度看”“从规则角度看”“从文化角度看”“从成长角度看”的理解和观照，自然就能形成排比、对偶等修辞效果。可见内涵丰富是遣词造句达成良好修辞效果的关键，是语文味的重要体现。二是词句的运用要有意识多方位地锤炼艺术性，比如用词用句的准确性、语句形式的统一性、字数结构的对称性、意思内涵的递升性、整句散句的融合性、语音语义的协调性等，这样，才能使教师语言能够去除随意性。

教师课堂中“说”的语文味的缺失，实际反映出的是教师听、读、写等另外三种语文能力的缺失。

现在，一些语文教师不善听。语文教师的善听，不仅要求听清学生说了什么，而且要求在听的同时，去分析学生这样说的原因。教师要在听出其合理之处时快速思考该如何运用具有具体指向性的语言对学生进行鼓励、表扬；听到不合理之处时要思考是在此时指出，还是等待其在慢慢成长过程中进一步领会；等等。只有按照这样的方式，在学生说的同时进行同步的快速思考，才能称得上是善听，也才能做到善于引领，让课堂包容且从容，让教师语言深得学生的心。

现在，一些语文教师不善读。语文教师的善读，是指在广泛阅读的基础上“体会”到文章的原理和规律，是指在读的过程中主动、自动联系生活获得感悟，并在读了之后能获得属于自己的理解。不仅如此，教师还需要对作者写文章的主旨立意、谋篇布局、选材组材、遣词造句等拥有独立见解，且要与别的具有某方面相同特征的作品进行链接思考，明确这样写的好处。所以善读的关键词包括“广泛阅读”“主动联系”“体会感悟”“独立见解”“链接思考”等，其中“独立见解”是教师语言具有语文味的重要条件，没有达成这一条件，就不可能拥有语文味。

现在，一些语文教师不善写。不写、不善写的教师却天天要求学生写、指导学生写，这是目前语文教学的一个怪象。不写，是指教师没有写的习惯；不善写，是指教师缺失了写的能力。“立言”这一能力在目前的语文教师群体中应该说是比较弱的。立言的过程，就是一个人澄清思想、理清思路并选择合适的文体和语句进行表达的过程。但现在教师的写，往往是基于某些外部的要求，如要上交论文、要评职称、要完成学校布置的任务等。这样的写，是属于被迫的写，写时的痛苦状态可想而知，写的质量也可见一斑。因为不写和不善写，所以，教师就不知道要表达什么，导致缺乏自己的独立见解；不知道怎样选择材料、组织材料，导致缺乏思想与逻辑的条理性；不知道该用怎样的语言形式进行表达，导致遣词造句缺乏语文味。

由上可见，语文教师听、说、读、写能力的缺失造成了其教学语言缺乏“语文味”，不能以规范、艺术的语言给学生示范，也无法让学生在课堂上、在教师与他们的常态交流中体会到祖国语言文字的美妙。

第二章

高效对话成就有意思的语文课

究竟怎样的语文课才是有意思的呢？要讲清楚这个问题，我们首先要清楚“有意思”的内涵。

“有意思”首先应该是一种有趣味、很快乐的感觉。有意思课堂的一个基本条件是有趣味，让人感到快乐。但是纯粹只有快乐的课堂并不是真正有意思的课堂。让我们来作一些分析和思考。生活中有很多事情会让人感到快乐，比如有些孩子沉浸在电脑游戏中是快乐的，这句话的重点是“沉浸其中”，也就是他在玩游戏的过程中会获得一种快乐的感觉，甚至会快乐得忘我。但很多情况下，当他持续了长时间的游戏，结束后内心的感觉或许就不再是趣味和快乐，很可能是一种疲惫或空虚之感，有的甚至会萎靡不振，也就是说，这种快乐的感觉并没有让他产生一种积极昂扬的状态，一旦离开了让他快乐的具体场景和过程，这种快乐就会消失，为什么会这样？因为这种快乐并没有给他带来心理的真正满足。如果我们的语文课堂只拥有这种性质的快乐，那就与语文教学的目标背道而驰了。由此可见，纯粹只有快乐的课堂并不是真正有意思的课堂。

有意思的课堂在快乐这个必要的基础上，还有一个更为重要的条件，那就是收获意义感。和单纯的快乐不同，收获意义感的课堂并不会随着课堂的结束而使快乐消失，相反，快乐会随着课堂的结束而得以持续甚至得到强化，并会转化为一种积极向上的力量，使学生心灵获得满足，这就是意义感的巨大作用。语文课光有快乐就会流于形式，导致肤浅；光有意义则常常会显得空洞，让学生学得沉重。只有实现快乐和有意义的有机结合，才能成就有意思的语文课堂。

那么什么是意义感呢？我觉得意义感至少可以包含以下几方面。

一是学生对语文学习内容是否拥有独立想法和观点。其实，每个学生的内心都会拥有独立想法和观点，但如果习惯于掌握话语权的教师总是剥夺学生表达想法和观点的机会，那么学生拥有独立想法和观点的能力就会日渐减弱甚至消失，课堂意义感的获得就会比较困难。

二是学生的独立想法和观点在课堂中有没有得到提升和发展。若教师所讲的内容是学生熟悉的，那么这种“炒冷饭”的课堂势必造成学生的学习缺乏意义感。

三是学生的增长点是通过什么途径获得的。如果其增长点只是通过外界强加的，学生只是被动接受，那么这种增长只是表面上的一种信息量的增长，并没有经过学生内在的消化吸收，学生就不能从中获得意义感。

四是学生通过自主获得的增长和提高的过程中有没有体会到快乐。这种体验极其重要，因为在这一过程中学生觉知到的是自己的一种本质力量，是对自我的认可，是一种心理的自信，一种真正的满足感。

五是这种意义感能不能融入学生的生活，并与他的生活进行自然连接。因为生活才是真正能够促进学生成长的土壤。在连接生活与文化的过程中，他能实现融会贯通，使其不管面对怎样的情况，都能拥有独立自主的见解并作出合情合理的判断、推理和选择。

可见，单有快乐的语文课堂并不是真正有意思的课堂。真正有意思的语文课堂是能够让师生在快乐的过程中获得意义感，并让快乐得以持续，进而获得一种积极向上的内在力量的课堂。而我们所追求的有意思的语文课，一要让学生拥有并表达出独立的想法和观点，二要让其想法和观点得到提升，三要使这种提升通过学生自己的努力得以实现，四要让学生在提升过程中觉知到自己的本质力量，五要让语文课获得的意义感融入生活与文化。这是构建有意思的语文课堂必须具备的几个关键点。

在快乐且有意义感的“有意思”语文课堂的构建过程中，“对话”将成为最有效的教育教学理念和实施策略。本章中，我们将围绕语文教学对话理念作全面且深入的思考。

一、实现本质的课堂

“对话”是一个古老而又常谈常新的话题，人从诞生之日起，就具有了与他人交流的愿望。当人类的发音器官进化成熟，这种人与人的思想碰撞和情感交流就有了可以依托的客观载体；而当人类发明了文字，这种思想碰撞和情感交流就具有了超越时空的力量。

苏联文艺理论家巴赫金认为“人存在的本质就是对话”。“一切莫不都归结于对话，归结于对话式的对立，这是一切的中心。一切都是手段，对话才是目的。单一的声音，什么也结束不了，什么也解决不了。两个声音才是生命的最低条件，生存的最低条件。”“生活就其本质来说是对话的……人作为一个完整的声音进入对话。他不仅以自己的思想，而且以自己的命运、自己全部个性参与对话。”“思想不是生活在孤立的个人意识中，它如果仅仅停留在这里，就会退化以至死亡。思想只有同他人的思想发生重要的对话关系之后，才能开始自己的生活，亦即才能形成、发展、寻找和更新自己的语言表现形式、衍生新的思想。”①

① 巴赫金.诗学与访谈［M］.白春仁，顾亚玲，晓河译.石家庄：河北教育出版社，1998：114.

而从人类最早出现的文学样式“远古歌谣”和“神话”中，我们也能看出人类与生俱来的本质特点——“对话”。原始人类多为群体劳作，为了在劳作中与他人形成呼应和配合，于是便经常发出有节奏的呼声，后来，在有节奏的呼声中，加上了语言，并形成了彼此互相唱和的词句，这就是最早的歌谣，也是诗歌的最原始形式。这种原始艺术形式，正是出于表达个人内在情绪、希望与他人形成情绪交流并实现劳作成功的需要，所以“诗者，志之所之也。在心为志，发言为诗，情动于中而形于言”。而神话的产生更是人类与大自然对话的结果。远古时代，由于生产力水平低下，限制了人们的认知水平，使他们不能理解和解释各种自然现象，在自然的力量面前显得十分困惑和无力，因此其头脑中存在的“万物有灵”之念，使其将自然界各种变化归因于神的意志和威力，因此创造了许多神、神化的英雄人物形象以及民族部落的图腾文化，这便是神话的起源。

因此，远古歌谣和神话本身是先民努力探索自然、力求解释自然的产物，是人类与自然对话的结果。这在人类文化学、心理学等诸多领域的研究中都得到了证实，如法国著名人类学家、社会学家列维·布留尔在《原始思维》一书中阐述了自己对原始思维的思考：“原始人的思维就是以受互渗律（以位移、转接或是以部分代整体、以单数代复数等方式进行思维，以为自己就是集体，或集体就是自己，完全不分彼此及‘万物有灵’的观照心理）支配的集体表象为基础的、神秘的、原逻辑的思维，因此人类早期思维具有原逻辑、神秘性非常强而逻辑思维虽有但不突出的特点。”而其他的学者，不管是社会进化论学者斯宾塞还是万物有灵论学者泰勒和弗雷泽，不管是《民族心理学》的作者冯特还是精神分析学派的创始人弗洛伊德，不管是强调“价值重估”的尼采还是存在主义学者萨特……他们都将人类对世界的认知与对话、人类对自我内心世界的认知与对话作为研究内容和出发点，这种研究本身便是人类对生命意义的探寻和深刻对话。因此，探索自然、寻求对话一直以来都是人类最显著的特色，并因此创造了极其丰富的人类文化。若没有对话，何来屈原那以问句形式构成、对世界万物社会历史乃至人生提问的《天问》？如果没有对话，何来老聃“道，可道，非常道”“万物作而不辞”“谷神不死”“天长地久”“上善若水”的洞悉与人生智慧的提炼？如果没有对话，何来因不同地域、不同气候之下形成的诸多不同民族不同文化？

英国哲学家戴维·伯姆在其对现存的土著部落进行考察之后发现，作为人类渴望思想和情感沟通的象征，对话至今依然鲜明地在土著部落的活动中存在，在其《论对话》一书里，曾这样描述过部落中的对话：“曾经有一个人类学家到北美的一个部落考察和生活过。那个部落的规模与对话要求的人数相仿（伯姆认为以15人至40人为最佳）。以狩猎为主的通常以20至40个人为一组居住在一起。干农活的规模略大一些。部落的人经常定期地像我们这样围成一圈坐在一起。他们只是互相地说啊说啊，显然没有任何特定的目的。他们不形成任何决议，没有领袖，每个人都参加。大家也许听某些智者或长者说的多些——不管他们是男是女——但每个人都可以自由发言。会议就是这样继续下去，直到最后毫无缘由地停止，人们各自散去，但此后似乎每个人都明白了自己应当做什么。因为他们之间已经非常理解了。”[①]以此也可见，从人类产生至今，人类与自然、他人、自我的对话从未停歇过，从某种意义上说，所有文化的形成与发展事实上都是对话的结果。因此，从更深的意义上说，人类“对话”这一行为本身就是一种深刻的文化，这种深刻的对话文化体现为对人的生命意义的不懈探索。

而当历史的车轮驶进现代文明高度发达的今天，这种“对话”和深刻的对话文化显示出更为重要的意义和作用。先举两个离我们较远的例

① 戴维·伯姆. 论对话［M］. 王松涛，译. 北京：教育科学出版社，2004：19.

子：假如你置身于那“绝无窗户而万难破毁”的“铁屋子”里，你解救自己的办法是什么？是不停地与自己的心灵对话。假如你只身一人来到原始森林作防护员，要使自己在若干年后依然能够融入大千世界，你应该具备的行为是什么？是与那儿的一草一木及各种生命交流对话。再举一个极为普遍的例子：假如你要在手机、电脑等现代设备铺天盖地的信息中不迷失，你需要做什么？需要有更多的与深刻灵魂进行对话的机会，因为，如若你一直沉湎于这些现代通信的便利和虚拟世界中而缺乏与自然、他人、自己对话的自觉，那么孤独感便会常常光顾你，而等你一旦觉知这种孤独，常常已是无力改变。

如上所述，对话是客观存在的，对话是人类生存的必需。那么，就现代社会而言，对话的本质又是什么？笔者认为，“对话”的本质正如王松涛先生在为戴维·伯姆著的《论对话》一书作序时所说的，对话关心的是真正的真理所在，决不对真理作任何的折中和妥协。它不在乎谁输谁赢，它也不关心谈话是否一定要达到一个结果；它追求的是平等、自由、公正地进行交流和沟通。谈话者之间互相尊重彼此的人格、观点和观念，能够形成充分的友谊感和信任。每个人都认真地倾听他人的意见和想法，每个人也都能彻底地表达出他内心深处最真实的想法和看法，然后让不同的观点和意见之间彼此碰撞、激荡、交融，从而让真理脱颖而出。

因此，以强调人与人之间开放自由、独立平等而又相互交往的对意义的探寻为典型特征的现代对话活动，在传播文化、传承文明、启迪心灵、培养良好对话意识与习惯的教育活动中显得极其重要。它要求对话主体在课堂中真正实现平等和自由；要求突破独断性思维；要求拥有一种积极开放、相互倾听，在融合中拥有自己独立声音的主体姿态；要求在对话氛围中展开思想的碰撞与沟通以生成新的视界。唯有如此，才能使主体在对话中实现自我建构进而提升生命意义。

二、心灵解放的课堂

将对话理念引进教育领域，实现教育观根本转变的，首推当代巴西教育家保罗·弗莱雷。保罗·弗莱雷一生致力于民众文化运动和初等教育，他以大胆的批判精神指出整个教育中存在的两大弊端：一是对学生的操纵；另一是要驯化人，而不是让学生成为真正自主的人。在实践和研究的基础上，他提出了作为其教育思想核心的"解放教育"理念，把教育本质理解为"自由的实践"。他认为："教育的目的是要使人觉悟，要具有批判的意识，要学会学习，学会思考，从而获得'解放'。"在其名著《被压迫者教育学》中，保罗·弗莱雷用了整整一章的篇幅讨论了"对话与对话教学"的问题，提出了从"储蓄教育观"走向"解放教育观"的教育思想，并主张以"对话式教学"实现这种转变。他抨击"储蓄教育"中"教师总是教，学生总是被教""教师总是无所不知，学生总是一无所知""教师有权选择教学内容，学生则要适应这些教学内容"等不良现象，提出教育中的对话是一种"平行的交流"，是对世界"发表意见"，是实现"自由的实践"。

这一观念与孔子"不愤不启，不悱不发"、苏格拉底"精神助产"的教育思想相一致。孔子的启发式教育强调教师的"启""发"应该是在学生对某个问题想弄明白却又弄不明白、想说但又不能清楚说出，即处于"愤""悱"状态时进行。同时，在对启发时机整体把握的基础上，孔子强调学生要"举一隅而能以三隅反"，强调"因材施教""教学相长"。孔子启发式教育的总体思路是"学生有问—教师启发"，强调教学应建立在学生思考的基础上，尊重学生原有的认知水平，而不作忽视基础的说教。苏格拉底的"精神助产"的教育思想十分强调对学生思维的促进和推动作用，其精神助产术可以概括为以下阶段：学生有自己的观点或行为—苏格拉底抓住学生思维中的矛盾启发诱导，层层分析，步步深入—

学生修正自己原有观点或行为，导出内心的正确观点。

孔子、苏格拉底与弗莱雷的对话思想对世界范围内的教育产生了重要影响，对教育的解放、人的解放产生了里程碑式的作用，也为我们的语文课堂对话教学带来了诸多启示：首先，有一个学生真正关心的主题——这是对话得以进行的前提；其次，对话的主题来自学生——孔子与苏格拉底总是在学生已经具有某种困惑、某种观点的基础上进行对话；最后，对话具有个体差异性——孔子和苏格拉底对个体差异性的重视是他们的对话取得成功的重要保证。但就目前而言，“对话”还没有完全成为一线教师的教育教学理念，更没有成为教育教学的自觉行为。如何围绕“对话”构建课程和课堂，是一个非常值得研究的课题。而在研究的过程中，对以下内容的思考将为其带来重要的促进作用。

第一，教育的宗旨是什么？为了人类的幸福。诺丁斯认为“好的教育必然增进个人与公共幸福”；苏霍姆林斯基认为“让每一个从自己手里培养出来的人都能幸福地度过一生，这就是教育应该追求的恒久性、终极性价值”。但很多人总习惯于将这些经典话语理解为“今天的学习是为明天的幸福做准备”，而忘记了教育“为了人类幸福”这一宗旨中的“幸福”更包括“当下”的幸福，即在教育的当下便满足每个人的幸福需求，实现每个人的内在价值。而教育的当下幸福体验可以通过对话分享自身观点及生活智慧，并且“必须是自我充足的，必须是积极的，必须是相对稳定的”（亚里士多德语），若没有充足、积极、相对稳定的当下的体验，要获得持久的幸福是困难的。因此，我们要关注“对话”与“对话课堂”中师生关系的重塑，关注课堂中学生来自对话的幸福体验，更要关注对学生课堂幸福起决定作用的教师的幸福体验。同时，我们要将“当下的幸福感”提升为具有共识性、稳定性、持久性的“课堂幸福文化”，让课堂对话平等民主、充满爱与信任；要在尊重学生原有认知基础上起引领作用，以充分发挥学生的主观能动性。

第二，“课堂”与“教学”的本质为什么是“对话”？课堂不单单是为未来做准备的，更是学生和教师当下的共同生活，而且，实现美好幸福的能力，是需要在当下每节课的学习中培养的。因此，我们要重视作为生命交往而存在的课堂生活特征，重视相互碰撞、相互启迪、相互激励的平等的课堂对话特征，重视学生和教师共同成长的课堂发展特征。同时，在今天这个资讯无比发达的时代，教师除了在生活经验体验、教育教学资源占有量上多于学生外，在很多方面与学生是一样的，甚至在不少方面学生更优于教师。所以，现代意义上的教学要求教师放下架子，积极向学生学习，教师角色更多的应是课堂的组织者、学生的服务者、学习的支持者、平台的搭建者、路边的鼓掌者，教师应经常退到幕后，偶尔点拨引领，真正达成“不愤不启，不悱不发”的教学状态。

第三，对话课堂的教学内容如何确定？“对话”的课堂，特别需要教师智慧地确定教学内容，但是，现在一些教师并未充分发挥自己的理解而仅仅是粗线条随大流地确定内容。我们不难发现，并非任何内容都适合学生，课程标准在面对不同学生时也需有灵活多样的落地方式，教师只有根据实际情况进行选择、迁移、整合，才能发挥最好功效。举个例子，学校一位年轻教师要参加说课比赛，内容是学前教育专业的“讲故事”训练，她将教学与说课重点确定为“儿童化语言运用”，因为这是教材上明确写着的，所以将其作为教学重点是稳妥的。但这一决定效果未必好，因为，学前教育专业所面对的学生大多性格活泼，幼儿语言模仿能力强，只要教师提供一次儿童化语言的示范，他们大多数就能明白并运用。既然这样，课堂中就不需要用太多时间讲儿童化语言。那么，重点内容该是什么呢？我让这位教师去回忆和思考学生在讲故事中存在的最大问题与困难，进而将“分析童话故事人物形象并设计相应语言”作为教学重点，效果很好，有力提高了学生的文本分析能力，使其讲故事水平得到了质的提高和可持续发展。可见，虽然教材强化了儿童化语言训练而未重视以个人内在素养为支撑的人物形象分析，我们依然应该根据学情重新进行选择设计、迁移整合，这在课堂对话中是极为重要的。

第四，“传授知识”与“对话分享”的关系怎样？关于知识，《现代汉语词典》的解释是“人们在改造世界的实践中所获得的认识和经验的总和”。所以，知识凝结了前人的智慧，基于这样的理解，过去的课堂大多采用教师讲授的方式，因为讲授可实现课堂知识容量的最大化。但正如建构主义所认为的，“知识不是对现实的纯粹客观的反映，任何一种传载知识的符号系统也不是绝对真实的表征。它只不过是人们对客观世界的一种解释、假设或假说，它不是问题的最终答案，它必将随着人们认识程度的深入而不断地变革、升华和改写，出现新的解释和假设。”“在具体的问题解决中，知识是不可能一用就准，一用就灵的，而是需要针对具体问题的情景对原有知识进行再加工和再创造。”“知识不可能以实体的形式存在于个体之外，尽管通过语言赋予了知识一定的外在形式，并且获得了较为普遍的认同，但这并不意味着学习者对这种知识有同样的理解。真正的理解只能是由学习者自身基于自己的经验背景而建构起来的，取决于特定情况下的学习活动过程。否则，就不叫理解，而是叫死记硬背或生吞活剥，是被动的复制式的学习。”上述建构主义理论强调学生应成为意义的主动建构者，强调以学习者原有的知识经验作为新知识的生长点，用探索法、发现法去建构知识的意义，主动去搜集并分析有关的信息和资料，要对所学问题提出各种假设并努力加以验证，要把当前学习内容所反映的事物尽量和自己已知的事物相联系并对这种联系加以认真思考。教师的行为则是提出适当的问题以引起学生的思考和讨论，并在讨论中设法把问题一步步引向深入以加深学生对所学内容的理解，同时启发学生发现规律、纠正和补充错误的或片面的认识。这便是对话分享的过程。

第五，“对话”过程中教师的行为特点是什么？在这儿，以笔者自己的教学为例作一说明。在我所执教的“小学语文教学法”课程中，每次都安排课前训练，其环节是“一位同学朗读并解读小学课文—预约点评的同学就朗读与解读等方面进行点评—其他同学进行即兴点评—教师点评”。在这个过程中，学生的发言能达到20余人次，思维的碰撞广度与深度都远远超过教师单方面的讲授。在学生的点评过程中，教师退到了幕后，所有同意或不同意、充实、纠偏等，都由学生自己完成。在教师点评环节，教师不再重复学生说过的话，而是对学生提出的一些独特观点进行强调并鼓励他们继续研究，为他们推荐相应的书目。同时，结合该课程，我们每周带学生赴小学参加教学观摩和研讨活动，在研讨过程中，从主持到观点记录与整理，甚至包括作业的布置，都由学生根据实际情况自行确定，效果也远远超过教师单方面的总结与点评。在自行设计与完成这些极具挑战的任务过程中，学生获得了强烈成就感。这是实现课堂当下美好幸福状态的重要举措。

通过上述分析可见，“课堂”“教学”最本真的状态不应是教师教给学生什么，而应是课堂上各主体开展对话解放心灵的状态。这些新认识，将使我们转变教学观念和教学行为，收获完全不同的教学效果和课堂存在状态。

三、平等对等的课堂

我们经常讲师生之间要平等，但往往停留于教育理念与人格尊重层面，落实到课堂的实施行为中，这种平等的实现情况往往不够理想。

为什么？因为平等的前提是对等！

而教师和学生之间天然地存在着不对等现象：一是在占有资料上的不对等。教师往往是通过充分的备课走进课堂的，不管教师的备课是依托网络资源还是名师教案，教师的脑子里装满了这节课该教给学生什么的想法。但是学生呢？他们并没有像教师这样进行过充分的准备就走进了课堂，这就导致了课堂中师生话语权的不对等。二是教师这个身份决定了话语权容易被掌握在教师手中，这就在客观身份上决定了两者之间的不对等。这些客观存在的不对等现象，致使人格层面追求的平等在实施层面中很难得以实现。

对话的语文课堂的构建要求我们首先要放下教师的身份，给学生大胆表达的机会。在这里，我们还要强调的是教师须充分相信学生拥有对等对话的能力，因为语文是母语课程，学生从小所积累的语言能力使他能够通过自主阅读明白文章的某些内涵，并在阅读过程中拥有自己的理解和感受。为了表述方便，笔者把学生这些没有经过教师执教就拥有的感受叫作“初始阅读体验”。学生运用初始阅读体验和教师进行平等对话，教师就会时时收获一种惊喜感，因为学生的水平在很多时候远远超越了教师的想象。而学生也在与教师平等对话的过程中，发现自己在某些方面是可以超越教师的，这也会令学生充满喜悦感。而这种学生表现超越教师的心理预期、学生超越老师的喜悦，只有在拥有平等的话语权的基础上进行对等的对话才有可能实现。

这里，笔者摘录了金华市琅琊小学的学生们在预习《慈母情深》一课时的想法和观点。另外我想说，琅琊小学离金华市区大约要半个多小时车程，处于山区。琅琊附近的大山里的小学生，在最近几年陆陆续续地转移到琅琊小学就读。之所以作这样的说明，是因为我所引用的这些预习情况的学生处于农村，和城市比较，他们的父母因多在外地务工而无暇顾及他们的学习，他们的爷爷奶奶、外公外婆没有能力辅导他们的学业，他们查阅资料的平台也相对较少，但即便如此，他们的“初始阅读体验”依然非常精彩。

表2-1 《慈母情深》预习情况整理

字词盘点	1. 课文我已经读了5遍。（ ） 2. 我容易读错或难读的生字：攥着、脊背、龟裂、衣兜 3. 我不太理解的词语：攥着、数落、毛票、震耳欲聋、失魂落魄 4. 我容易写错的生字:攥、脊、缝纫、兜
读完课文我的感受（学贵有感）	1. 文中的母亲无比关爱孩子，即使十分贫穷，也要培养孩子。这个孩子也十分体谅和尊敬母亲。 2. 作者十分孝顺，看到母亲劳作十分辛苦，放弃了心心念念的小说，却给母亲买了一听水果罐头。 3. 慈祥的母亲深爱着自己的孩子，她默默支持着孩子的喜好，在背后默默奉献，母爱真伟大！ 4. 几张毛票里包含了母亲对儿女浓浓的爱，能有这样一个慈祥的母亲是人生莫大的幸福。 5. 千言万语说不尽，慈母情深深似海。总有一种爱，让我们内心震撼，那就是慈母的情！让我们用心去感受慈母情，用行动去回报母爱吧！
读完课文我的疑惑（学贵有疑）	1. 为什么文中说“我想我没有权利用那钱再买任何东西，无论为我还是为母亲”？（6人提出） 2. 文中为什么要写“一对眼神疲惫的眼睛吃惊地望着我”，而不写“一双眼睛看着我”？（2人提出） 3. 为什么作者说“周围几只灯泡烤着我的脸”呢？（2人提出） 4. 为什么别人反对给“我”钱，而母亲却觉得孩子爱看书挺好的？（2人提出） 5. 这篇文章为什么有这么多的外貌描写和语言描写？为什么要写母亲的工作环境呢？（1人提出） 6. 为什么文中母亲的同事不让母亲给“我”钱，爱看书是好事啊！（1人提出） 7. “我”为什么用一元五角给母亲买水果罐头而不是给自己买书？（5人提出） 8. 为什么不去借书，非要买呢？（2人提出） 9. 为什么题目不是“青年近卫军”或者“母爱”呢？（2人提出） 10. 最后作者有没有好好报答他的母亲？（1人提出） 11. 为什么说“那时我家的破收音机已经卖了，被我和弟弟妹妹们吃进肚子里了”？（1人提出）

续表

读完课文 我的建议 （学有所思）	1. 让我们想象母亲在看到我买书后的表现。 2. 文章可以多一些心理描写。 3. 我想听一些关于母爱的感人的小故事。 4. 让同学们演一演课文。 5. 让同学们说说“我”在要钱时的心理活动。

看了这样的“初始阅读体验”，我不禁发出感慨：我们的学生真的很棒！我们的学生具有和教师对等对话的能力！

由此可见，我们需要给学生对话的机会，为他们搭建对话的平台；我们应充分尊重学生的初始阅读体验，让他们在充分预习的过程中形成自己的感受、问题、建议和思想；我们看到了学生的能力和教师预期之间的差异，所以我们要重新确定教学的逻辑起点和实施过程！

当然，帮助学生形成对等对话能力的方式有很多，而且应该是成系统并贯穿始终的，但就一篇具体的文本而言，其关键是开展预习并作全面整理以充分把握和分析学生的预习情况。因为预习这个环节对实现课堂中的对等对话有着极其重要的作用，所以将在本书后面专门撰文重点阐述。

四、积极互动的课堂

语文课堂的构成主体包括教师、学生、教科书编者和文本作者等，其显性主体是教师和学生。目前语文课堂显性主体之间的交往方式大多为“师问生答”，这在极大程度上限制了教师和学生的发展，也导致了语文课堂的没有意思，这些在前文已作阐述。改变这一现状并使“对话”成为语文课堂构成主体互动的基本方式应成为每一位语文教师的自觉追求。

当我与小学语文教师们交流，问及“你怎么理解‘对话’的内涵”“你认为怎样才能提高‘对话’的效果”等问题时，教师们的回答包括“对话就是师生的问答”“对话的质量来自教师提问的质量”等。可见，即便《语文课程标准》提出了对话的理念，很多教师依然认为“对话”就是“问答”。“师问生答”依然是目前语文课堂推进的主要方式。

我们可以对教师的“提问”行为从多个维度作些分析，看能否从中发现一些问题。

从问的内容维度看。有的是有关学习内容之问，比如“这篇课文写了什么”“这篇课文有几个自然段”“这个自然段用了什么修辞手法”等，这种问占据了课堂提问的大部分；有的是口头禅式的祈使之问，比如“这段话写得真好，你们想不想读一读”（学生肯定答“想”）“学了课文，我们肯定有很多想法，我们把它写下来好不好”（学生不得不写啊）等，这种提问看似民主，实则为学生不得不接受的命令。

从问的目的维度看。有的是为了了解学生的学习情况，这种目的占据了提问的大部分，也成为教师检查学生知识掌握情况的重要方式；有的是为了推进课堂的进程，即将提问作为课堂推进的手段；有的是为了促进学生思考，这样的提问其目的定位和动机出发点应该说是很好的，但因为提问频次太高，其效果达成情况需要打个问号。

从问题之间关系维度看。有的是金字塔型的关系，即在一个大问题之下分设几个小问题，这是一种有教师自己思考的问题结构，但其中一些由于文本解读深度不够或实施过程依然运用“满堂问”的形式导致效果不佳；有的是根据教学环节和板块而产生的平行关系，即问题和问题之间没有太多的交集，是依附于“整体初读”“生字词学习”“精读品味”“朗读训练”“读写练习”“课外拓展”等诸多环节的，对这些问题，因为课堂上经常使用，学生大多能够猜想到，比如“课文分成几段”“哪些字容易读错”“你对重点词语是怎么理解的”等，这些问题几乎出现在每一节课中，学生已经对其失去了好奇和探究的兴趣；有的是混乱式的，就是很多问题也许连教师自己都不知道为什么这样问，所以导致前后问题之间逻辑不清，在这一大堆缺乏逻辑的问题面前，学生所承受的痛苦是一个糊里糊涂教学的教师很难想象的，而这种学习状态可能导致的厌学情绪，又是一个有责任心的教师必须去面对的。

我们还可以从更多的维度对“满堂问”进行研究，比如问题的发散性开放性维度，问题回答的效果维度，充满问题的课堂中学生的学习状态维度等，这里我们不再继续作深入阐释。

“满堂问”的语文课堂是不可能高效的，因为频次太高，导致学生对问题无法进行深入思考；因为提问方式缺乏变化，导致学生学习兴致消失；因为问题之间逻辑混乱，导致学生无所适从；因为教师总是借问题的回答情况来评价学生好坏，导致学生上课时心理得不到放松；因为很多对文本缺乏自己理解的教师只能以标准答案为评价标准，导致学生中很多生动合理、富有创意的想法被忽视……总而言之，这样的语文课堂唯一的好处是教师比较容易驾驭和控制，但问题在于，教师驾驭和控制课堂本身又是违背学生成长规律的行为。所以，让语文课堂的“满堂问”变为“分享对话”，是我们必须作出的改变。

“分享对话”之意为：课堂中，教师和学生围绕着大家共同感兴趣的一个或几个话题，平等地表达自己的观点，在此期间，只要在底线之上能够自圆其说，教师都应给予充分肯定。语文课堂的分享对话带给学生和教师的感觉是积极的、能动的，能够激发生命活力的，能够让学生保持对语文学习热情的，也是能够很好地激发学生对语言文字敏锐的感知力的。原因如下：

“分享对话”是对一个或几个大问题的探讨，减少了“满堂问”中问题的数量，分配给某个问题的探讨时间自然就增加了，对问题理解的深度和广度自然就能够得到保证；

“分享对话”意味着教师和学生之间真正的平等，在此过程中教师单方面给出的简单评价就能被极大弱化，学生作为学习主人翁的姿态就能得到很好的激发，因此也就能获得学习的成就感和价值感；

“分享对话”的前提是参与分享对话的每一个成员的内心都有一定的思考，这就改变了课堂中学生被动接受教师所教内容的状态，而要求自己首先拥有对文本独立的理解，这对养成自觉、独立的阅读习惯是大有帮助的；

“分享对话”的学习因为是在一个班级几十位成员的共同努力下进行的，众人的思想可以彼此启发和触动，对文本理解的全面性和对支撑自己观点的语言文字的捕捉力、感受力便可增强，可以全方位地提高其语文能力；

“分享对话”的学习方式能呼应社会生活的真实情境，各种观点的碰撞也能激发学生对生活体验的唤醒，使课堂与生活实现有效对接，最大限度地弱化课堂中不可避免的虚拟成分，为学生面对生活中某些特定情境时的认知、判断和选择提供了真实的指导；

“分享对话”的过程中，当教师也成为一个平等的对话者时，学生便可畅所欲言，而在学生的畅所欲言中，教师也会在学生观点和话语的启发下获得认知的丰富和思维的成长，教师可以在向学生借智慧的过程中真正构建起教学相长的语文课堂文化。

五、教学相长的课堂

一些教师之所以觉得上课没意思，一个重要原因是教师本人在课堂中没有收获成长的感觉。

一直以来，我们都觉得教师就应该是付出的，“春蚕到死丝方尽，蜡炬成灰泪始干”是很多人对教师职业的习惯认知和比喻。教师似乎只能是付出者。在我担任演讲比赛评委的过程中，经常听到某个教师多么辛苦、在上课过程中昏倒了等类似的悲戚内容。刚开始听到这样的例子，我会觉得很感动，会觉得这是教师的崇高形象。但是随着这样的例子越来越多，也随着自己对教师形象的思考和体会越来越丰富，我的观念有了很大转变。

我一直在思考“一个教师应该是怎样的形象”的问题。我意识到：只有教师自己是快乐的，学生才可能快乐；只有教师自己是幸福的，学生才可能幸福；只有教师自己是成长的，学生才可能成长。教师应该像一棵树，只有这棵树枝繁叶茂，才能为学生提供成长的场所，提供呵护和爱，学生才能在树枝上跳跃歌唱，在绿荫下轻松愉快地做他们喜欢做的事情，才能收获快乐的笑声。假如有一天这棵树枯萎了，它便没有足够的能力为学生提供呵护，树荫底下原本拥有的这些快乐也都将不复存在。所以，教师不应只是一棵静止的树，而应是一棵常青树，它应该不断地汲取阳光进行光合作用，汲取雨露促进自己的成长；它还应该向大地发展，不断吸收大地的营养，使自己的根须更加强壮。总之，教师这棵大树需要不断地成长。

而且，教师其实也是个平凡人、普通人，也有自己的困扰，有很多自己未知的领域，“师者，传道授业解惑”中的“道、业、惑”或许教师自己也未必明了，所以，教师只有在不断成长、不断完善自己的过程中才能跟进教育、引领教育，实现教书育人的目标。尤其是随着教师年龄的增长，其内在的认知结构和现代社会日新月异的发展之间会产生很大的断裂，而年轻的学生恰恰是跟进和促进社会发展的主力军，在这样的情况下，教师如果没有主动成长的意识，便没有办法依据学生的个体差异促进他们的发展。所以，教师必须不断成长。

其实，不光是教师，在学校工作的任何人都应该不断成长，大家形成合力，才能让我们培养的人才引领时代发展，不仅能够适应今天的社会，更能够适应“未来”时代，并且在未来时代具有不断创造的能力。基于这样的想法，当笔者所主持的国家精品课程“小学语文新课程教学法”于2013年转型升级为国家精品资源共享课的时候，我提出了“生长型课程”的理念。

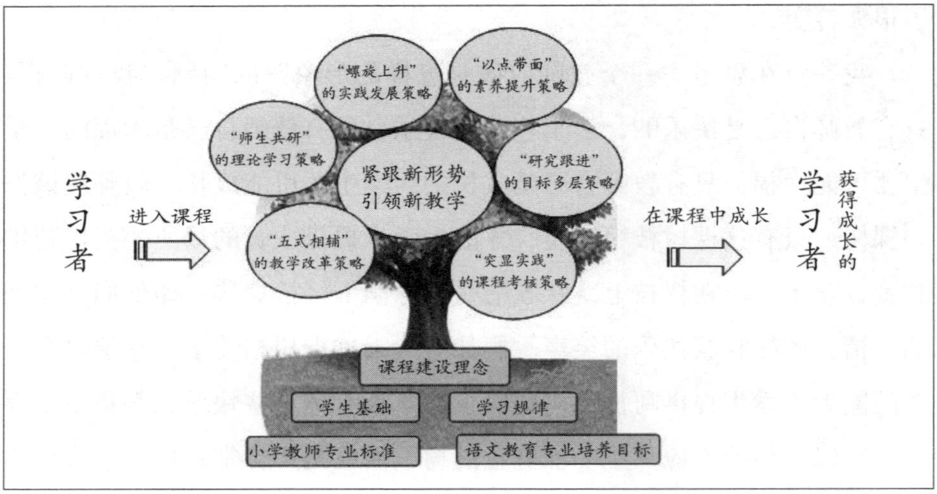

图2-1 “小学语文新课程教学法”生长型课程顶层设计图

“生长型课程”一是指学习者通过本课程学习，得到持续成长；二是指课程本身处于不断生长过程中，课程教师也处于不断成长过程中。这个理念传递着课程与学习者都应该像一棵树，在丰沃的土壤基础里“扎实根基”，在持续的发展中“繁茂枝叶”，在不断的向上中“壮大成材”。

“扎实根基”是课程相关教学改革的基础，体现为有递升关系的三个方面：最深层的是《小学教师专业标准》《语文教育专业培养目标》；第二层是学生基础和学习规律；第三层则是基于前四者而形成的本课程建设理念，即“重实践、强素质、善创新、能研究”。

“繁茂枝叶”体现为课程围绕“紧跟新形势、引领新教学”宗旨而进行的六大方面设计思路，即“五式相辅”的教学改革策略、“师生共研”的理论学习策略、“螺旋上升”的实践发展策略、“以点带面”的素养提升策略、“研究跟进”的目标多层策略和“突显实践”的课程考核策略。繁茂枝叶不仅意味着课程的丰富，也意味着学习者小学语文教学与研究能力的全方位提升。

“壮大成材”指学习者通过本课程学习，成为“获得成长的学习者”，拥有持续成长、自我发展的内驱力；也指本课程建设内涵的不断发展与丰富。可见，课程成长、教师成长和学生成长一样，教师成长不仅在某种程度上决定了学生成长，也决定了教师的职业成就感和幸福感，并因此深刻影响着学生学习的成就感和幸福感。

教师成长可以通过阅读、培训等方式得以实现，但教师最日常的活动是在学校，在最为平凡但占时最多的课堂。所以，在课堂活动中促使自己成长和发展是最可行、最有效而且能够收获成就感、意义感、快乐感的。只有当课堂教学实现了师生共同成长，达到了教学相长的境界，语文教学才能真正有意思。

教学相长意味着我们要向学生学习，向学生借智慧。从学生预习《慈母情深》的“初始阅读体验”中，我们不难发现，学生所感、所疑、所思丰富了教师解读文本的视角，如果以此进行深入思考并在此基础上开展教学设计和实施，就容易达成教学相长。

当教师怀着对学生的尊敬走进课堂，带着学生提出的感受、问题、建议开展教学，那么提高的便不仅是学生，更是教师自己。教师也能每一天都收获教学的快乐。

可见，教师应该是一棵树，只有不断成长，才能呵护我们深爱着的学生；这棵树的成长，最肥沃的土壤是我们天天耕耘的课堂。而学生是课堂的主体，我们需借助学生智慧以促进自己的成长，从而实现教学相长。

六、理实统一的课堂

“对话”是支撑语文教学设计与实施的重要理念，《语文课程标准》实验稿提出了“阅读教学是学生、教师、文本之间对话的过程”的思想，修订稿在此基础上进一步确定“阅读教学是学生、教师、教科书编者、文本之间对话的过程”。这一增加教科书编者的修改至少传递了以下信息：当一个文学作品成为教科书中一篇课文的时候，必然渗透和体现了编者的意图，包括编者对学生语文成长的长期规划、对学段规律的认识与把握、对规划达成的各阶段内容的统筹安排、对教师教学取向和教学方法的引领等。这些信息，在强调“闲适阅读”等日常阅读特点的基础上，突显了语文“教”与“学”的特殊场景和情境，突显了课堂“有意识对话”的方式方法。教师要切实把握语文课堂这一特殊场景中教育教学之本色，就语文学习内容、学习方式等进行研究，使对话理念落地于教学实践。

1. 语文学习内容：“信息输入”与“信息输出”

语文学习内容实质上就是四个字，即“听、读、说、写”。这一排序和我们一贯所言之“听、说、读、写”有区别，这一区别源自对四者关系的厘清和把握：听与读着眼语言理解力，指向“信息输入能力”；说与写着眼语言表达力，指向“信息输出能力”。而信息的“输入”与“输出”能力又分别指向口头语言和书面语言。一个人拥有良好的“听读”（输入）与“说写”（输出）能力，就能比较顺畅地理解和运用语言。值得我们特别思考的是，“听、读、说、写”并不仅仅指向语言的工具性质，也指向人文性质，即一个人要具有较强的“听、读、说、写”能力，必然要对所“输入”或“输出”的内容有自己的足够理解与体会，必然要对其中各内容之逻辑关系有准确清晰的把握。我们以最平常的“说”中之“自我介绍”为例作一说明。自我介绍的过程，事实上是对介绍者元认知能力（即主动发现并客观评价自身认知水平、优势特长的能力）、逻辑演绎能力（即对自身认知状况和优势特长进行逻辑排序与组合的能力）、语言组织能力（即采用合适的言语方式将内在的思想传达出来的表达能力）、双向交流能力（即根据特定话语对象的年龄、性格特点等采取恰当的语气语调进行口头表达的能力）、效果预测能力（即对自我介绍所可能产生的能否引起对方关注与兴趣等的预测能力）等的考察，而这些能力均离不开人文内涵支撑，如对认知规律、思维规律、语法修辞、特定对象、传播理论等的理解，唯有上述内涵产生综合作用，才能使自我介绍达到最优效果。可见，“信息输入”与“信息输出”作为语文学习内容，既关乎语文教学工具性特点，又关乎人文性特点，这种融合能在最大程度上体现语文负载、传承、弘扬文化，并且本身也是文化的特性。若语文教学中的听、读、说、写训练忽视了语言所承载的人文信息、忽视了语言作为文化而存在的内涵把握，那么听、读、说、写只能流于空洞的、纯属技巧层面的训练。

2. 语文学习方式：“目标学习”与“非目标学习”

由于母语学习的先天优势，语文学习的方式可以包括两类，一是目标引领的学习，二是非目标学习。不同学习类型形成了不同的心理状态与学习效果。目标学习的输入，体现为在听读过程中自觉的概括、提炼、迁移与整合；非目标学习的输入，则体现为基于兴趣的、以闲适之心面对的听读活动。目标学习的输出，意味着为某种特殊需要和目标，在某种特殊场合进行有针对性的说写；非目标学习的输出，则出于内在的表达冲动，是不吐不快的心理驱使。因此，不难看出，目标引领的语文学习活动，更多指向外在的要求，具有更突出的规范性和标准化色彩；而非目标的语文学习，则更符合人内在的精神需求，具有更突出的自主性、选择性且更具个性色彩。仅有目标学习，易使学习者更关注“听、读、说、写”技巧而忽视对学习过程中的生命体验，非目标学习则往往相反。唯有将两者有机结合，才能促使学习者拥有运用合适方法来收获高效语文学习、获得表达内在生命体验的能力。

我们站在上述理念角度重新阅读中国现代文学史上一大批散文大家的作品，便不难发现一个共通之处，即随心而动的文笔之清新自然，平实地表达遇到的事情和内心的感受，但总能给人以宁静之感，好像是与读者对语，又好像是在喃喃自语。若过于强化目标学习，则往往会强化模式感、结构框架，且在文中体现某种教义，往往会缺少生活气息和文字的灵动。对话的语文课堂，不仅关注目标学习，更关注非目标学习，以唤起学生对生活的敏锐感知力、细腻观察力和独特体验。

3. 语文课堂本质："对话"与"分享"

作为母语教育的语文课程，在课堂实施过程中有着突出的特点和鲜明的优势，即每位学生在面对同一文章时，都能依据先前的母语经验形成自身的感受和认识，学生"听、读、说、写"的能力起点并非为零，而且每个学生的认知广度和深度也会因文章题材、体裁不同呈现出不同面貌。因此，教师应在学生原有基础上进行引领，"对话"与"分享"应成为语文课堂的常态，"相互作用的对话"应是优秀教学的本质性标识。正如王尚文先生所说："语文教学的目的是培养优秀的对话者。"

"对话"强调的是思想的"平行交流"，是对世界"发表意见"，因此对话中的教师和学生可以互为教学信息的发送者和接收者，对话机制下的课堂也定然能使每一个课堂对话主体丰富认识和感受，发现自身价值，获得成就感，并在愉悦的心境中感受分享的乐趣，形成分享的品质与习惯。

对话既是一种理念，更是一种实践。课堂中因对话主体不同而呈现出不同特点：

一是显性主体即教师和学生的对话。因为每一个学生和教师对同一学习内容的理解可能是不同的，所以怎样在课堂中表达自己的观点，批判或吸收他人观点成为第一个层面的对话。二是学生和教师与教科书编者以及文本中的生活和人物等隐性主体之间的对话。因为教科书有一个相对固定的系统，比如每一单元前有导读，每篇文章都有插图设计、生字要求、课后练习等一系列助学系统，其背后都有一个编写专家团队在表达着他们对语文学习的目标要求、内容及学习方法的理解和提示，了解这些，将促使师生更有效地开展教学对话活动。与文本对话是指与文学作品的作者、文本体现的内涵情感以及文本中人物事件的对话，这需要我们有敏锐的语言感知力和文本解读力，以更具深度、广度和关联度地把握文本言语内涵、言语形式和言语意图。三是课堂学习与实际生活的对话。课堂有一定的虚拟性，如若不能把课堂与社会进行自觉连接，那么课堂所学很容易受外界冲击而变得低效甚至无效。从这个意义上说，我们必须珍视学生在学习过程中提出的发自内心的各种问题，让这些问题成为课堂与生活连接的桥梁，巩固课堂所学，使学生与社会生活作联系思考并实现自我的不断丰富和提升。

鉴于班级授课制的特点，为了使对话更加有序、高效，对话需集中大家共同关心的一个或几个问题展开，作为对话组织过程中处于首席地位的教师，需在上课前整理大家提出的问题并分析这些问题之间的逻辑关系，然后整合提炼出大家可以展开对话的话题。用以开展对话的话题需具备以下特征：第一，能够在最大程度上与学生所提出的其他问题有某种关联，具有较大涵盖性，能使所有学生都觉得这个话题是他所关心的；第二，这个话题应该具有开放性和多元性，不是一两个来回的陈述就能完成的；第三，这个话题既是思想情感层面的，又能够与语言文字紧密结合，在思想情感和语言文字的来回诠释中自然地提高学生的语文能力。

在对话分享的语文课堂中，我们对学习的评价标准也应有所改变，总体原则是：以追求平等尊重、独立自由为前提，以追求合理合情、合作理解为过程，以追求丰富发展、多元选择从而实现对话深度、广度与关联度为目标。

七、表里一致的课堂

对话和问答是不一样的，接受记者采访叫答记者问，而有一些谈话节目叫“对话”；我们也经常说各国之间要加强对话，各部门之间要加强对话，由此也可见对话和问答的不同。前文所举原始部落的例子让我们知道，在这个部落定期召开的会议中，每个人都可以畅所欲言，表面看似乎有些散漫，但会议结束后大家对之前所经历的生活和之后的生活都有了一个基本态度和方向。看上去漫谈似的交流，其实是在最轻松的对话氛围中达成了共识，在共识的基础上保持自己的生活轨迹并使这种轨迹更具行动力。由此可见，对话是这个部落凝聚力量、共同前行的重要交流方式。人类之所以能成为万物之灵，并不在于他身体力量的强大，而在于其具备彼此之间通过对话获得共识和开展共同行动的能力。事实上，从身体层面看，人的力量是很小的，我们不能像鸟一样飞，不如老虎狮子那样凶猛，也没有大象、鲸那样庞大的身躯，但人类拥有其他动物所没有的头脑和思想，而且我们善于和同类结成联盟，在联盟成员的互动对话中获得智慧。从这个角度来说，对话的确可以说是人类存在的本质，没有了对话能力，人就失去了区别于其他物种的本质和优势。

在对话过程中，表里的一致成为必要的基础。

1. 与他人（社会）对话

最寻常的对话是人与人之间的对话，这是一种社会关系中的对话。我们需要通过和他人对话来强大自己的内心力量。一个人上幼儿园、小学、中学、大学，带给他们作用的不仅是知识的增加，还有在与人对话交流的过程中实现的社会性的增强。有些人认为现在的学校教育存在很多问题，于是选择让孩子留在家里，自己对他施以教育，这种方式的最大缺憾是缺失了与教师、同伴交流对话的机会。再看老年人，当老年人的身体和心理力量变得越来越弱时，若总是一个人独处，那么这种衰弱感便会越来越突出，所以我们希望老年人能够进入团体活动，参加老年大学，积极参与合唱、摄影、绘画、舞蹈等各种社会活动，这些都是他们跟社会进行对话的重要方式。当一个人感到孤独伤心时，我们会建议他走出去，其目的就是寻回与他人交往和对话的能力，而不是把自己封闭在一个狭小时空中。我们需要到群体中，因为只有在与群体的对话中，人的本质力量和社会性才能得到最大程度的实现和发展。

2. **与自我对话**

对话作为人的本质力量体现的又一层面是与自我对话。人在与自我的对话中明确内心真正的想法、真实的观点，才能以符合自己内心真实想法的意志力顺应天性地成长。有时候，人的内心和天性与外界的要求存在冲突，从其主观愿望来说，他希望能够遵从自己的天性，但若没有能力调整天性与外界规范的冲突时，这种天性就往往会被抑制，并因此导致其内心充满矛盾和痛苦。这并非个别现象。

笔者曾观察过工作中特别有满足感的群体，发现他们有一个共同点，即在童年时都很受重视，天性得到了很好的保护、释放和发展。有一个自小家庭条件就不错的朋友说她小时候非常乖张霸道，但家里长辈从不打击、责骂她，而是在尊重的基础上合理引导，正是这种非常尊重其个性和天性的成长环境，使她时时能够获得满足感，拥有满满的自信，这种自信一直伴随着她，使她能够遵从自己的内心，敢为人先。还有一个朋友，他生长在农村，家里条件不好，但他也是自信满满的。这位朋友的父母也是很尊重他，不会因为一些小事责备他，而是会考虑他的实际情况合理地教育他。

王阳明先生所谓“致良知”，即指每个人内心都有与生俱来的良知，顺应其天性，不去扭曲，不去强拉，那么这种良知会随着年龄增长被不断激发，并在自我觉悟中朝着正向发展。相反，若我们总是去扭曲人的天性，那么这种良知会被抑制，不仅得不到发展，而且会产生内心的矛盾与冲突。

良知与天性的发展需要一个人的内省力、自省力，即他与自我的对话能力。学会与自我对话，将使一个人拥有更加独立的价值观和精神面貌，使他既能融进社会，也能守住孤独，不会因为孤独而感到无力无助。

3. 与自然对话

人与自然的对话从来没有停止过。与自然对话是人类必须面对的现实，因为人类所有的吃穿住行都源于自然，自然界所发生的任何事情都与人类息息相关。在与自然的持续对话中，人类不断获得理解自然与人之间关系的智慧。中华民族的祖先更是将这种智慧上升到了哲学层面，深刻地影响了中国人的生活和追求。“天行健，君子以自强不息”“地势坤，君子以厚德载物”，在天地之间，立着人，作为君子，他既要有天之阳的刚强一面，又要有地之阴的敦厚一面，因此成就的谦谦风范就是我们中国人对君子修身的追求，这种追求就来自于我们和大自然的对话。

在与自然的对话中，中国人产生了很多朴素的辩证思想。在这些思想引导下，中国的先贤们形成了一种向自然发问、向自然寻求智慧、与自然和谐共处、在自然中静心修身的自觉。屈原的《天问》、陶渊明的《归园田居》、王维的《鸟鸣涧》、李白的《月下独酌》、苏东坡的《水调歌头》，哲人文人笔下的自然已经成为他们的挚友，他们能将人生的短暂依托于宇宙天地的永恒之中，从而获得心灵上的恬淡和宁静，拥有一种超脱的世界观和人生观。因此，超越时空限制也就成了中国文人艺术创作的自觉追求，张若虚在其《春江花月夜》中将眼前之月放入“江畔何人初见月，江月何年初照人”的历史中进行观照，将个人之情放入“江天一色无纤尘，皎皎空中孤月轮”的浩瀚空间中进行观照，由此有了无比豁达的格局，也有了悲天悯人的情怀。与大自然对话使人获得一种飘逸超然的气度，也使人能在不断充实进取的道路上学会放空和虚心，使人在得失面前宠辱不惊，在虚无之中生出无限智慧，这便是与自然对话给予人的成长所发挥的巨大作用。

人存在的每一个时刻，都与社会、自我、自然进行着对话。语文课程中的每一个文本几乎都体现了这种对话，体现了作者与社会、与自我、与自然进行对话的过程或结果。在课堂对话过程中保持对话主体内外表里的一致而非迫于压力改变初衷，是对话教学的追求。

八、文化贯通的课堂

语文承载和表现文化，而文化包罗万象，既包括人们生活中的种种物化的形式与存在，也包括人们面对不同事物时的思维方式和行为方式，更包括文学、哲学、音乐、美术等艺术形式。语文教学培养心灵和精神，我们通过语文课文本中感悟到的某种精神和情感，不仅仅是个人的，也不是孤立于社会、他人、文化之外的，而是能与外界或历史中的某一点产生呼应和共鸣，能使我们的课堂沉浸在文化中，使中华民族的优秀传统文化在每一堂语文课中都得以呈现，从而真正让学生发自内心地热爱传统文化，这是语文教师应有的信念和应承担的使命。

从另一个角度说，语文课本中的每一篇文章也都有文化依托点，即使是外国作品，也能在中国文化中找到文化支撑点，如课文《钓鱼的启示》与中国儒家文化中“慎独”思想的呼应；《女娲补天》与《淮南子·览冥训》中所记载的“往古之时，四极废，九州裂。天不兼覆，地不周载。火爁炎而不灭，水浩洋而不息。猛兽食颛民，鸷鸟攫老弱。于是女娲炼五色石以补苍天，断鳌足以立四极，杀黑龙以济冀州，积芦灰以止淫水。苍天补，四极正，淫水涸，冀州平，狡虫死，颛民生”的呼应；《坐井观天》与《庄子·秋水》中“井鼃不可以语于海者，拘于虚也；夏虫不可以语于冰者，笃于时也；曲士不可以语于道者，束于教也”的呼应。

有的呼应可以直接连接，有的则需在不同的思维状态下做一些辩证思考。如《自己的花是让别人看的》一文，季羡林先生写道“人人为我，我为人人”，我们一般的说法是“我为人人，人人为我”，两句话的顺序刚好倒了一下。为什么季羡林先生要这么说并且直言“这是颇耐人寻味的”？笔者认为，这跟中国传统文化中的“己所不欲，勿施于人”是相呼应的。当然，这不是直接的呼应，而需要一定的思维转化，从“己所不欲，勿施于人”转化为“己所欲，施于人”。“人人为我，我为人人”带给我们的理解是“我需要什么，那么我希望周边的人与事都能尽可能地为满足我的需要而努力”，从而希望每一个人都能以这样的立场、设身处地去考虑他人的需要并为之付出努力。我喜欢在街上漫步时有美丽的花海包围，于是我想到别人也喜欢这样，于是就把我自己阳台上的花都朝外摆放，让所有人都能看到，这就是“己所欲，施于人”。进而还可转化为“人所欲，施于人”。从“己所不欲，勿施于人”，到“己所欲，施于人”，再到“人所欲，施于人”，这就是我们所追求的人与人之间和谐的境界。所以当我们阅读《自己的花是让别人看的》这篇文章时，将“人人为我，我为人人”和中国文化进行连接并且进行思维的转换，就能达到一种更高的人生境界，并在思维转换中感受自己的思维力量和中华文化的力量。

当我们在语文教学过程中与传统文化有了连接，就寻到了基点和根脉，有了跨越时间和空间的力量，学生在心理层面也会涌起满满的激动与自豪，更能感受到语言文字运用的巧妙，从而达成语文教学培养学生热爱祖国语言文字的目标。

如果教师拥有了这种将所学内容自觉与传统文化等进行连接的教学思维习惯，就可以让语文课变得不仅很有意思，而且很有意义。并且这样的教学是完全能够实现的，因为每一个语文学习内容的背后都有文化在支撑。举个大家认为比较难以渗透文化的抽象的汉语拼音的例子。在给大学生上现代汉语“音节”的内容时，我首先引领学生去了解音节由声母、韵母和声调三部分构成，接着带领学生在黑板上规范地书写每一个声母、韵母和声调，随后引出其中所蕴含的中国人的无穷智慧。比如现代汉语的基本音节（不标声调）是400个左右，带上声调的音节有1250个左右，但我们的汉字数量最多的统计是超过了8万个，这中间就有大量同音字的出现，同音字带来了用字时可能产生的混淆现象，但咱们中国人却将这种可能的混淆转化成了语言的机智，形成了谐音、双关等语用现象。可见，哪怕是看似与文化很难作联系思考的汉语拼音这样的抽象符号，如果我们有将之与文化联系思考的自觉意识，那么也能够拥有无数的连接可能。汉字字形的变化就更为丰富了，如数万个汉字浩瀚丰富，但组成这些汉字的基本笔画却不多，即横、竖、撇、点、折等，增减改换其中一种笔画，就会成为不同的汉字，这中间细微的笔画差别足见古人的智慧，因为每个汉字、每个笔画的改变，都有古人的理解在其中，可见古人对自然、对社会、对身边万事万物的认真观察、细微鉴别和深入思考；还比如，因为汉字拥有独立组合的能力，进而在不同的组合中形成了汉语汉字丰富的义项，使因境用字、因境释字成为中国文学的一种自觉。

九、项目研究的课堂

要实现有意思的语文课，我们须摒弃流于表面的一环扣一环的语文教学方式和课堂流程，实现课堂提问的真诚高质和观点的独立丰富。而要达成这样的效果，可倡导将“项目化研究方法”作为课堂学习和对话的一种方式。

一般来说，我们对某个话题的研究往往有这样一个过程：首先是发现了生活或某专业领域的一个问题，通过调研发现这个问题具有研究价值，于是将其确定为自己的一个研究内容；然后通过查阅资料、问卷访谈、开展实验、逻辑推演等方式对问题进行分析，在把握了这个问题已有的研究成果的基础上，得出自己的结论。

语文教学中，虽然每一篇文章都是学生能够读懂的，但他们也会基于自己的认知提出很多问题，如何对待这些问题、如何将这些问题纳入教学之中，都取决于我们对问题和对语文课的认识。

我曾经参加过几次课题答辩，其中有一个课题给我留下了非常深刻的印象。课题名称是“语文教学促进学生提问水平的策略”。研究者在课题报告中所罗列的他认为比较有价值的学生提问包括“这篇课文的中心思想是什么”“作者是从哪些方面去写的”“文章用了哪些修辞手法来表现这个人物形象”等。笔者看了这些提问后不禁发出疑问：这位教师认为比较有价值的这些问题真的有价值吗？这真的是学生会提出的问题吗？很显然，这些问题是很多教师出于教学的需要而习惯性地提出的。如果这些问题真是学生所提，那么我们应该感到悲哀，因为他们原来拥有的提问能力已经被教师深深禁锢，形成了一种提问的思维定式，甚至可以说，他们是在迎合教师需要而提问。这将误导学生对提问意义的理解，不利于他们思维的发展和真诚的表达态度的形成。

还有一个普遍现象是，语文教师对学生所提问题的取舍过于“语文化”。也就是说，很多语文教师对学生提出的问题进行判断和分类整理时，会将表面看上去和语文没有关系的问题归为低效或者无效问题，比如在课文《女娲补天》中，学生问的“天为什么会塌”“女娲为什么用五彩石补天”；在课文《盘古开天地》中，学生问的“既然世界一片混沌什么也没有，那么盘古手中的那把斧头是从哪里来的”；在课文《夸父追日》中，学生问的“夸父的手杖一扔，为什么变成了一片桃林而不是变成杏林、李子林”等等。在很多教师看来这些问题和语文都没有关系，于是就把它们撇在了一边。但这些问题真的是没有意义的吗？恰恰相反，这些问题是孩子内心真正想研究的最纯粹且有价值的问题，学生有研究的兴趣，教师应该为他们热烈鼓掌并提供最大的支持。

从另外一个角度看，语言文字本身就是承载和表达文化的，语文学习的一个重要使命是读懂语言文字所承载的这些文化现象、文化内涵和文化根源，如果丢弃了这些而仅仅学习一般意义上的语言文字理解和运用，那么语言文字的学习就只剩下一个空壳。缺少思想充实的语文课，就缺少了灵魂。而且，这些问题关乎人类文化学领域的多方面的研究选题，是我们很多成人都在研究的，比如“夸父为什么追日”一问，有的认为是一次部落的大迁徙，有的认为是夸父所处地方遭遇了一次自然灾害等；“为什么夸父手中的手杖一扔变成桃林”一问，则涉及民俗文化领域的特有意义，即桃子在我们中国文化中是具有特殊文化意义的象征符号，王母娘娘的蟠桃、王安石所写诗句“总把新桃换旧符”等都表明了这一点。但是，当这些成人世界认为非常有价值且非常热衷于研究的问题由学生提出时，却被一些教师粗暴地否定、轻易地放弃了，这表明一些教师缺乏对问题价值的辨识力，当然也有可能是因为教师自己在这个领域从未有过思考和研究，只能将之否定和放弃。如果我们珍视了这些很有意义的问题，那么在问题的研究过程中便可更好地锤炼学生的语文能力，因为学生在阐释真实思考和理解的过程中，总会因为想要竭尽全力地表达清楚而选择最为恰当合适的语词，这些则都属于语文的范畴。所以，要让学生对某个观点在语文课堂集体对话过程中得到不断丰富的认识并提高学生的语文能力，其基本前提是学生必须能够提出属于他认知基础的、真正关心和迫切想去研究的问题，这是他不断成长的前提。

当然，一些教师也许会说，要关注到每个学生的问题，这在班级授课制中是难度极大的。的确，班级授课制有一个比较突出的问题就是人数多，很难兼顾到每一个学生。而且每一个孩子都是有差异的，很难逐一顾及。尤其是在以知识掌握为价值取向的课堂中，差异性难以得到重视和体现成为一种必然结果。但如果我们转换一种思路，不以单纯掌握知识为价值取向，而换之以对高阶思维的培养为价值取向，那么班级授课制的劣势反而能转化为一种特有的优势。因为当这个集体中每一个成员都能在面对某个观点畅所欲言时，那么不同的观点想法就能够互相补充、借鉴，使大家对观点的认识和阐释越来越丰富，从而达到不断超越原先比较单一的个人想法的目的，并能够觉知到自己对这个观点的认识不断丰富的过程，感知到自己的本质力量，这样的课堂就可以让每一个学生都觉得很有意思。

十、高阶思维的课堂

所谓高阶思维，是指发生在较高认知水平层次上的心智活动或认知能力，它在教学目标分类中表现为分析、综合、评价和创造。高阶思维能够充分发挥学生的思维能力，调动其系统思维、批判思维、创造思维，使学生拥有一个较大的格局，站在较高的高度、较大的广度去看待文本所体现的生活场景。在语文课程中，高阶思维要求师生对文本的内容和形式作出自己的理解、判断与分析。就写作活动而言，高阶思维要求师生体会到写作是一个人的“心境”在特定“情境”中形成的某种触动，然后通过一定的“语境”将这种触动表达出来的过程；就阅读活动而言，高阶思维要求能够通过语言文字的“语境”去还原作者写这篇文章时的特定“情境”，以及在其中所体现出的“心境”。可见，写作是一个先有某种思想立意，然后选择合适语言将其表达的过程，需要将立意和语言进行自觉架构；阅读则是通过具体语言去诠释作者在其中的立意的过程，需要读者自觉还原写作意图与语言之间的架构，而且将之放置于生活中进行理解、判断、推理进而作出选择。所以，语文教学要拥有高阶思维，就必须在文本的言语内涵、言语形式和言语意图之间循环思考，得出独立想法并指导自己的生活。

高阶思维的展开有多种方式。第一种是从语言文字入手，先体会比较表层的言语内涵，再把握文本的言语意图，属于归纳推理；第二种是从言语意图切入，分析作者是从哪些角度，运用哪些方法达成言语意图，属于演绎推理；第三种是在课堂中不断给学生制造一些情境，让他们在这些情境中理解文本中合乎情理的思想情感并指导生活，属于类比推理。这三种方法相互支撑、相互佐证。

实现高阶思维的语文课必然要符合以下几个条件：首先，要有观点，这个观点可以来自文本的言语意图，也可以来自学生在解读文本中的感受、疑惑或思想观点，即“初始阅读体验”；其次，要围绕这个观点，基于言语形式和言语内涵进行逻辑严密的诠释，这需要每个学生都自觉、主动地表达自己的观点和诠释过程；再者，言语意图必须与生活连接，找到意图和学生实际生活之间的连接点，使虚拟化成分较重的课堂具有生活的真实性，真正发挥语文学习举一反三实现迁移并指导生活的作用，帮助学生在面对生活困惑时作出正确合适的判断、推理、选择和决定。

如《慈母情深》一文，作者的写作意图自然是表达慈母在极其艰苦的生活境遇中依然如此深沉、长远地关爱着孩子，是为了表达母爱；而学生不仅解读出了这一层面的内涵，也解读出了当时还只是个孩子的作者细腻而敏锐的心理活动，并因为时代跨度大等原因提出了问题“爱看书是好事，为什么同事不让母亲给‘我’钱买书”“为什么不去借书而非要买”“为什么说破收音机卖了是被‘我’和弟弟妹妹们吃进肚子里了”等。在这个过程中，我们要探讨的不仅仅是“是什么”（言语内涵），更有“为什么”（言语意图），还有“怎么样”表达（言语形式），只有将三者融为一体，并结合与文本内容时间和心理跨度都很大的具体学情，才能使学生达成高阶思维。

要做到这些，我们需要将学生各种“初始阅读体验”进行逻辑梳理，并以提炼关键点的方式作分组罗列。如《慈母情深》一文学生的初始阅读体验可以分为以下几组：

第一组是关于文本两大内涵与主线的，即“母亲关爱支持孩子”“孩子体谅尊敬母亲”。

第二组是关于文本的几个载体（道具）的，即“一本小说”“几张毛票”“一听罐头”。

第三组是关于人物活动的语境、行为和心理的，如学生提出的难以理解的语词“失魂落魄、震耳欲聋、攥着、脊背、龟裂、衣兜、数落”等。

第四组是围绕学生困惑、结合历史情境进行辨析的，如“买书与借书的辨析”“挺高兴孩子爱看书与不喜欢孩子爱看书的原因辨析”“愿意孩子花钱买书与不愿意孩子花钱买书的原因辨析”“‘一对’与‘一双’的不同表达效果辨析”“卖收音机和吃进肚子里的关系辨析”等。

第五组是体会作者矛盾心情的，如对“我想我没有权利用那钱再买别的任何东西，无论为我还是为母亲”等语言的心理分析，看到母亲工作环境时内心的酸楚之感的分析，等等。

第六组是从学生提出的感受、困惑、建议等延伸到课文中有但学生尚未提出的内容作深入思考，比如“背直起来了，我的母亲。转过身来了，我的母亲。褐色的口罩上方，一对眼神疲惫的眼睛吃惊地望着我，我的母亲……”一语的倒装句式所达成的积极修辞效果；“我”说话时诸多省略号的使用效果和母亲接我话时没有一句废话的干脆利索中，体现出抓紧一切时间干活和绝无二话支持孩子买书的慈母形象；以及母亲给我钱后“立刻又坐了下去，立刻又弯曲了背，立刻又将头俯在缝纫机板上了，立刻又陷入了忙碌……”对“立刻”一词反复强化使用的效果，等等。

第七组则是延伸到当下物质条件已经变好的情况下，慈母的情深又有哪些新的表现，此时应抓住“慈”“深”两个关键词作出思考。因为文章所写之事是在那个物资匮乏、生活条件差的历史情境中所特有的，有很多事情及这些事情在心里所产生的微妙的、酸楚的感受是现在的孩子无法体会到的，将那时的情感强加在现代孩子身上，几乎是无效的，唯有让其体会母爱之“深”体现在当今的具体内涵才能让该文对学生产生深远影响。

第八组则是让学生思考作者的母亲、自己的母亲在不同的历史时期和境遇之中所体现出的母爱的共同点，并想象面对这样的母爱，自己可以作出的一些行为努力等。

可见，关注高阶思维的语文课堂同样要以学生的“初始阅读体验”为教学基础和逻辑起点；需强化对文本的深度理解，并将其放置于生活中进行理解、判断、推理而作出选择；需借助文本在言语内涵、言语形式和言语意图之间走上几个来回；需对文本作出“基于困惑、基于文本、基于生活”的真诚合理、多种依据、多元视角的分析和回答。

第三章

高效对话之模式策略

目前，“对话”已经成为广大中小学教师耳熟能详的词语，并逐渐成为许多中小学教师撰写教育教学论文的重要主题。但是，如何让“对话理念”真正落实于课堂，并成为中小学教育教学的有效行为，却一直困扰着中小学教师和教学法研究人员。

笔者于2000年左右开始探索对话理念和对话教学模式，2001年提出了“互动是课堂创新教学的基础”[①]的观点，认为“在互动中，师生双方都处于一种积极的状态，学生成为学习的主人有利于发挥其主动性、独立性和创造性”，指出“互动主要有师生互动、生生互动和人机互动等方式”“教师在互动活动中，要做有心人，要转换和优化知识结构，要坚持平等性、激励性、高效性和全面性等原则”。2003年又提出了“教学中要实现师生对话，必须积极营造对话氛围使学生乐于对话、科学挖掘对话主题使学生有话可说、寻找对话时机积极维持对话进展”及“实现语文课堂对话的策略包括明确语文教育性质、掌握语文对话特点、迁移语文教育重心、抓住学生学习兴奋点、运用多样教学方法和充分开展独立阅

① 邢秀凤. 互动：课堂创新教学的基础［J］. 中国教育学刊，2001（03）：35-37.

读思考”[①]的观点。2006年，笔者发表了《以对话为学习策略的小学语文教学模式探索》一文，标志着“以‘对话核心主题’为中心点、以‘对话分主题’为线索、以‘对话依托点’为具体内容”的对话式阅读教学模式的确立，前期实验取得的“实验班学生对语文课学习的兴趣明显提高，语文‘双基’得到较好的落实，并拓展了学生思维的广度与深度，激发了学生的创新意识，提升了学生的学习能力”的结果得到了广大中小学语文教师和教育研究学术界的肯定。之后，《课堂对话:实现新课程情感教育目标的必然选择》等十余篇深入研究对话式阅读教学模式的教育论文陆续发表，对话式阅读教学成果也相继在教育部、浙江省人民政府教学成果评比中获奖，并开展了由教育行政部门等多家单位联合举办的对话式阅读教学模式推广活动，标志着对话式阅读教学模式进入了理论成熟期、推广收效期。对话教学理念及模式进一步优化了小学语文课堂教学活动，提升了师生在语文课堂中的价值感和获得感，进而培养了一批重对话、有思想的中小学语文教师。

本章中，笔者将以对话式阅读教学模式的教学过程为逻辑线索，就其中的概念内涵、课堂实施方法等进行阐述，为广大语文教师开展对话式阅读教学提供课堂行为层面的支持。

一、基本模式与变式

课堂的对话毕竟不同于生活中的对话，课堂有特定的时间、空间，特定的内容、内涵，特定的目标、要求，所以课堂的对话对教学组织提出了更高要求。比如对“对话介质”——“问题”，就提出了较高要求：问题太浅，学生容易失去对话的兴趣；问题太深，为学生认知所不及，也就无法开展对话了。又如，怎样将对话与语言文字学习提高有机结

① 邢秀凤. 实现语文课堂对话的策略［J］. 教育科学研究，2003（12）：36-37.

合，也颇有讲究，因为脱离语言文字的对话必然不是语文课的对话。因此，我们需要拥有一种最简单朴素的语文教学方式方法，促使教师们将备课与对话的重心放在体现语文本质的内容内涵的把握上，以保证对话的深度与广度，以此切实提高语文教学质量。基于这样的思考，笔者在大量实践的基础上，提炼、总结出了“语文对话式阅读教学模式”及相关变式，帮助广大教师在备课时不需过于专注环节设计，而能将主要精力放在文本解读等内在素养提高上。

1.“语文对话式阅读教学模式”的基本模式

“语文对话式阅读教学模式”的基本模式包括五步流程，即“预习与交流→确定对话核心主题→探讨形成对话分主题→借助对话依托点阐述分主题→整合分主题回归核心主题”（如图3-1）。

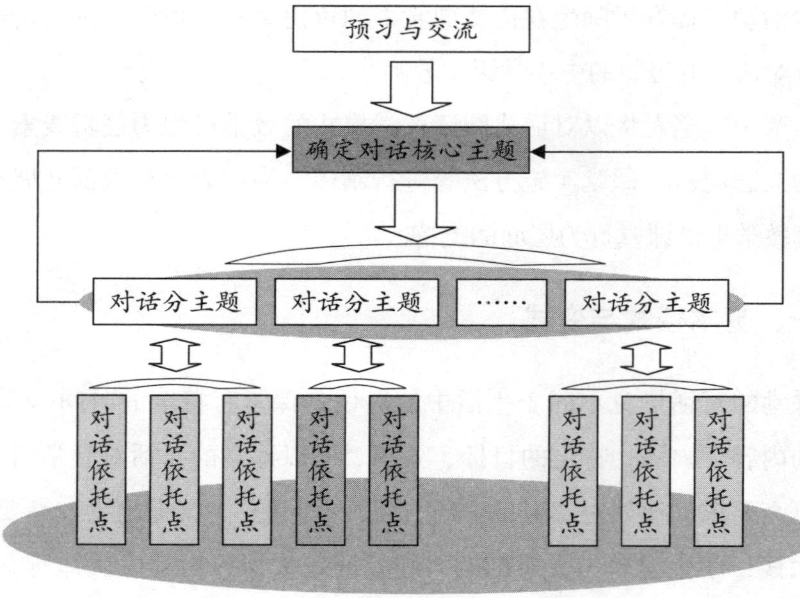

图3-1 “语文对话式阅读教学模式”的基本流程

2.“语文对话式阅读教学模式”各流程的基本要求

“语文对话式阅读教学模式”各流程的基本要求包括四方面内容：第一，确定“点”，即通过预习和交流，学生和教师共同确定“对话核心主题”。第二，由点拉线，即在“对话核心主题”之下，学生表达自己的理解和感受，出示“对话分主题”。第三，由线画面，即学生和教师围绕“对话分主题”，寻找各依托点，各抒己见，在此过程中，师生共同研究相关问题；同时，学生所用来阐释分主题的各依托点之间也可以互相批评、借鉴和补充，使单个的依托点成为整合的依托点群。第四，由面及点，即学生和教师根据课堂对话情况，整合各分主题和依托点进行总结和提升，使“对话核心主题”有一个多方面、多层面的研究内涵。

3.“语文对话式阅读教学模式”的相关变式

变式1：微型对话。在课堂的某一环节或某段时间中开展基本式对话，使其成为课堂的组成部分。其好处在于课堂的对话板块是活动的，不拘泥于某一固定话题。

变式2：归纳对话。根据课堂的“生成”，可先呈现具有个性特点的分主题，而后师生对分主题进行阐释，最后提炼出核心主题。这有利于培养学生的归纳思维。

变式3：分层对话。在对话分主题下还有次分主题，基本式中的对话分主题成为“临时核心主题”，使课堂对话不断深入并形成“金字塔”构架。

变式4：复合对话。即对话的各依托点既可以阐述一个分主题，又可以阐述另一个分主题，各分主题、各依托点之间呈现出多重从属关系。同时，随着对话的深入，学生所持分主题和依托点可以发生变化，在变化中实现同化、顺应并走向新的平衡。

根据不同的班情、学情，根据不同文本的文体和主题情感，根据不同的课堂情境，我们可以将基本模式和相关变式有机地融合于课堂教学中，使语文课堂中的学生更为独立与自主，更充分地体现以生为本的教育教学理念，并通过这种方式理解和体悟文学与生活的本质。

二、相关概念的内涵与外延

“语文对话式阅读教学模式”中提及诸多概念，我们在运用该模式进行教学前，有必要先对诸多概念的内涵与外延等作些了解。

1. 关于“对话”概念

构建语文课程的本质是“对话”。语文课程的实施不应是“师→生”的单向运作，而应是教师、学生、作者、编者以及各种资源相互作用、共同构建的过程，这一构建过程就是“对话”。

相较于其他课程，语文课更具有对话的必要性和可行性。

必要性是缘于提高学生语文素养的要求。学生语文素养的提高并不能单纯地借助“师→生”的单向运作，更重要的是学生自身的学习和积累。每一个学生，由于生活阅历、知识视野、智力发展、个性人格、审美情趣、语言积累等的不同，对同一个语文材料会产生不同的学习感受和体悟状态，只有充分尊重学生的独特体验，才能实现具有个体针对性的语文素养的质的飞跃，而实现这一飞跃的关键就是充分的对话。

可行性是源于语文材料自身的特点。与其他学科不同，语文课程具有“半自然性”，和学生的生活体验有很多重合之处，且很多语文材料本身具有很大的多义性和模糊性而不完全具备严格的规定性，这就为语文课程的对话提供了可行性。所以，语文材料的“半自然性”特点为语文课堂对话提供了广阔的空间。只有通过对话，才能发挥语文材料中丰富的人文内涵对学生产生深远的影响作用。

基于必要性与可行性的思考，笔者将语文课堂中“对话”的概念内涵作如下界定：

“对话”是参与对话的人员（双方或多方，包括显性人员、隐性人员）围绕话题充分地体悟并平等地阐述（包括各种形式）内心的思想和情感的过程。在这一过程中，对话的内涵不断向纵深和宽广处发展，对话的显性成员都能够从中获得新的思想和情感。

在这一概念内涵与外延的引领下，以下四方面应成为语文课堂对话的着力关注点：

第一，课堂对话是对话主体平等自由地表达多元理解的过程。课堂对话是参与对话的主体（包括学生、教师等显性主体，也包括作者、编者、各种资源及教学情境等隐性主体）在教师或学生的组织下围绕主题平等自由地表达（包括有声语言和无声语言）多元理解的过程，并以此达成各种视界相融合的学习效果。

第二，课堂对话的目标是构建师生主动参与的活力课堂。随着对话内涵的丰富和外延的拓展，每位对话者都能实现主体建构，获得新的、具有个性特点的思想情感和体验。对话的目标不是获得统一结果，而是促使学生自觉主动地参与并实现主体的自我建构，尤其欢迎和期待学生形成自己的独特观点和理解。

第三，突显语文学科特点是实现语文课堂对话效果最大化的关键。语文学科从阅读到写作、从文本内涵到言语形式、从人文素养到语文能力、从感性到理性、从共性理解到个性体验，都具有自身规律，因此其课堂对话也具有特殊性，遵循规律、突显特点，是取得语文课堂对话效果最大化的关键。

第四，构建模式和突破模式是实现语文课堂对话的有效途径。根据语文课程实施的共性特点，我们构建“语文对话式阅读教学基本模式”；但同时又基于课堂出现的各种不同情况，在实施基本模式的过程中强化突破该模式以实施相关变式。“因课制宜”的模式构建和模式突破是对话课堂在实践中所追求的思想和智慧。

2. 关于对话模式所论及的其他概念

“语文对话式阅读教学模式”是以“对话核心主题”为中心点，以“对话分主题”为线索，以“对话依托点”为具体内容，“由点拉线、由线画面、由面及点”构成的一种主题鲜明、各环相融、对话引证式的课堂模式。

下面对其中所论及的相关概念作一阐述：

对话核心主题。对话核心主题是语文课堂中师生对话的中心，是“显性对话者”（教师、学生）与“隐性对话者”（作者、作品、编者、教学资源等）借助教材这一载体共同构筑的一个话题。教学的过程，就是围绕这一核心主题进行对话的过程。

对话分主题。在对话核心主题的总体框架下，学生会有自己不同的感受和理解，会提出不同的观点，这些在对话核心主题之下的主题就是对话分主题。对话分主题有时来自某一个学生，有时也会有很多学生持相同的一个分主题。

对话依托点。如果说“对话核心主题”和“对话分主题”是课堂对话得以展开的中心，那么对话依托点就是阐释对话核心主题和分主题的“论据”。语文课堂对话的依托点包括文本的字、词、句、段、篇等不同层面的语言单位，也包括在此基础上延伸的相关课外内容。也就是说，学生可以根据自己对文本的理解，从不同的角度切入，来阐释自己基于“对话核心主题”和“分主题”的认识和感受。

在“对话”理念引领下构建“语文对话式阅读教学模式”，便能使语文课堂形成围绕“点”（对话核心主题）、拉出“线”（每个学生在“对话”中就“对话核心主题、对话分主题、对话依托点”三者之间形成的逻辑线索）、形成“面”（对话过程中每个对话者的“线”之间相互连接、印证、充实或批评，从而形成更为丰富立体的关联体）、回归“点”（所有的对话都围绕对话核心主题而展开，每次对话都必将以“对话核心主题”为出发点和归结点）的观点明晰、逻辑严密、表达充分、多元包容的对话文化，使语文课堂呈现出散文式的（形散神不散）、议论文式的（围绕论点、运用论据、开展充分论证）圆合结构，使每个学生在课堂结束后都能对“对话核心主题”形成完整、充分、清晰的理解和表达，并能对支持“对话核心主题”的各种观点和论据之间的逻辑关系作出明晰的梳理，进而形成自己独立自主的把握能力和联系生活进行判断推理并作出选择决策的高阶思维能力，实现语文学习在思想观点、情绪体验、理解表达等诸多方面的同步提高，这便是“语文对话式阅读教学模式”所希望，也定然能够达成的课堂效果。

三、教学设计基本模板

一般情况下，“语文对话式阅读教学模式”的教学设计可按以下基本模板操作。之所以要提供给读者这样一个属于技巧层面的基本模板，一是确保中小学语文教师的课堂对话达到更优的效果，二是希望在对话概念理解和“语文对话式阅读教学模式”的实践中，教师可以从教学设计的技巧层面解放出来，而将教学设计的重心放在文本解读和对基于学生的“初始阅读体验”师生共同整合得出的“对话核心主题”“对话分主题”“对话依托点”的深入思考上。

这一基本模板包括“学生开展课前预习”“教师整理预习情况”“整合预习确定教学目标”“教师基于对话核心主题深入开展文本解读”“开展课堂教学”“课后延伸学习与研究”六大部分。

【第一部分】学生开展课前预习

课文《　　　　　　　　》预习反馈单

学校：________ 班级：________ 姓名：________

一、朗读（或默读）课文5遍：我读了（　　）遍。

二、字词学习

1. 你有哪些字词容易读错或觉得难读？

2. 你有哪些字词不理解？

3. 你有哪些字词容易写错？

4. 哪些字词让你印象特别深刻？

三、读了课文，你有什么感受？

四、读了课文，你有什么问题？

五、读了课文，你对作者、老师、同学有什么建议？

六、读了课文，你想到了什么？

【第二部分】教师整理预习情况

预习情况整理

一、课文朗读情况

二、字词学习

1. 容易读错或难读的生字词

2. 不太理解的字词

3. 容易写错的字词

4. 印象特别深刻的字词

三、读了课文后的感受

四、读了课文后的问题

五、读了课文后的建议

六、读了课文后所想到的

【第三部分】整合预习确定教学目标

教学目标可作如下表述：

1. 围绕对话核心主题“________”品读课文。

基于不同文本和学情，对话过程中可嵌入学习以下内容：

①学习学生提出的“______”等生字、“______”等词语；

②结合课文内容和其他资源，充分发表自己的观点，批评或吸收他人观点，就对话核心主题“______”形成独立和明确的思考；

③对话过程中把握课文“主旨立意、谋篇布局、选材组材、遣词造句”等方面的特点。

2. 通过对话，形成大胆表达、认真聆听、热情评价等对话的习惯和能力。

3. 通过朗读课文、练笔实践等方式，将对话所得进行口头或书面表达。

【第四部分】教师基于对话核心主题深入开展文本解读

这一部分内容要求教师基于学生提出的感受、问题与建议及其依据这些内容而概括出的对话核心主题，对文本进行全方位、多角度、有高度、有深度、有层次的解读，至少要对“对话核心主题”得出五至七点的阐释并对其作逻辑排序。

同时，在这一阐述过程中，要有强有力的文本依据、生活依据等作支撑，并能够前后照应、彼此贯通，最终得出属于自己而不是他人的独立的文本解读，这样，便能充满自信地走进课堂并游刃有余地组织对话。

【第五部分】开展课堂教学

1. 直接导入所学课文，展示学生预习情况

①导入语：今天我们要来学习《　　　　　　》课文。课前同学们已经进行了充分的预习，并认真地表达了自己的阅读感受、阅读困惑和建议等，我们先来看一下同学们的预习情况。

②课件呈现整理得出的学生预习情况。（均要标注出学生的名字）

③对学生的预习整理情况作出肯定和鼓励。

2. 明确对话核心主题

大家看，这么多同学提出了这个（或这几个）同样的问题，可见大家都很有兴趣，那么今天我们就来探讨这个（或这几个）问题。

或者：

大家对课文中写到的这个内容有不同的理解，今天我们就畅所欲言，大胆地表达出自己的想法来。

3. 借助对话依托点阐述分主题

该环节教师的作用主要是组织和引领，并用语言、表情、态势等表达自己的认同感、欣喜感，鼓励学生大胆表达，并适时为学生提供支持和帮助。

4. 归类整合分主题，回归对话核心主题

①就对话核心主题下的分主题进行归类整合与逻辑排序。

②请同学之间相互说说通过对话所形成的自己对“对话核心主题”所持的综合观点。

③在上述归类整理和相互对话的基础上，学生表达通过对话延伸出的观点或疑惑，以作更进一步的思考。

5. 提升对课文的认识，开展练笔、拓展阅读等活动

可以围绕“对话核心主题”“对话依托点”等，灵活选择。

【第六部分】课后延伸学习与研究

> 根据课堂学习情况，学生可自行提出课后延伸学习和研究的选题和方式方法，也可以由教师提出诸多选项供学生灵活选择。
>
> 这部分内容可以和课堂中的第五环节内容相同，也可以有拓展，以学生的真实学习情况和学习愿望为确定的依据。
>
> 一旦确定了课后延伸学习和研究的内容，教师就要给予必要的关心和帮助，使学生的学习与研究活动能够持续进行，并得出属于他们自己的相关成果。

以上是“语文对话式阅读教学模式”的基本流程，具体的开展方法将在后文作进一步阐释。当然，这一流程实施过程中，可以根据文本特点和学情作出调整和改变，但需要以学生能获得属于他们自己的独立理解为前提基础和目标要求。

四、非指示性预习

所谓非指示性预习，是指学生在预习过程中，教师不提出具体指示和要求，而是完全放开地给予学生获得和表达真实感受的预习方式。

1. 为什么要强化非指示性预习

之所以强化学生开展课前预习并且是“非指示性预习”，是因为造成目前语文课堂中一些费时低效和没意思现象的最根本原因在于忽视学生的存在。其一，由于各种资源的丰富和获取资源途径的便捷，致使一些教师忙于复制粘贴各种名家教学设计而缺乏自己的理解，更忽视了学生在学习中的真实感受和困惑，导致杜威所说的“把内行专家的终点作为初学者的起点”的“荒唐可笑、极不合理”的现象。其二，“一个人要想获得作出准确定义、透彻分类和完整概括等的能力，唯一的办法是根据自己现有的水平，进行灵活而周密的思维”[①]，但一些教师担心自己驾驭不了当下学生活跃的思维和多元的观念，便不敢给他们自主学习和表达的机会，而把课堂主导权牢牢掌握在自己手里。教学内容和方法全由教师做主，无法对接学生的兴趣和困惑，学生对课堂缺乏热情。其三，一些教师在课堂上没有能力实施以学生自主学习获得感受提出问题为前提的合作探究学习，浅尝辄止与混乱无序的所谓合作探究比较多见，导致课堂无趣、无效。非指示性预习将为教师改变这种状况提供具体的内容指向。

2. 非指示性预习的优势分析

和目前教师广泛应用并以导读单、学习单等命名的指示性预习比较，非指示性预习所具有的优势并因此给语文课堂中学生学习、教师教学和语文课堂文化所带来的改变，是指示性预习所无法达到的，因为指示性预习归根结底还是遵循教师给出的思路和框架，只是把课堂上的要求提前到了预习时段而已。具体地说，非指示性预习区别于指示性预习的优势体现在以下方面：

第一，非指示性预习是真正落实以生为本理念的预习方式。以生为本的基本要求是充分尊重学生内心真实的思想、情感和体会。对于一个尚未形成独立思考习惯的学生来说，预习中教师任何微小的指示都会牵引其思考和行动的方向，从而限制他原本真实的思考和行动。或许学生按照教师要求完成的回答看似比较周全，但只要教师放手，我们便会发现按照学生本心完成的回答虽然有些稚拙但更具灵动之感，连教师也忍不住点赞，甚至有时会觉得学生的理解已经超越了自己而无须再开展教学。因此，唯有非指示性预习，才能知道学生内心真实的思想、情感和体会，并因此确定实施教学的逻辑起点，真正落实以生为本的

① 约翰·杜威. 我们怎样思维·经验与教育［M］. 姜文闵，译. 北京：人民教育出版社，2005：76.

教育理念。

第二，非指示性预习是真正获得丰富多元教学内容的预习方式。丰富多元的教学内容仅靠教师一人的努力是不可能获得的，面对问题，我们之所以要进行头脑风暴，就是希望能够借助更多人的智慧，形成更为丰富多元的思考进而找到更多的方法和路径。因为好的思考者需“在选择一种思考问题的角度时，先从许多不同的视角来看待问题，考虑许多不同的研究方法，并且在做出判断前产生许多想法”[①]，语文教学也是一样。指示性预习体现的只是基于教师需要而收集到的一些想法，并且大多是成人世界的想法。而且很多教师的视野并不宽，对教育教学之外的世界经历、感受和思考得并不多，学生所处的家庭和父母的工作、所经历的活动以及特定年龄阶段的思维特点等，很多是教师不知或不及的。用教师个人的要求去替代学生这一众多个体的需求，显然只能走进狭隘的思维之中。相反，非指示性预习将充分发挥学生各种潜在的思维力量从而获得丰富多元的感受和观点，而且出自学生的本心，是较为真实的。而帮助学生获得丰富多元的感受和观点，并在辨识过程中形成独立判断，正是语文教学的初衷和愿景。唯有非指示性预习，才能真正达成这一初衷和愿景。

第三，非指示性预习是真正构建教学相长课堂的预习方式。教学相长作为一种重要的教育理念，在《礼记·学记》中就已明确提出：“学然后知不足，教然后知困。知不足，然后能自反也；知困，然后能自强也。故曰：教学相长也。”当教师只想着搬用他人思想策略到自己的课堂，而不去考虑自己所处班级学生的特点，就会犯“水土不服”的问题，迷失教学方向。教师唯有基于自己班级这一本土，才能不断提高自身素养和专业水平。而这一本土的重要依托便是在非指示性预习中学生

① 文森特·赖安·拉吉罗. 思考的艺术［M］. 金盛华，李红霞，邹红等，译. 北京：机械工业出版社，2017：8.

所表达的真实兴趣、感受和困惑。这些困惑大多是教师没有想到但又充满智慧光芒的，比如“种树人为什么不主动解释自己这样浇水的原因?”（《桃花心木》）“林海音为什么窃读?”（《窃读记》）……这些问题，都将是教师通过深入思考不断提升文本解读能力和自我思维高度的重要来源。而唯有经过非指示性预习，这些问题才有机会得以如此率真地表达。

第四，非指示性预习是真正体现自主合作探究学习的预习方式。自主合作探究的学习方式对于个人和班级成长来说都极为重要。自主合作探究学习的前提是个人拥有自己的理解。我们都有这样真切的体会，当内心缺乏一种基于自己的真实理解的时候，你便很难融入合作与探究活动之中。从这个意义上说，自主是合作与探究的前提。唯有拥有了自主的思考，才能在合作探究过程中游刃有余、从容自如、全心投入而无须左顾右盼。这样，在自主合作探究的学习过程中，每一位学生包括教师不仅能够使思想更加立体丰满，学会多角度发散思考和批判思考，而且能够充分感受到自我的思维力量和内在价值，并在此过程中领略合作探究的魅力，进而形成独立自主与设身处地换位思考并存的包容合作品质。因此，在非指示性预习中形成的自主独立的思考，使后续的合作探究学习得以达成。

第五，非指示性预习是真正实现语文指导生活这一宗旨的预习方式。学习的目的是培养良好的性情、指导当下与未来的生活，这也是《语文课程标准》提出“大语文观”的逻辑起点。但指导生活的效果绝不是靠说教达成的。任何的道理，只有与人们的生活体会进行了连接，与人们的困惑产生了碰撞，才能作用于内心。在非指示性预习中，学生在没有外力要求下的真实理解和表达往往伴随着他们生活中的某种经历、某个场景，并具有一定的故事性，在这个故事中，有他们的情感和情绪、理解和体会，能与他们真实的内心进行连接，因此文本中所传递的人与事及其思想和情感，才能真正作用于他们，使他们在面对生活时具有甄别判断的能力，从而达到指导生活的宗旨和目标。唯有非指示性预习，才能真正了解学生阅读文本后所唤醒的生活经历与体验，才能真正做到更好地将理、情结合，实现指导生活的目标。

如上，非指示性预习真正实现了学生预习时情绪的放松与思维的解放。告别指示性预习，转向非指示性预习，是实现高效语文教学的必然选择。

3. 非指示性预习的操作框架及其诠释

非指示性预习包括六个问题（详见“教学设计基本板块”中“学生开展课前预习”）。

第一个问题关注学生读课文的状况。

第二个问题的设计主要是打破教师仅仅根据课本中规定的要求来确定生字学习内容的固有思路，要求尊重学生在字词学习过程中的个体差异。设置本题也体现了字词教学的重要性。

第三至五题的设计在于把握学生预习之后的真实感受、问题以及对课文与教学的建议，学生有则表达，没有也不要紧。在这三个题目的表达过程中，学生往往能够表达出超越教师想象的内容，使我们眼前一亮；而其提出的很多问题也往往能带动教师思考；其建议也充满着这个年龄段的特点，并以其合理性而成为教师教学的采纳点。

第六题则是对前五题的补充和延伸，促使学生在进行外在于自己生活的字词和文本学习与表达的基础上，捕捉到自己拥有这些理解感受的支撑内容，即寻找到自己拥有上述理解的原因所在，是将其与自己通过阅读而唤起的生活体验进行有效连接的桥梁。

上述题目虽然用语言作了表述，看上去似乎是有规定性的，但这一规定没有指示性的要求，学生完全可以根据自己的特点，从不同方向、角度作出个性化的表达，而教师也能从不同的表达中看出学生预习的情况及其真实的语文能力和思维习惯。

教师可以帮助学生准备一本预习本，形成预习常规，从中不仅可以看出学生在单篇文章预习中的情况，而且可以作一个纵向的发展性比较；也可以每次发一张预习反馈单便于学生之间的横向比较，然后将相同文章的预习反馈单装订成册；也可以将两种方式结合，即开始以课文为单位装订，在过了一段时间后（比如期中或期末时）将每个学生每一次的预习反馈单装订成册，既有横向比较，也可看出学生的发展状态。另外，鉴于年级不同，每道题目留下的答题空间可大可小；低年级学生因为识字量和书写速度等原因，也可以在课堂中通过口头表达的方式交流自己的感受，教师作出快速的整理和逻辑梳理并即时调整教学内容和方式；每位学生也可根据自己的情况答题，没有感受、问题、建议等的相应题目可以不做，因为不做也是一种真实情况的反馈。

笔者在每周到小学观摩指导语文课的过程中，鼓励教师们进行非指示性预习并以此为基础开展教学设计与实施，取得了突出的教学成效，语文课堂有了显著改观。下面是一位教师就小学一年级语文教材中《秋天》一文预习的整理情况[①]，根据基本板块中第二部分“教师整理预习情况”做成表3-1。

---

① 执教老师为金华市婺城区琅琊小学华淑芳老师。

表3-1 预习整理情况实例

序号	预习内容	预习情况整理
1	课文我已经读了5遍	共41人，3人未做，4人课文弄错，其余34人完成。
2	容易读错或难读的生字词	会 秋 片 树（生字条中的字） 凉 群 落 排 南 往 那 成 蓝 啊 空 雁（未在生字条中的字）
	不太理解的词语	秋天 黄了 那么蓝 一群 大雁 一会儿 排成 凉了 一片片叶子 一群大雁往南飞 叶子从树上落下来
	容易写错的生字	子（生字条中的字）
	印象特别深刻的字词	秋天 黄了 大雁 蓝 落下来
3	读了课文后的感受	①秋天很美；②秋季景色优美；③这个画面很美；④这首诗很美，写出了秋天的自然环境；⑤秋天很美丽，掉下的叶子像黄金一样铺在地上很美丽；⑥大雁往南飞，天气凉了，感受秋天景象的美丽；⑦我喜欢秋天；⑧感觉很快乐；⑨秋天来了；⑩秋天真的来了；⑪现在刚好是秋天，跟课本上说的一样；⑫秋天到了，天气凉了；⑬秋天来了，天气变凉了；⑭秋天来了，树叶黄了，都要落下来了；⑮天气凉了，树叶黄了，大雁往南飞了；⑯树叶变黄了，一片片树叶从树上落下来，秋天真的来了，天气也变凉了；⑰秋天来了，绿色的叶子变成黄色落下来，大雁往南飞了，天气变凉了；⑱秋天来了！大雁往南飞，好看极了！叶子都变黄了，小松鼠准备食物过冬了。秋天到，瓜果飘香，农民们大丰收；⑲天空那么蓝，那么高！“那么”表示理解程度深。
4	读完课文后的问题	①秋天树叶为什么会黄？（5人次）②为什么到秋天大雁要往南飞？（12人次）③大雁要往哪个地方飞？那个地方是冷还是热？④为什么大雁一会儿排成个“人”字，一会儿排成个“一”字？（4人次）⑤不了解怎么会有秋天。⑥我总是读过一会儿就会忘记。⑦为什么课文题目要叫“秋天”？

续表

序号	预习内容	预习情况整理
5	读了课文后的建议	① 给作者：再多说一点秋天的景色就好了；再写一些果树之类的，因为秋天正好是丰收的季节；“啊！秋天来了！”可以放在第一个自然段；“一会儿排成个‘人’字”中，“成”和“个”之间加个“一”。 ② 给老师：希望老师能仔细教一下；课文中出现的“一会儿排成个‘人’字，一会儿排成个‘一’字”这个句子的教学，教师可以借助插图，或者提供大雁往南飞时两种不同队形的图片，帮助学生理解“一会儿……一会儿……”表示变化，再通过朗读加深体会（教师预测这条应该是家长写的，孩子肯定写不出来。通过了解知道这是孩子的妈妈利用手机上网查询后写的）。 ③ 给同学：观察秋天到了还有哪些变化；可以用树叶作画；课文中的知识都在生活中，平时注意观察；秋天到了，我的建议是多穿衣服，防感冒；天气凉了，大家要注意保暖；多读几遍为好；多读多背；多读多认多写；可以多读几遍吧，易错字读熟练，把易错的字多写几遍；多练习写字；我想如果每天写字，每天都认真地看书就会收获很大；秋天到了，学校里的树叶都落下来了，我建议学校组织一次大扫除，打扫落叶；给大雁安个家，它就不用飞到南方；没进入秋天就要叫修剪工把树枝修剪好，这样环卫工人就不用这么辛苦地扫树叶了；课文太长。
6	读了课文后想到了什么？	因为是一年级学生，所以没有要求写，但在课堂实施过程中让学生充分地说。

每节课在开展教学设计之前，教师都可以运用上述形式对学生的预习情况进行整理。并且在每条内容的后面标注学生的名字，对于表述差不多的内容，还可以标注人次，这对后面的教学设计在教学内容确定和教学方法采纳等方面具有重要的指导意义。

表3-1的预习整理来自一所农村小学一年级小朋友，而且是第一次

进行非指示性预习，小朋友的问题和语气都很稚嫩，但特别真实。我们对其内容作分析，并和非指示性预习布置的初衷作一比较，可以得出如下结论：

当我们给予学生非指示性预习的机会，学生便会独立、自由、充分地发表其观点，不仅合乎学生兴趣，而且直面学生困惑；不仅能够使学生拥有和教师同学进行平等交流的信息占有量，而且能大大拓展充实语文教学的内容；不仅呈现了多角度的观点，而且能将各种观点进行逻辑串联从而极好地培养学生的思考力；不仅能够因为自身感受和问题得到了教师重视而主动热情地参与课堂，而且能在合作探究的课堂对话中因充分发表自己的观点并融入或影响他人观点而获得满满的成就感；不仅能获得语文能力的提高，而且可以在温暖的班级文化中获得心灵的健康成长。

4. 非指示性预习反馈提升了文本解读质量和教学实施效果

学生在非指示性预习中提出的感受、问题和建议，更为提升教师的文本解读质量和教学实施效果提供了重要的保证。仍以《秋天》一文为例作进一步阐述。

(1) 从文本解读层面看，非指示性预习反馈使解读更具多元性和逻辑性

《秋天》一文很短小，其文如下：

天气凉了，树叶黄了，一片片叶子从树上落下来。

天空那么蓝，那么高。一群大雁往南飞，一会儿排成个“人”字，一会儿排成个“一”字。

啊！秋天来了！

学生的预习感受有“秋天很美、喜欢秋天、秋天很快乐、天气凉了、树叶黄了、大雁往南飞、农民们大丰收、‘那么’表示理解程度深”等，从中我们可以看出，学生对该文立意的把握比常规的“秋天很美”

要多元和主动。而且，当我们真正尊重了学生的多元理解并自觉将它们进行逻辑联系，便可看出各感受间的逻辑联系是很多样的（如图3–2）。

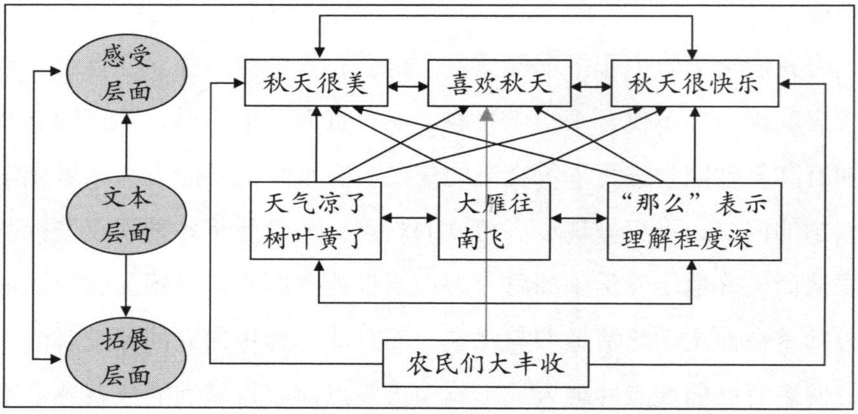

图3–2　课文《秋天》非指示性预习学生感受之逻辑关系

由图3–2可见，学生基于非指示性预习所提出的感受基本可分三个层面：一是感受层面，指自己读了课文后的总体感受；二是文本层面，是学生在阅读文本时印象最深的内容或词句；三是拓展层面，是基于文本而得以拓展的内容。需特别强调的是，在学生所提出的各种阅读感受之间，存在着相互阐释、互为因果的逻辑关系，正如图3–2所呈现的各个箭头。在这样一个逻辑体系中，我们需要关注的是以什么为课堂对话的核心主题以及站在什么角度来探讨核心主题，并在此过程中使学生的文本理解力和鉴赏力得到提升。比如，当我们以“秋天很美”作为核心主题时，那么就会有“因为喜欢秋天，所以在你眼中秋天就很美”“因为秋天让人很快乐，所以秋天很美”的逻辑推理；当我们以“喜欢秋天”为核心主题时，便会有“因为秋天很美，所以喜欢秋天”“因为感到快乐，所以喜欢秋天”的逻辑推理；当我们以“秋天很快乐”为核心主题时，则有“秋天很美，所以快乐”“喜欢秋天，所以快乐”的逻辑推理，这三者之间可以互为因果。当然，在更多的情况下，学生的感受往往有一个明显的侧重，使核心主题的确定更为容易。那么接下来，我们就可以根据学生在非指示性预习中获得的真实感受去确定哪些文本内容和拓展内容体现了“秋天很美”“喜欢秋天”或者“秋天很快乐”的这些核心主题。

如关于“秋天很美”的内容，我们至少可以解读出以下内涵：

从段与段之间的关系看，第一段主要写近景，第二段主要写远景，第三段则写在从近及远的视野变化和情绪变化中获得的感慨。

从句与句之间的关系看，第一段中第一、二分句是静态描写，后面是动态描写；第二段中第一句是静态描写，第二句是动态描写。体现了动静结合的特点，既有秋天的宁静之感，又充满了秋天特有的活力。

各句之间有着不同的表达角度，“天气凉了”是从温度触觉角度写，“树叶黄了”是从色彩视觉角度写，而且两者之间有因果关系；“天空那么蓝”是从色彩角度写，“那么高”是从空间距离角度写，而且“那么蓝”是第一眼的感受，“那么高”是承接着“那么蓝”这第一眼的感受而写的。这些都显示出丰富的视角和表达效果，使短短的散文具有了更加丰富的韵味。

“一群大雁往南飞”和后面的“一会儿排成个‘人’字，一会儿排成个‘一’字”之间，又有着概括写和具体写的关系，在前后句承接的同时具有变化感。

“大雁南飞”的队伍（相对静态）和队形变化（动态）是以“那么蓝、那么高”的广阔天空为背景得以衬托的，因此又具有一种空旷洗练的别样之美。

所以，在这短短的文字中，远近的层次、色彩的搭配、动静的结合、概况与具体的承接、广阔与聚焦的突显，都使我们感受到秋天的美。而关于“喜欢秋天”“秋天让人很快乐”的内容，则在上述“秋天很美”的体会基础上或过程中可以得到不断丰富和发展，比如“从夏天的炎热走进了秋天的凉爽”“树叶的飘落和满地的落叶带给大家无穷的乐趣”“大雁南飞过程中队形的变化呈现出的大雁家庭成员之间的彼此呵护和温暖”以及课文中没有写但学生在预习反馈中所提出的“秋天的一派丰收景象”等，都可以成为支撑其感受的原因。这样的解读，就使文本的立意更加丰富。

（2）从课堂实施层面看，非指示性预习反馈使学生更具积极性和主动性

基于非指示性预习反馈而开展的课堂，将有很大可能改变语文课的机械模式，其外在变化主要体现为分阶段地呈现生字词、感受、问题、建议和相应的提出者名字；其内在变化在于学生将会以出乎教师意料的积极性和主动性参与学习过程。其具体做法是教师在课前对学生的预习反馈情况进行分类整理，并将其制作成相应的课件，在教学的过程中呈现相应的板块内容，不仅有学生提出的内容，更有提出者的名字（对于一些相似内容，教师可对其进行归并，并在其后写出所有提出该内容的学生名单）。我们可以想象（事实也是如此），当学生看到自己的名字被打印在了教师的课件中并作为重要内容在课堂上进行学习，其内心的被尊重感、课堂存在感、自豪感与成就感都将极大程度地被激发，其学习的积极性和主动性也自然会极大地增强。

当然，这需要教师对学生的感受、问题和建议给予真正的重视，而不能以“看到课题，你有什么问题”作为问题，而当学生真的提出问题后又以“这些问题我们在后面的学习中都会解决”为语，作简单敷衍。比如在课文《秋天》预习中，学生提出：“秋天树叶为什么会黄?”“为什么到秋天大雁要往南飞?”“为什么大雁一会儿排成个‘人’字，一会儿排成个‘一’字?”对这些问题，教师就应给予充分的尊重。之所以强调这三个问题，是因为这三个问题表面看起来似乎在一些语文教师认为的“语文范围”之外，但在基于非指示性预习开展的课堂中，我们都必须尊重并给予交流探讨的时间。一是因为关注了这些问题，才能真正体现对

学生的尊重；二是因为这是学生真实存在的困惑，若不认真理解，则其注意力势必会停留在这些问题上，使得他们的思考无法前进；三是因为通过对这些问题的探讨，可以从另一个角度对文章立意进行诠释和充实。前两点属于理念层面，很好理解；第三点属于操作层面，我们不妨作些说明。以下是该节课师生通过查阅资料和思考后得出的理解：

秋天树叶为什么会黄？

那是因为春天和夏天，气温较高，日照长，光合作用充分，叶绿素多，树叶就绿；秋天，天气较凉，日照渐短，叶绿素消失，黄色素多，树叶变黄。

为什么到秋天大雁要往南飞？

那是因为大雁是候鸟，北方夏季日照时间长，食物丰富，敌害不多，非常适合哺育幼雏，所以它们总是回故乡繁殖后代。到了冬季，北方一片冰天雪地，昆虫和植物种子等都不见了，大雁找不到食物吃，于是在秋季它们便成群结队浩浩荡荡地飞向比较温暖的南方。

“为什么大雁一会儿排成个‘人’字，一会儿排成个‘一’字？”

那是因为在旅途中，雁群的行动很有规律，由有经验的老雁在前面带队，其余的在后面排成“一”字或“人”字。雁群之所以如此，是因为飞行路程很长，它们除了靠扇动翅膀飞行外，也常利用前面大雁翅膀在空中划过时产生的一股微弱上升气流而滑翔，使翅膀得到间断的休息，以节省体力，而大雁们会轮换着做头雁。

上述三问与文章“秋天很美”“喜欢秋天”“秋天让人很快乐”等立意之间的逻辑关联在于多方面：一是更加理解了自然界变化的内在原因和规律，以及在这样的变化中动植物多种多样的适应方式，从而感受到大自然的妙趣；二是理解大雁南飞过程中的智慧和彼此呵护，从而感受到温暖之意；三是通过课外延伸，理解秋天的独有特色，从而对四季变化都能获得敏锐的感受。

（3）从学生学习能力层面看，非指示性预习反馈使学习更具独立性和批判性

通过非指示性预习，学生真正树立了以大胆发表感受、问题和建议为荣的观念，并逐步形成了相应的能力，使学习具有了独立性和批判性，而这正是学习力提升的关键所在。

教师不妨沿着学生的思路，为其学习的独立性与批判性找到更多合理的理由和践行的机会，使其独立与批判意识得到更好的发展。

我们以“啊！秋天来了！”的摆放位置为例作一更为深入的阐释。“啊！秋天来了！”的摆放至少可以有以下几种情况和不同表达效果：

原文把“啊！秋天来了！”放在末尾段，其效果是看到一、二段所写景色之后总结式或恍然大悟式的感慨；

将“啊！秋天来了！”放在文章开头，则有先知道秋天来了再去感受秋天景色的意味，因此，对秋天景色的描写便会增加一份理性的色彩；

将“啊！秋天来了！”放在首段和末段，则会在情感渲染上更为突出，具有从一开始便有感慨到通过景色描写在末尾时对其强化以使内心情绪得到更加充分表达的效果；

首段写“秋天来了”，末段则写“啊！秋天来了！”，这样的写法体现出通过对秋天的观察和描写，使作者对秋天的感受从一开始的比较平常，到通过感受和描写变得比较感慨；

在每一段后面都写“啊！秋天来了！”，这样便可形成一种反复咏叹的表达效果。

不同的摆放位置，完全是基于作者情感表达的需要，没有绝对的好坏之分。所以，当我们在课堂上循着学生这一建议而开展研讨，就能使学生明确在怎样的情境和情感下适用怎样的表达方式，获得一种独立的理解与判断。

综上所述，非指示性预习有着“真正落实以生为本理念、获得丰富

多元教学内容、构建教学相长课堂、体现自主合作探究学习方式、实现语文指导生活宗旨”等指示性预习所不具备的优势，使学生对文本解读更具多元性和逻辑性，使课堂实施更具积极性和主动性，使学生学习更具独立性和批判性，因此成为高效语文教学、有意思语文教学必需的基础。

五、对话核心主题

对话核心主题是在把握学生初始阅读体验、阅读期待和学习需求的基础上，由师生共同确定的、在课堂教学中各对话者将围绕着开展对话交流的话题。围绕该话题的对话将带动学生思想观点、理解表达、情绪体验等全方位的提升，达成培养知识与能力、过程与方法、情感态度价值观三维目标。

对话核心主题的确定是“语文对话式阅读教学模式”实施的关键。原因有三：其一，我们常说“教什么比怎么教更重要”，对话核心主题是在语文课教学内容“模模糊糊一大片”中依据学情和文本而选择确定的，这就使教学有了一个清晰的内容，学生也就能使自己在一个明确目标和方向的指引下自觉主动地开展学习；其二，对话核心主题的确定其实是教师对学情的把握，是教学的逻辑起点，是真正体现以学生为本理念的教学环节；其三，在对话核心主题确定和出示的过程中，教师将在课件上呈现经过归类后的所有学生的预习感受、问题和建议，并且将他们的名字写在相应内容的后面，这对学生来说是莫大的鼓舞，他们的学习热情和信心得以激发，极大地改变了语文课的面貌。因此，对话核心主题的确定极为关键，必须得到教师的充分重视。

1. 对话核心主题的类型

对话核心主题的确定必须依据学生的预习情况，是教师在整合学生感受、疑问和建议的基础上提炼而出。有时，如果某个学生的感受、疑问、建议特别有价值，也可以将之作为对话核心主题。语文课堂对话核心主题有不同类型，大体可以分为“情感体验型”“议论说理型”“陈述说明型”“搜集研究型”四种。

（1）情感体验型主题及确定思路

情感体验型主题着眼学生阅读后的情感体验。很多时候，情感体验型主题是对话过程中每个环节的总结点、提升点，因此会使课堂对话呈现出循环往复、反复咏叹的韵味。如在教学《林海》一文时，将“林海为什么给老舍先生带来‘亲切与舒服’的感觉”作为对话核心主题，每个环节都对这一对话核心主题作反复咏叹：在领略了大兴安岭的广阔无边、群岭起伏、一碧千里、浪花飞溅的美丽景色之后，大家一起抒发“亲切与舒服”的情感；在感受大兴安岭物产丰富多样、拥有无尽宝藏之后，大家一起抒发“亲切与舒服”的情感；在了解了大兴安岭在祖国建设中的重要贡献，“美得并不空洞”之后，大家又一起抒发“亲切与舒服”的情感。当我们一次次说出这句话时，学生的感情处于不同的层次并得到不断升华。同时，因为课堂的每一环节都紧紧环绕这一主题而进行，课堂便能呈现出圆合之美。

（2）议论说理型主题

议论说理型主题往往着眼于学生对某个事理的看法，通过对同一主题作不同角度的思考，获得一种思想的碰撞，在碰撞中相互启发，获得思想的新飞跃。《生命　生命》一文，是作家杏林子在经历了巨大的身体痛苦之后写下的对生命的感悟，文章题目以两个“生命”反复使用的方式呈现，体现了作家自己对生命的执着思考和掷地有声的理解。杏林子对生命如此强烈的感受，是很多在顺境中长大、年龄尚小的小学生难以理解的。通过文本唤起与学生生活、认知紧密结合的积极向上的生命观，激发尊重生命、热爱生命的热情是本文学习的重要目的。因此，在教学中，可以将对话核心主题确定为“我认为，生命是（　　）”。在课堂对话活动中，可以紧紧围绕这一议论说理型的对话核心主题，运用文本中语言或根据自身认知经验总结出的语词阐述不同理解和感受。

围绕议论说理型对话核心主题进行语文课堂对话，需要教师给予学生足够的对话时间，让他们充分阐述自己的观点，甚至展开辩论。同时要注意，不能脱离语文学科的特点，在充分运用学生原有认知的前提下，教师始终要将从文本出发放在第一位。

（3）陈述说明型主题

陈述说明型主题更多的是针对一些说明事物、事理的文章。比如《五月端阳》一文，以“你觉得，五月端阳是一个怎样的节日？”为主题，学生根据自己对文本的学习，获得了“热闹、丰富多彩、悲痛”等不同的认识。在不同认识的碰撞过程中，学生对中国的传统节日有了更深的了解。又如《假如你在野外迷了路》，可以用“假如你在野外迷了路，你会怎么办？”为主题，让学生设置不同的情境，陈述自己的解决办法。在该种类型主题对话过程中，同样要求学生紧紧地围绕文本，抓住文本中的词语和句子进行陈述，而不能将之上成常识课。

（4）搜集研究型主题

随着对学生搜集资料能力、科学研究能力培养的日益重视，搜集研究型的对话主题在语文课的教学中也逐渐成为一种重要的对话主题。搜集研究型往往针对文本中的某一个问题展开资料的调查、搜集、整合和研究。如《21世纪的能源》一文便可以将“21世纪有哪些能源？可能出现哪些新能源？”作为对话主题。

我们可以从对话核心主题的关注侧重点角度对其进行分类，表3-2对“对话核心主题”的主题类型和侧重点以及语言呈现方式、教学内容特点与设计理念等作了举例阐述，从中可发现某些具体规律。

表3-2 对话核心主题分类及教学设计示例

主题类型	侧重点及语言呈现方式	教学内容特点与设计理念
关注显性对话主体	侧重学生感受。 如："你认为端午节是一个怎样的节日？"（《五月端阳》）	属于生活中比较常见的情境，与学生生活距离比较近，学生可根据原有认知（包括共同的，也包括有分歧的）获得丰富体验
	侧重教师引领。 如："读了课文，我们很感动，让我们来交流究竟是什么使我们感动。"（《永生的眼睛》）	属于特定情境下的特定事件，与学生生活距离比较远，但对学生成长具有重要影响，需教师引领才能深刻体会的教学内容
关注文本内容内涵	侧重深刻内涵。 如："这次钓鱼究竟带给作者怎样的启示？"（《钓鱼的启示》）	通过一件小事反映深刻的道理，使学生能够比较全面地把握这个道理的多方面内涵
	侧重分歧内涵。 如："哈默是有尊严的，那些未经劳动就接过食物吃起来的难民有没有尊严呢？"（《尊严》）	体现某些极端情境中人物的品质、容易使对话主体因为评价标准不同而产生分歧的教学内容。对这些分歧的辨析将帮助学生形成多元化评价观
	侧重反复内涵。 如："林海为什么会给老舍先生带来亲切与舒服之感？"（《林海》）	离学生生活距离较远，且文中事物或事件带给作者和学生的体验存在较大差距的教学内容
关注文本言语形式	侧重题目锤炼。 如："'触摸春天'这一题目带给你怎样的感受？"（《触摸春天》）	关注拟题特色是实现读写结合的重要方面，可引领学生从人物特点、语言风格、文学特点等角度展开对话
	侧重文章结构与语词色彩。 如："文章写了地震状态下救杭州青年的紧急事情，为什么要在开头部分写这么美的一段文字？"（《跨越海峡的生命桥》）	把握文章的内在语是理解文章内涵的重要方面，有的内在语与文章外在内容风格吻合，有的则不同，需要教师引领学生通过文章结构和语词色彩去把握内在语的表达方式和教学内容

续表

主题类型	侧重点及语言呈现方式	教学内容特点与设计理念
关注编者编写意图	侧重学习方法引领。 如："这些课文从哪些方面写了大自然是人类的老师？大自然给我们哪些有益的启示？"（教材导语）	编者是隐性对话者，他们往往通过单元导语、课后练习等给学生以学习方法引领。关注这些内容，就是与编者的对话过程。这种对话能促使教师自觉整合教材
	侧重学习资源与情境。 如："结合文本和插图的细节，谈谈罗丹的全神贯注。"（《全神贯注》）	插图、资料袋、阅读链接等体现了编者对文本的理解，也为学生学习提供资源与情境，有助于提高学生多角度对话的能力
	侧重改编与原著的区别。 如："原文与课文有什么区别？作者为什么这么写？编者为什么要做这样的修改？"	改编课文的目的是遵循学生年龄特点和身心发展规律，改编的过程是编者与原著对话的过程，让学生在课堂对话中把握改编情况，是和作者、编者对话的重要途径

2. 对话核心主题的出示

对话核心主题要注意与生活、文本的结合，要在唤起学生认知经验、情感体验的基础上出示。

（1）基于有分歧的观点出示对话核心主题（以《五月端阳》为例）

师：老师在整理你们的预习情况时，发现一个很有意思的现象，就是有的同学觉得端午节很快乐，有的却认为端午节很悲伤，还有的认为是悲喜参半。为什么同一个节日，带给我们的感受会如此不同？今天我们就来交流一下自己的感受，以"我认为，五月端阳是一个（　　）的节日"为话题，根据课文内容和生活经验，来交流分享自己的感受，希望最后我们每个人心中都有自己明确的想法，而且因为交流分享使自己的认识更加丰富。

（2）基于有特殊价值的问题出示对话核心主题（以《尊严》为例）

师：预习中，同学们提出了很多感受、问题和建议，非常不错！而其中，小英同学提出的一个问题引起了老师极大的兴趣，这个问题连老师也没有想到，它不仅开阔了老师的思路，而且促使老师更加仔细地、带着批判眼光再次研读了文章，对文章的理解上升了一个高度。这个问题就是“成千上万的难民都是接过食物就狼吞虎咽地吃了起来，只有哈默是坚持要先劳动再获得食物的，难道只有哈默一人是有尊严的，而其他难民都没有尊严吗?”同学们怎么看这个问题？我相信肯定会有很多不同的理解。这节课我们就一起来探讨，希望同学们既能根据课文中的内容进行解释，也能引用生活中的例子作出思考。

（3）基于多个问题整合提升出示对话核心主题（以《生命　生命》为例）

师：同学们预习课文后，提出了很多很有深度的问题，比如，“作者为什么要写这篇文章?”“为什么要用两个‘生命’作为题目?”“课文用三个例子来写生命，有什么不一样?”提出这三个问题的同学特别多。分析这三个题目，我们可以发现其中一个共同的、重要的基础，那就是作者对“生命”内涵的思考，也就是课文开头的这一句话：“我常常想，生命是什么呢?”文章中，作者似乎并没有给我们直接的答案，而是借助三个例子进行了故事式的叙述。其实，“生命到底是什么”这个问题我们平时思考得很少，老师也思考得很少，但为什么作者杏林子就能思考这么多，而且是“常常想”？这个问题还需要我们各位同学运用智慧去体悟。那么今天，我们就以“生命是（　　）”为“对话核心主题”进行探讨、交流和分享。请同学们打开书本，再好好地去读一读想一想，等一下我们来交流你为什么会有这样的理解。

（4）基于学生提出的相关建议出示对话核心主题（以《触摸春天》为例）

师：在预习作业“你的建议”这一项中，小英等几位同学提出了一个很有意思的建议，他们觉得“触摸春天”这个题目不太好懂，不能带给大家一目了然的感觉，不如改成“盲童的世界”。老师觉得这个建议特别有意思，特别有探讨的价值，因为它关系到一篇文章的拟题特点，但老师对这个问题的思考还不充分，不知道同学们对这个建议持怎样的观点？我们今天就来探讨一下这个问题。

（5）基于预习感受、问题、建议的整合出示对话核心主题（以《秋天》为例）

师：在预习中，同学们提出了很多感受、问题和建议，比如，“秋天真美！”“秋天来了，树叶为什么会变黄？”“建议把‘秋天来了’放在课文的开头”等，老师觉得不妨以“秋天来了”这句话放在不同的位置，比如放在开头、放在结尾、既放开头又放结尾、开头结尾和每个自然段之间都放为研究点，来看看放在不同的位置会让我们对秋天之美产生怎样不同的感受。今天这节课就来试一试各种可能，来交流分享不同放法带给你的感觉。

以上是列举的对话核心主题的不同类型和出示方式。另外，在出示对话核心主题时，教师还需运用智慧进行细节设计，使之为后面的教学做铺垫，使整个教学过程融会贯通、浑然一体。

六、对话分主题

在对话核心主题引领下，学生会有自己独特的理解和感受，这些因文本的多义性，及文本与学生生活认知的共鸣体验或冲突体验带来的个性化、多元化解读就是“对话分主题”。让学生在思考后得出并表达对话分主题是“语文对话式阅读教学模式”的宗旨取向，因其促进了学生独立观点的形成和表达能力的提高。

学生在围绕对话核心主题阐述自己的分主题时，往往会采用一个词、一个句子或一段话的形式来表达，也就是说，其话语表述有长有短。出于对话及逻辑思维训练需要，不管学生用哪种方式表述，教师都可引领学生用一个词进行概括。这样，不同对话分主题就都有了一个关键词，当师生在对话过程中需结合他人分主题进行表述时，就非常方便。而且，从较长语言表述中提炼出关键词，这本身就是逻辑思维的训练过程，也是以关键词引领对话、提升对话有效性的重要方式。

对话分主题的呈现和阐述一般有两种方式：

第一种是在呈现所有学生的对话分主题后，由学生选择其中一个或几个进行对话。这种方式更适合于小组之间的合作学习，即持相同观点的同学成立临时学习小组进行讨论交流，在获得丰富认识后在班级中进行对话分享。（以《五月端阳》为例作一阐释）

师：刚才我们确定了“五月端阳是一个（　　）的节日”这一“对话核心主题”，下面就来说说大家的观点，你们认为五月端阳是一个怎样的节日？（此过程分三步走：一是学生说自己的观点，二是教师和学生一起提炼出关键词，三是教师或教师请表达观点的这位同学到黑板上写出关键词。）

生1：我觉得端午节是一个又高兴又悲痛的节日。（关键词为“高兴+悲痛”）

生2：我觉得端午节是一个十分悲痛的节日。（关键词为“悲痛”）

生3：我觉得端午节是一个热闹的节日。（关键词为“热闹”）

生4：我觉得端午节是一个丰富多彩的节日。（关键词为“丰富多彩”）

生5：我觉得端午节是一个有趣的节日。（关键词为“有趣”）

生6：我觉得端午节是一个又伤心又快乐的节日。（关键词为“伤心+快乐”）

生7：我觉得端午节是一个有微笑又有泪水的节日。（关键词为“微笑+泪水”）

生8：我觉得端午节是一个有欢声笑语的节日。（关键词为“欢声笑语”）

师：好，刚才同学们提出了八种观点，我们来看一下，这八种观点是不是比较一致，只是语言表述方式有不同因而可以合并的？

（师生共同思考讨论并得出比较统一的观点。）

师：刚才通过我们共同的思考讨论，大家觉得可以将这八种观点合并为三大类：一类是将“热闹”“丰富多彩”“有趣”“欢声笑语”合并，我们暂且用“热闹”作为代表，称之为A观点；一类是“悲痛”，称之为B观点；一类是将“高兴＋悲痛”“伤心＋快乐”“微笑＋泪水”合并，我们暂且用“高兴＋悲痛”作为代表，称之为C观点。

师：同学们看一看，这三类观点有什么相同和不同？

生：A观点是高兴的感受，B观点是悲痛的感受，C观点是两种不同的观点都有的感受。

师：同学们很善于观察、思考和发现。那么，为什么同样一篇文章，我们的感受却是相反的？这或许取决于我们在阅读文章时的关注点和思考角度不同，也或许取决于你在端午节时的过节方式和体会不同。接下来，我们就围绕这三种观点，临时组建讨论小组继续作深入思考。

在这一课例中，围绕“五月端阳是一个（　　）的节日”这一对话核心主题，教师首先让学生进行独立自由的表述并提炼出关键词书写于黑板，之后引领学生思考各种观点之间的逻辑关系并作出逻辑归类，紧接着让学生思考自己的观点归属，并且组建临时讨论小组进行深入思考，即进入“运用对话依托点阐述分主题”的阶段。

当然，在呈现对话分主题时，学生的观点可能会更多。对于这样的情况，教师有时可在归并环节对某些较简单的观点作直接阐述以让学生感受到老师对其作出的回应，但更多时候，教师应将之与其他观点进行连接思考，努力发现它们之间的逻辑关联并将其纳入其中，以保护表达观点的学生的自尊心、自信心，以及发表观点的意识和勇气。如果是个别学生提出的特别有价值的发现和观点，那么不妨对其他虽有共性但比较一般的问题作简单回应后，引领全班同学共同探讨这一分主题。

所以，在这一合并的过程中，教师要对“对话核心主题”有明确的认识和理解，也要对学生各种观点之间的逻辑关系有清晰的梳理，还要对学生观点是否有作深入研究的价值有准确的判断。这些都不属于课堂技巧，而需要依靠教师的内在学养才能做到。而提高教师内在学养，以学养引领学生成长，这正是“语文对话式阅读教学模式”所着力倡导和积极践行的。

第二种是学生提出一个分主题后，师生根据这一分主题及相应的语段进行深入拓展，使一个个对话分主题顺势形成并得以表达。（以《生命　生命》为例作一阐释）

师：谁来告诉大家，你读了课文之后，觉得生命是什么呢？

生1：我觉得生命是勇气。

师：为什么？

生1：因为在第一自然段，作者说一只飞蛾飞来飞去地骚扰着“我”，趁它停下来的时候，“我”伸手捉住了它，这时候只要作者的手指稍微一用力，飞蛾就动弹不了了。但它挣扎着，极力鼓动双翅，这足以证明它很有勇气。它挣扎，说明它很想继续活着。

师：很好！×××同学说生命就是“勇气”。

（师板书关键词“勇气”，并出示相应的自然段）

师：他是从课文的第二自然段得出的。你认为第二自然段除了写出生命是“勇气”外，还有什么呢？

生2：我觉得生命还是一种力量，是一种求生的力量。

师：是一种力量，是一种求生的力量，你是从哪里感受到的？

生2：我是从最后一句感受到的。因为“飞蛾那种求生的欲望令我震惊”，这只飞蛾用最强的力量在挣扎，要飞走，尽管知道自己只是挣扎，知道自己飞不走，但它还是要试一试。

师：尽管知道力量很小，但它还要试一试，所以，生命是一种“力量”。

（师板书关键词“力量”）

师：还有吗？

生3：我觉得生命是坚强。飞蛾可能觉得它要死，但它一定要活下来，所以说它不管自己能不能活下来，它都要挣扎。

师：生命是一种坚强，不管是怎样的状态，都要坚强。

（师板书关键词“坚强”）

生4：我从“它挣扎着，极力鼓动双翅，我感到一股生命的力量在我手中跃动，那样强烈！那样鲜明！”中看出一种生命的力量。

师：你也认为生命是一种“力量”，而且觉得不但可以从最后一句看出来，还可以从这一句看出，是吗？很好！还有吗？

生5：我觉得生命是一种信念。如果说它没有这种信念的话，那它也就没有这种勇气。它知道自己的弱小，所以如果没有信念的话，它是绝对不会挣扎的。

师：是的。生命是一种“信念”，因为飞蛾具有这种信念，那就是要生存，所以它在不停地挣扎，鼓动着双翅在挣扎。

（师板书关键词“信念”）

师：“生命是一种勇气”“生命是一种力量”“生命是一种坚强”“生命是一种信念”！好，我们带着这样的理解一起读一读这段话。

（生齐读）

这一课例片段在“生命是（　　）”这一“对话核心主题”的统领下，学生们提出了各个分主题，包括“生命是一种勇气”“生命是一种力量”“生命是一种坚强”“生命是一种信念”等，学生在提出自己的观点后运用课文中的语段进行阐述。在这一教学过程中，我们也发现，后面表述的分主题可能会重复前面已有的观点，这就需要教师引导学生去发现其观点的阐述角度与前者的不同，而不是一句简单的“前面同学已经说过了”这样的话语去对待。而且在这一过程中，教师还需以热情的肯定和充满期待的“还有吗”的话语，激发学生的对话热情，让更多的观点和阐述观点的依托点得以表达。

在教师总结学生观点的话语中，不仅可以包括“生命是一种勇气”“生命是一种力量”“生命是一种坚强”“生命是一种信念”这样连缀学生观点的话语形式，还可以加入一些修饰词，使学生的观点得到思想和情感上的提升，如“生命是一种勇气，一种不懈的勇气”“生命是一种力量，一种不灭的力量”“生命是一种坚强，一种不屈的坚强”“生命是一种信念，一种不败的信念”。

在后面语段的学习中，教师可循着这一段学习得出的观点，引领学生继续阐述，使观点得以深入发展或具体化。如“生命是一种不屈向上的精神”“生命是一种战胜自己的勇气和力量”“生命是一种希望”“生命是一种责任”，等等。

这样的课堂真正体现了“一千个读者就有一千个哈姆雷特”的阅读本质。而学生在阐述理解的过程中，都能提升表达能力和逻辑思维能力，真正体现通过语言文字的斟酌运用，促进学生文字能力、学习方法和情感态度价值观的提高。

当然，在对话分主题的得出过程中，还可以综合这两种方式作循环式的呈现。而不管是哪种方式，教师对文本的理解、对学生观点的准确把握、对价值的快速判断都是决定对话质量和效果的关键。

七、对话依托点

在学生提出自己的分主题后，借助文本、体验、资料、情境等“对话依托点”对“对话分主题”进行阐释，师生共同研究，并在对话中提高学生的听、读、说、写能力，培养学生良好的对话意识和水平，这是“语文对话式阅读教学模式”中占时最多，也最精彩的环节。

对话依托点是学生用以阐述分主题的论据。一般说来，论据可以包括生活经验、阅读经验、外引资料等，但我们强调不能脱离文本，因为只有紧密地与文本结合，才能够真正体现语文课程的特征。在此过程中，我们还强调学生要紧紧围绕分主题作阐述，以形成分主题引领下有目的、有方向的思考与表达的习惯、能力。根据语文学科特点，在借助对话依托点阐述分主题的过程中，要重点突出“说个性感受、品关键语句、读相应语段”等内容和方式。另外，各依托点之间可以相互平行或交叉，也可以相互批评、借鉴和补充，使单个的依托点成为整合的依托点群。

在这一过程中，教师要发挥“平等中的首席”作用，以各依托点为切入口，通过体会语言文字等方式帮助学生更深入地理解和感受文本内涵，使其观点更加有理有据。下面列举阐述分主题的三类主要对话依托点并作些说明。

1. 引导学生发现重要的语言表达形式以阐述分主题

文章中有的语言表达形式具有突出的作用，但学生尚不能发现，此时，教师需要引导，并以此积累语言，积累方法，提高语文能力。（以《生命　生命》一文作一阐释）

师：同学们刚才表达了自己的观点，包括“生命是一种勇气”“生命是一种力量”“生命是一种坚强”“生命是一种信念”等，也都通过理解课文中的语言文字为自己的观点阐述了理由。现在我们更细致地来看看，课文中还有哪些地方可以解释你的观点，比如标点符号，比如作者用词的感情色彩等。

（生独立思考）

生1：我发现在这一自然段的最后三句话，都有一个感叹号。

师：那你能不能告诉大家，为什么作者要连用感叹号？

生1：句中那样“强烈”，就是很强烈，所以用感叹号表示。

师：用感叹号可以更强烈地表达飞蛾的求生欲望，是吗？

生1：是的。

师：好，那请你读一读。（生1读）

师：让我们一起来试一试。

生齐读：“我感到一股生命的力量……我忍不住放了它！”

师：还有谁有新发现？

生2：我发现课文中“骚扰”这个词用得很用心。

师：哦？为什么？

生2：因为课文中作者对飞蛾这非常的举动是很敬佩的，可作者却说：“夜晚，我在灯下写稿，一只飞蛾不停地在我头顶上飞来飞去，骚扰着我。”“骚扰”给我们的感觉是这只飞蛾很打扰到她，而且不是一般的打扰，而是让人很不喜欢的“骚扰”。

师：什么是“骚扰”？为什么说“骚扰”是让人不喜欢的？

生3：“骚扰”就是如果一个人在做事情，别人一直在你旁边吵来吵去，让你没法做。

师：课文中是指什么事情？

生4：因为她在写稿，需要安静，安静了思路才会顺，然而这只飞蛾不停地骚扰，她的思路就不顺了。

师：哦，是这么强烈的打扰，可以看出作者对这只飞蛾非常的——

生齐：反感。

师：课文中作者既写了对飞蛾的敬佩，又用了表达作者很反感的“骚扰”一词，这不是矛盾了吗？用“骚扰”这个词和同学们所说的“生命是一种勇气、力量、坚强、信念”的观点有什么关系呢？

生5：我觉得“骚扰”是写作者原先对飞蛾的态度，敬佩是因为飞蛾拼命挣扎后作者的态度。这里体现了作者态度的转变。

师：说得真好！我们不妨再明确地说一说，是什么让作者对飞蛾的态度由原先的反感转变为后来的敬佩的。

生6：因为飞蛾的挣扎，对生命的抗争，是一种勇气、力量、坚强和信念，让作者不得不对它产生敬佩之情。

师：是啊，哪怕是如此小的生命，哪怕是如此让作者讨厌反感的生命，哪怕是作者稍一用力就会消失的生命，也依然有如此的勇气、力量、坚强和信念，也依然要付出全部的努力让生命延续，这不得不让人肃然起敬啊！所以作者说“我忍不住放了它”。也就是说，只要你热爱生命，为生命的延续而积极努力，那么哪怕讨厌你的人都会敬佩你，都会呵护你。让我们带着这种敬佩之情再次朗读——“生命是一种勇气！”“生命是一种力量！”“生命是一种坚强！”“生命是一种信念！”

运用文本的语言文字这一依托点阐述分主题，是“语文对话式阅读教学模式”中最常见的阐述方式，也是学生习得语言文字运用规律的重要载体。文本中有的语言文字是学生自己就能感受到并能将之与观点结合思考的，但有的语言文字鉴于学生的认知基础和语言文字使用了某种特别的用法，学生并不能感受到，更难以将之与自身观点进行连接思考，比如上述例子中标点符号的使用方法、“骚扰”一词的感情色彩，以及其与作者对飞蛾敬佩之情之间关系的把握，这些都是学生较难感受到的，需要教师进行有意识的引领。教师只有通过长期的引领指导，才能帮助学生掌握语言文字的内在奥妙，使学生形成良好语感和语用能力。

2. 引导学生想象文字背后的画面与内涵以阐述分主题

还有很多时候，我们应该在理解的基础上跳出语言文字，通过想象、联想等把握文本的内涵和意图，并将之与自身观点进行联系，使之能有力地阐述分主题。（以《五月端阳》一文为例作一阐释）

对课文中“锣鼓喧天”这一部分内容，教师在对话过程中采取了以下方式进行引领：

教师建议大家在听同学朗读的时候闭上眼睛，边听边在脑子里想；

朗读后，请听的同学说一说：你刚才似乎看到了什么？头脑中想到了什么？

为了帮助学生感受，教师在课前准备了一段赛龙舟的录像，并去掉了其中的声音，让学生通过画面感受热闹的场景，想象当时可能有的各种声音，等等。

优秀的文章都能给读者留下想象的空间，正如丰子恺先生在评价绘画艺术时所说的“空，然后有生气”一样，文学作品也正是因为有留白，才具有了让读者想象思考的空间。那么在这些留白中，学生都获得了怎样的感受？这些感受之间会有哪些契合或冲突？这些都值得教师关注，因为“凡真正的艺术作品都有一个超出可被直接指认的具体形式与具体内容的‘剩余部分’，这个‘剩余部分’，就是对人生之超越性存在的显象”。[①]恰恰是对“剩余部分”的想象，完成了对文学作品的真正阅读。这“剩余部分”所表现的，正是作者想要表达的内在思想和情感情绪，如果我们忽视了这种留白资源，那么阅读就会苍白许多。相反，当我们通过这些语言，积极创设冲突情境，帮助学生唤醒他们的回忆，就使他们在对话中获得了对观点的新认识。在上述《五月端阳》的教学片段中，教师有意识地将视频中的声音隐去，让学生通过画面想象当时的场景，这既帮助学生自觉想象和体会当时不同的场景，又兼顾了持不同分主题学生的感受，使他们能从不同角度诠释其所拥有的分主题。

3. 引导学生挖掘冲突情境作深入理解以阐述对话分主题

鉴于文本与学生之间客观存在的年代、年龄、认知背景等各方面的不同，文本中的思想情感与学生的认知情感之间必然存在某种冲突，在

① 王德峰. 艺术哲学［M］. 上海：复旦大学出版社，2005：58.

对话过程中，教师要有意识地挖掘这种冲突，使对话真正作用于学生的认知和情感发展。（以《生命　生命》一文为例作一阐释）

当我们围绕“我认为，生命是（　　）”这一对话核心主题展开对话时，除了关注语言文字及其背后的诸多留白之外，还需关注文字与学生认知体验之间存在的诸多冲突，并将之与对话核心主题、对话分主题进行自觉的连接思考。这些认知冲突包括：

课文的开头就写道：“我常常想，生命是什么呢？”我们平时会想吗？会“常常”想吗？为什么作者会常常想？

我们面对飞蛾、香瓜子和听诊器，只是看过就算了，作者为什么能够想到这么多？

作者写生命，为什么要写飞蛾、香瓜子和听诊器？这中间有什么关系？

可以说，产生认知冲突并面对认知冲突，是人成长必经的阶段，也是很必要的阶段。而语文各文本就为这种经历提供了资源。所以，教师重视学生的认知冲突，甚至在学生没有认知冲突时帮助他们“发现”认知冲突甚至帮助他们“制造”认知冲突，就显得特别重要。而在直面认知冲突的过程中，教师需引导学生将其与对话核心主题、对话分主题进行自觉的连接思考，使这些认知冲突成为诠释对话核心主题、对话分主题的一个重要组成部分并充分发挥其功能，使学生对“对话核心主题”的认知在生活的土壤中发挥作用并实现自我的成长。

八、整合分主题回归对话核心主题

在师生围绕“对话核心主题”、借助“对话依托点”阐述了自己的“对话分主题”之后，教师需要对各种对话分主题进行整合，并回归对话核心主题。其具体内容是在对话基础上完整呈现对话核心主题多方面、多层面内涵；其呈现形式主要为学生和教师一起归纳总结各个对话分主题，完成对对话核心主题的集体建构。

整合对话分主题回归对话核心主题在“语文对话式阅读教学模式”中是极为重要的一环，具有提升思想和情感的作用。其原因在于：第一，整合分主题的过程是将“对话核心主题系统化”的过程。之前出现的对话分主题常常是零碎的，学生所获得的是片断的印象，但我们对一个问题的认识仅仅停留在零碎片断的层面是不够的，整合分主题，将零碎片断的认知系统化，这是本环节所能发挥的重要作用。第二，整合分主题的过程是将“对话分主题逻辑化”的过程。在课堂对话的整个过程中，“对话分主题”的出现是随机的，并非按照一定的逻辑关系出现，所以它们的呈现是凌乱的，需要对其进行逻辑序化，才能对学生的思维培养起到积极的促进作用。第三，整合分主题的过程是将“对话依托点明晰化”的过程。在课堂对话过程中，学生对用来阐述分主题的对话依托点的表述往往会比较细碎烦琐，不能达到准确简明的语言表达要求，整合分主题的过程，能够帮助学生习得良好的语言表达习惯。

鉴于上述“对话核心主题系统化”“对话分主题逻辑化”“对话依托点明晰化”的语文对话需求，在整合对话分主题回归对话核心主题的过程中，可以采用以下方式：

1. 以一定逻辑顺序连缀整合各对话分主题

这是一种最常用的整合方式，即将各对话分主题按照一定的逻辑顺序连缀在一起进行表述。这一逻辑顺序可以是并列关系，也可以是递进关系。在整合的过程中，要注意使学生对对话核心主题的认知在思想和情感上达成升华的效果。（以《生命　生命》一文为例作一阐释）

方式一：

师：是的，生命是一种勇气，是一种力量，是一种坚强，是一种信念……而作者杏林子更是以一种经历了人生巨大挫折、巨大痛苦的亲历者的身份对生命进行了执着的思考，并发出了强烈的呼唤：生命！生命！

方式二：

师：是的，因为拥有对生命不屈的信念，所以拥有了积极面对困境的勇气，也因此就拥有了生命前行的力量和在前行过程中面对各种挫折的坚强……作者杏林子正是以一种经历了人生巨大挫折、巨大痛苦的亲历者的身份对生命进行了执着的思考，并发出了强烈的呼唤：生命！生命！

在这两种方式中，教师将学生的对话核心主题进行了连缀。在方式一中，勇气、力量、坚强、信念等关键词呈现的是一种并列关系；在方式二中，教师对这四个关键词的逻辑关系进行了递进的梳理和呈现。两种方式可根据班级学情作灵活运用。两种方式的共同点是在整合对话分主题的基础上，教师将其与作者的身份以及课文的题目进行了回应，使学生对"生命是什么?"这一对话核心主题的认知和情感得到了提升。

2. 以说明不同角度的方式连缀整合对话分主题

很多时候，学生对"对话核心主题"的认知不同是因为看待问题的角度不同，所以，在整合对话分主题的过程中，教师不但要整合分主题本身，而且要将其中的不同角度也作一阐述，以培养学生多角度的发散思维和多元化的生活观念。(以《五月端阳》一文为例作一阐释)

师：刚才同学们从不同角度发表了自己对端午节的感受，有的同学特别关注到了课文中对五月端阳各种风俗习惯的描写，感受到端午节是一个热闹、丰富多彩、快乐的节日；有的同学特别关注到了课文中所写的端午节的来历，对爱国诗人屈原沉江报国的悲壮给予深切的哀悼和缅怀，感受到端午节是一个让人悲伤的节日；还有的同学同时关注到了这两个方面，所以觉得端午节是一个既快乐又令人伤心的节日。是啊，当我们关注到不同内容，站在不同角度去观察同一事物，得出的感受是不一样的。但不管是哪种观点，我们都有一个共同的感受，那就是端午节体现着中华先贤的爱国精神，凝结着中华百姓的无尽思念，承载着中华文化的丰富内涵，带给我们后人无比多样的感受，让我们在包粽子、戴香囊、赛龙舟等各种纪念仪式中，牢牢记住并不断传承弘扬我们中国的传统节日“五月端阳”！

在这个课例中，教师点明了学生各个分主题的不同视角，使学生在不同观点甚至是完全对立的观点（如“快乐”和“痛苦”）中明晰了差异产生的原因，即角度不同。通过揭示原因，不仅可以消除学生内心可能产生的混乱，而且帮助学生形成了多角度观察的能力和面对不同观点时自觉思考他人所处角度的意识，使学生更具思想的包容性。

3. 以艺术创作方式连缀整合对话分主题

艺术可以强化思想和情感，在此环节，通过各种艺术形式尤其是文学形式连缀整合各分主题，可以达到很好的升华效果。（以《生命　生命》一文为例作一阐释）

生命是什么？

（师）　生命是什么？

（女生）生命是一种勇气，（男生）一种不懈的勇气！

（师）　生命是什么？

（女生）生命是一种力量，（男生）一种不灭的力量！

（师）　生命是什么？

（女生）生命是一种坚强，（男生）一种不屈的坚强！

（师）　生命是什么？

（女生）生命是一种信念，（男生）一种不败的信念！

（女生）生命是飞蛾被攥手中拼命挣扎时的那份勇敢！

（男生）生命是香瓜子落于贫瘠的砖缝中依然微笑的那份希望！

（女生）生命是听到自己心跳声时乐于担当的那份责任！

（男生）生命是面对挫折困难时战胜自己、勇往直前的那份精神！

（女生）生命是一张白纸，
可以描绘鲜艳的色彩，
可以书写美好的诗篇。

（男生）生命是一块和氏璧，
需要你去认识她，
需要你去珍惜她。

（师）这就是生命，
单单属于我们的生命，
又不单单属于我们的生命。

（合）这就是生命，她的意义需要我们用智慧去创造！
这就是生命，她的价值需要我们用热爱去实现！

这首小诗在整合对话分主题回归对话核心主题中的意义主要体现在以下几个方面：一是小诗一共分三节，第一节是对学生所表述的对话分主题的关键词的呈现，第二节是结合课文具体内容作适当拓展的包含意象表达的内容呈现，第三节是基于前两个诗节的思想升华，所以在内容上体现了文本与生活结合、抽象与形象结合、综合与逻辑结合、整合与提升结合的特点；二是小诗采用师生合作、男女生合作、个人与群体合作等方式，使朗诵时情绪的投入更具情境性，保证了情感的真诚；三是给学生以不同语体相互转化以及如何使语言更具艺术性的启发。通过这首小诗对各分主题的连缀、发展和有感情朗读，使学生得到对生命的整体理解，达成“活着的每一天都很美好”的人生观，真正起到对学生进行生命教育的目标。整个课堂对话在学生慷慨有力、乐观向上的朗读中，在饱满而强烈的感情中，在整体内涵的提升中结束。

4. 以进一步理解课文关键句或疑难句连缀整合对话分主题

对文本的理解是无止境的，抓住关键句、疑难句连缀整合对话分主题，将使课堂对话走进一个新境界。(以《生命　生命》一文为例作一阐释)

学生对课文第四自然段中作者写到用医生的听诊器听自己的心跳后得出一句话，即“这就是我的生命，单单属于我的”不太理解，教师便引导学生结合对话分主题作进一步辨析。从不同角度理解“单单属于我的”和“不单单属于自己”的内涵并作出提升。

对于“单单属于自己”，教师可作这样的提升：“我可以好好地使用她，也可以白白地糟蹋她。一切全由自己决定，我必须对自己负责。”

对于“不单单属于自己”，教师可作这样的提升：“我们的生命不仅仅属于我们自己，还属于深爱我们、把我们的生命与他们的生命融为一体的家人；我们的生命还属于曾经关心过我们、帮助过我们的许许多多的人；我们的生命还属于祖国，因为我们是祖国的未来，祖国需要我们；我们的生命还属于这个世界，因为世界因拥有许许多多这样的生命而丰富多彩……”

最后教师可提升：“正因为每个人的生命都既是‘单单属于我的’，又‘不单单属于我的’，我们才应该用更大的勇气、更大的力量、更大的坚强、更大的信念、更大的责任、更大的热情去对待！”

由此可见，对这一关键句或疑难句的讨论辨析，也完全可以很自然地连缀整合对话分主题，使思想情感得到有力提升。

5. 以引进课外资料，如作者信息、生活案例方式连缀整合对话分主题等

在《生命　生命》一文中，教师可以通过介绍杏林子的遭遇，强化对课文一开始所说的“我常常想，生命是什么呢？”的回应，将学生的理解纳入一种经历重大人生苦难的真实人生中，强化学生对生命的理解。

教师可以这样引入："通过杏林子的这篇文章，我们思考了生命。与我们的思考不同的是，作者杏林子是常常在想生命究竟是什么。为什么她会常常想呢?"此处，教师可播放有关杏林子的相关经历。

接着，教师又以"她会在什么时候常常想生命是什么呢?"作为问题，设计多个学生所能够亲身体会到的情境，比如"在杏林子不能翩翩起舞的时候""在杏林子看到伙伴们背着书包上学的时候"等，让学生更深刻地感受生命、认识生命。

再接着，又以杏林子后来战胜疾病并不断为慈善事业而工作的事迹，以及"除了爱，我一无所有"的名言，提升学生对生命意义的再认识，并进而呈现"生命是一种勇气""生命是一种力量""生命是一种坚强""生命是一种信念"等学生提出的对话分主题。

这种引进作者特殊经历和生活中某个特殊案例的方式，也可以很好地将学生提出的各种对话分主题纳入其中，达到很好的提升效果。

如上，整合对话分主题回归对话核心主题这一环节使对话核心主题、对话分主题、对话依托点更具系统性、逻辑性和明晰性，使学生的思想情感得到真实且真诚的提升。而且，从课堂艺术的角度看，这种方式还构建了一种圆合的课堂结构，呈现了语文课堂对话的逻辑美，让学生在充分感受自己思想情感的递升的同时，获得对话的成就感。

九、主要特点与成效

1. 主要特点

通过前面的诠释，我们可以清楚地看到，和线性语文课堂流程相比，"语文对话式阅读教学模式"具有鲜明的特点。

第一，"语文对话式阅读教学模式"将学生的非指示性预习作为重要的教学内容和过程。要产生对话的需求和动机，就必须关注学生在自主阅读文本后形成的感受、质疑、建议以及因此而形成的阅读期待和与人交流的愿望。因此，该模式增加学生预习和交流环节，并在此基础上确定对话核心主题。对于非指示性预习，根据不同班情，可以有不同形式和内容。从形式上说，可以通过家庭作业的形式布置，也可以在课前抽出几分钟时间进行；可以通过书面形式进行，也可以通过口头形式进行。从内容上看，可以着眼“读了文章，你有什么感受、有什么疑问、有什么建议”等问题。一般情况下，可以将学生中相对比较集中的感受、疑问或建议作为对话核心主题，有时也可以将个别学生的独特理解作为对话核心主题。由于阅读期待心理的作用，学生会非常希望自己的感受得到认可和支持，希望自己的问题得到分析和解决，这种强烈需求和动机是学生积极对话的良好心理基础。

第二，“语文对话式阅读教学模式”将整个语文课堂看成浑然一体的对话场，始终围绕着对话核心主题展开对话。该模式的又一显著特色是对话主题非常集中，学生因此对文本有一个完整而清晰的把握。一些教师为了突出语言文字训练而将具有完整形象的文本处理得支离破碎，使其丧失了文学的审美价值，使原本非常丰富生动的词语和句子因为脱离了具体的语境而缺乏生气，不能达到促使学生语文能力提升的作用。该模式强调对话的核心主题来自学生和教师对文本的整体感受，还文学作品应有的完整性，并在此过程中强化语言文字使用的合适性和情境感。

第三，“语文对话式阅读教学模式”强调着眼各种资源（包括文本中字、词、句、段、篇的资源，也包括与文本相关的其他资源）诠释对话核心主题。对话的课堂在强调整体的同时也特别关注文本细微之处对整体感获得的作用和意义，注重从具体的语言文字入手，通过对语言文字的细细品味来扩展和加深对文章整体的感受，强调要真正把对文本自身的关注放在课堂最重要的位置上，强调建立语言文字与对话核心主题之间的某种联系。同时，语文课堂对话也强调通过与文本相关的其他资源作为对话依托点来诠释对话核心主题和对话分主题，使对话为学生的生活和成长服务。

第四，“语文对话式阅读教学模式”还语文课堂质朴的特色。教学本身是一件很朴素的事情，孔子培养学生，苏格拉底启迪青年，都凭借着最单纯的手段——语言，但他们的思想却影响了无数人的心灵。语文课回归质朴成了许多教师的自觉追求。但是，简单质朴的语文课绝不等于平庸，而是实实在在、内涵充实的。该模式思路单纯，即紧紧围绕对话核心主题开展思考和对话，这就像是一棵大树的主干，在这粗壮有力的主干上，通过各个依托点生长出繁茂的枝叶，撑起一片富有活力的语文天地。该模式下，教师的行为是组织学生围绕对话核心主题进行思考，使学生的认识不重复，语言具有个性，感情真诚，使对话充满智慧。

第五，“语文对话式阅读教学模式”强调对话方式的多样性和对话结果的多元性。该模式关注将各种形式的对话融合在一起，动静交替，强调对话并非仅仅是出声的行为，个人对文本的默读和品味也是与作者、作品进行对话的过程。因此，在这样的语文课堂对话中，既有动态的对话，也有静态的对话；既有显性的对话，也有隐性的对话。学生处于动与静、显与隐的交替之中，张弛结合，便能达成最好的学习状态。同时，对话的课堂对过程的关注超越了对结果的关注，强调对话结果的多元性，只要学生的对话结果是合乎情理并有对话依托点支撑的，我们都给予学生保留的权利。

总之，在“语文对话式阅读教学模式”实施的课堂中，我们坚持教师和学生始终围绕着对话核心主题开展对话活动，学生具有非常突出的自主性，他们可以选择文本给自己留下印象最深、感触最深的一点进行引发，也可以从不同角度对文本进行发散思考。从课堂结构角度看，语文对话式阅读教学注重教学各环节之间紧密的逻辑联系，课堂的开始和结束能够前后照应，在照应中实现思想和情感的升华，这种前后照应、逻辑严密的课堂结构能够很好地训练学生围绕一个中心和主题开展对话的思维能力和表达能力。

2. 成效

为了检验“语文对话式阅读教学模式”的教学成效，我们进行了对比课研究，即分别运用“语文对话式阅读教学模式”和一般教学思路上课，课后马上组织调查问卷，以获得学生在语文学习兴趣、学习能力、学习方法等方面的情况，并经过统计分析得出结论。

研究采用由同一个教师在学习氛围、语文能力相当的两个班级中进行教学的方式进行，以尽力避免一些干扰因素。运用“语文对话式阅读教学模式”进行教学和运用一般方法进行教学体现在理念层面的主要区别在于：第一，运用该模式的教学，要求“对话核心主题”要根据学生预习后的感受和疑问来确定，真正尊重学生的初始阅读体验；而另一种则按目前普遍存在的将预习仅仅作为了解或培养学生预习能力的措施，并不对之进行专门研究。第二，运用该模式的教学要求紧紧围绕对话核心主题进行对话；而另一种则采用比较常规的没有特别鲜明的对话主题的教学安排。第三，运用该模式的教学要求给予学生充分的对话时间，也允许学生离开座位进行自组式对话；另一种则根据常规进行，并不刻意作这方面的要求。第四，运用该模式的教学，教师的作用主要在于组织、协调和提升；而另一种则按目前常规的作用来体现。

（1）研究课成效

上完研究课，我们都对学生进行问卷调查，下面以分别在实验班（运用“语文对话式阅读教学模式”执教）和普通班（运用线性环节执教）执教《生命　生命》《五月端阳》[①]两课后的问卷访谈为例作总结。

①“语文对话式阅读教学模式”能让更多学生喜欢语文课。从“你对今天的上课喜欢吗”“你觉得今天的上课时间过得快还是慢”这两个具

① 执教者为金华师范附属小学贾淑玮老师、金华市西苑小学金丽春老师。

有相关性的问题的作答情况看，实验班学生对课堂的喜欢程度高于普通班，而且实验班学生大多感觉课堂时间很快就过去了，这说明了其课堂状态的专注与投入。可见，“语文对话式阅读教学模式”能较好激发全体学生的学习兴趣，能让更多学生喜欢上语文课。

②“语文对话式阅读教学模式”能让学生更具深度地感受课文。从“你知道课文是用哪三个例子引出对生命的思考”“你对《生命　生命》一文感受最深的是什么”“你觉得该怎样对待生命”“端午节的时间和风俗有哪些”“《五月端阳》是从哪几个方面来写的”“学了《五月端阳》感受最深的是什么”等包含对作者、文章结构、文章感受、生命感悟等内容的问题的作答情况看，实验班学生的回答更为全面和独立，也更能引用各种资料有层次、有逻辑地诠释自己的观点。可见，“语文对话式阅读教学模式”不仅能保障学生对基本知识的掌握，而且能帮助学生更具深度地感受和理解课文。

③“语文对话式阅读教学模式”能让学生形成平等对话的意识和能力。从“你有没有觉得这篇文章什么地方写得不好”“你对今天课堂上大家的表现有怎样的感觉”“你对自己提出的问题和对问题的分析满意吗”等有关评价课文、教师、同学等问题的作答情况看，实验班学生提出的观点更为丰富，更多地关注到了文章中所涉及的思想层面、文化层面的内涵，对文章的建议、大家的表现以及自己提出问题和分析问题情况的反思也更为客观。可见，“语文对话式阅读教学模式”能帮助学生更好地形成平等对话的意识和能力，更能站在比较客观的立场看待事物，使学生更具包容的心态，对话的方式也更具多样性。

（2）长期实践的成效

在长期实践过程中，围绕学生语文素养的全面提高情况进行观察、分析和总结，提炼出以下几方面共同的成效。

①学生自主学习、合作学习、探究学习的能力明显提高。刚开始，

学生在课堂上的对话情况不尽如人意，其中一个重要原因在于他们占有的资料、获得的感受不够丰富。实施对话式教学后，尤其是对预习环节充分重视后，学生体会到了占有资料、获得感受对提高自己对话水平的重要性，因此形成了独立阅读和思考文本内涵与形式、自觉联系生活思考问题并体验情感、自觉到书本和网络上查找资料、自觉向身边的人请教问题的自主学习意识和能力。到后来，学生往往会在没有教师布置任务的情况下进行资料的搜集工作，大多数同学预习时间长达半小时以上，此过程中一直保持集中的注意力和良好的心态。而在对话课堂中，由于占有了资料、获得了感受，学生能够畅所欲言，没有拘束。在遇到相同的观点时，学生会自觉地组合临时学习小组，积极地开展讨论，彼此运用资料和自己的思考互相佐证、互相补充、互相质疑，形成了良好的学习方法。

②学生“听、说、读、写”等语文能力得到了突出的提高。首先，切实提高了学生的“听、说”能力。“听、说”能力是生活中运用最频繁的能力。语文能力中的“听”不同于生理意义上的听，而具有更丰富的内涵，不仅体现为耐心、专注、客观的倾听态度，也包括对所听内容的记忆、理解和评判能力。语文能力中的“说”也不同于生活中的说，而是以高于生活的规范性和艺术性表达为价值取向。在语文课堂对话中，我们要求学生能根据主题和各对话者的分主题快速整理思维、组织语言并进行即兴表达，这培养了学生敏捷的思维和得体的表达方法。这和一般语文教学中大多为接受性的“听”和被动的以“回答”为主的“说”有本质区别。另外，学生的“听、说”都基于一个主题而展开，具有明确的方向性，可以循着自身思路进行。更为重要的是，由于这样的“听、说”没有考试的成分，课堂上就会自然形成轻松的对话场，可促使所有学生积极投入对话，而不使课堂成为少数学生的活动领域。

其次，切实提高了学生“读”的能力。语文对话式阅读教学主要以文本为对话依托点，可以切实提高学生的阅读能力。阅读能力包括对组成文本的各种元素的“理解能力”“转换能力”“分析能力”“概括能力”“分类能力”“推断能力”“审美能力”“评价能力”“创新能力”等，是指在原有认知的基础上，通过文本不断进行“同化”与“顺应”，形成更强的认知力和情感力。因为“语文对话式阅读教学”基于对话核心主题展开阅读，学生对文本的品读和感悟是“有目的”的，所以就可以避免阅读的流于表面和散漫无边，实现主题统领下阅读的系统性、逻辑性和一定深度，体会到在表达思想情感过程中语言文字选择的意义和方法，而这正是阅读能力的核心内涵。

最后，切实提高了学生“写”的能力。围绕对话核心主题开展对话，有利于培养学生思维的缜密性，提高“写”的能力。写作教学若过于重视技巧训练，就会造成空话、套话、假话连篇的现象。优秀的写作并非仅仅依靠技巧，而是依靠观点的明确、思维的清晰、情感的真诚和内在的话语储备。因此，教师须关注“写”的过程中思维观点的提炼和情感情绪的表达。一要强化思维必须有内容，有发自内心的话要说。二要强化逻辑清晰地表达内心话语。对于第一方面而言，语文对话式阅读教学由于主题来自学生，以及对话时心理轻松而形成了很好的对话场，使每个学生的思维达到活跃状态从而激发他们更多思考；对于第二方面来说，语文对话式阅读教学更是提供了一个围绕中心阐明思想、表达情感的载体。这样的对话形式，定能提高学生思维的缜密性，增强围绕主题集中阐述自己观点的意识，而不至于在写的过程中不着边际，不知所云。

③学生的隐性学力得到了明显发挥和改善。语文素养的“冰山模型”[①]让我们意识到，语文素养是一个分层级的、成系统的完整结构，从

① 韩雪屏. 语文素养的“冰山模型”[J]. 语文教学通讯，2002(17)．

其发展层面看，包括“动力层—实施层—操作层”，它们之间呈现出一种作用与反作用的关系，是一个动态实施过程。只有当一个人语文学习的“态度、动机、习惯、意志”（参与和支配言语行为的直接心理因素）比较好的情况下才能形成较好的语文“感悟、知识、思维、技能”（支配言语行为的智能因素），也才能最终体现出较好的、能够通过外在行为显现出来的“听、说、读、写”（显性言语行为）的语文能力。而这一纵向层面的不断发展，又需要借助一个人“知识视野、智力发展、个性人格、语言积累、思想水平、道德品质、审美情趣、文化品位”（言语行为的背景）等基础层面上的各种智力因素与非智力因素。语文素养的构成就像是一座冰山，浮在水面上的不过是“冰山的一角”，包括“听、说、读、写”和“感悟、知识、思维、技能”等；而隐匿在水面之下的不可见的部分占了冰山总体的80%～90%，这些才是支撑冰山的基础。假设水下部分不结实，那么水上部分还将下沉。过去，人们往往忽视了冰山之下的内涵，没有发挥学生的这些隐性学力，只是架空地训练听、说、读、写能力，因此，不能达到预期效果。“语文对话式阅读教学模式”由于充分地发挥了学生学习的自主性，给予了学生充分表达和展示的平台，使学生获得了学习的成就感，使其隐性学力得到了明显发挥和改善，最终促进学生的可持续发展。

第四章

高效对话之文本解读

“教什么比怎么教更重要”，教学环节设计与方法运用属于“怎么教”的范围，是教学艺术，其固然重要，但若不知“教什么”，便失去了教学的价值和意义，唯有明确了“教什么”，教学艺术才能发挥作用。“教什么”则必然要求教师对文本具有独立、自由、真诚的解读，若教师对文本解读不够深、不够广，缺乏真实的体会，那么，该教师的语文课堂将会是肤浅、乏味、抽象空洞的。判断教师优秀与否的首要标准并不在外部教学艺术，而在于其对文本理解的深度、广度和将各方面理解相互结合并在课堂中适度调用的能力。在我国语文教育史上，叶圣陶、朱自清、老舍等一大批作家和学者都做过教师，他们的课堂受学生欢迎的重要原因在于自身的文学功底，能将自己创作和阅读的深切体会与学生分享，因此拥有真诚的态度、真挚的情感、真实的理解、真切的期待，能自然而然感动学生，激发学生学习的内驱力。我们常说教师心里有什么才能教什么，教师内心若对文本没有认知，怎么可能带领学生认知文本呢？因此，提高语文教师的文本解读能力，是开展语文课堂高效对话的必要条件。

我们倡导文本解读的独立、自由、真诚是基于这样的内在逻辑：有了独立，才有可能自由；有了自由，才有可能真诚。当一个教师对文本的理解总是依附于他人理解或网络资源，而缺乏自己独立的思考，他便会在面对学生各种生动的充满活力的问题和想法时缺乏互动的能力，缺乏游刃有余的自由状态和顺其自然的平和心态，因为他没有和学生进行互动对话的资本。这时，教师就会很自然地进入对教师身份的维护状态，如避而不谈、转移话题，以与课文无关为借口、以下课再讨论为策略，甚至以冠冕堂皇的“认真听课”为理由拉回到预先的设计，在这样的课堂中，教师的状态是很不自由的。教师的这种不自由会导致学生的不自由，而学生会因为师生之间约定俗成的身份关系，以及身处弱势一方的客观存在状态，使他们没有意识、没有勇气，也没有能力去摆脱这种不自由的状态，最终只能在课堂中随波逐流，甚至编制一些大话、假话、空话去迎合教师的教学需求，导致一种极不真诚的状态。

古人说“格物、致知、诚意、正心、修身、齐家、治国、平天下”，其中“修身”是根本，而“修身”的前提是“正心”，“正心”的前提是“诚意”，“诚意”的前提是“格物、致知”，即要认真仔细地研究事物、事理，要达到对知识和规律的正确把握和独立认知，才能“诚意”，表里如一。用现在的话说就是因为内心有谱了，才能很自然地做到真诚而不需要表里不一的保护了。

同时，独立也指向对各种语文规律的把握，也要求教师在面对各种“潮流”“风向”时拥有独立的立场，知道语文课堂需坚守的本质，能有自己的选择和坚持。

独立还要求教师认清自己的优势和短板，能取长补短，给学生正向的引领和示范。如果教师朗读好，可以每节课给学生示范朗读一篇美文并作鉴赏；如果教师书法好，可以每节课在黑板上书写一副对联，让学生欣赏其书法艺术和内在深意；如果教师善于思辨，可以每节课都围绕主题作丰富而深入的解读，等等。可以说，明确自己的优势和短板，是拥有独立思想的重要基础。

另外，独立的思想一定是丰富的思想，一定是有诸多理据和实践支撑的思想，单一的内容和单向的逻辑都不可能形成独立的思想。所以，当教师拥有了一个想法，就需要对这个想法作出全方位多角度的诠释；当教师认为自己朗读好，就需要对自己的朗读好在哪里、是怎样练就的等作出回答；当教师认为绘本教学很符合低段学生，就要对绘本的特点与优势、低段学生的认知特点、课堂促进绘本优势发挥的教学形式等作出周密的思考而不只是局限于“绘本教学很符合低段学生”这个简单的结论。一句话，教师的独立，来自教师对教学内容的深刻理解，并通过文本、生活体验和旁征博引对这种深刻理解作出逻辑诠释。

当教师拥有了独立理解，就有理由相信，自己的课堂将给自己和学生带来自由的权利和真诚的力量。教师将从诸多教学环节束缚和身份限制中解放出来，也终将在这种独立、自由、真诚的课堂状态中真正收获教育的快乐感、意义感、价值感、成就感和幸福感。

一、诠释文本意图

“阅读教学是学生、教师、教科书编者、文本之间对话的过程”，这是《语文课程标准》的明确理念。但一些教师对这句话的理解还存在一些误区，主要表现为师生游离于文本之外的标签式对话、依循编者意图的限制式对话、依赖作者创作背景的先入式对话等。这些误区在很大程度上导致了语文教学的诸多问题。

游离于文本之外的标签式对话具有两大问题，一是偏离文本、架空文本，缺乏语文味；二是习惯贴上抽象的道德标签，而对其具体内涵和意义缺乏认知和感受，致使对话无法深入，只能片言只语、缺乏逻辑。

依循编者意图的限制式对话容易使对话者忽视自身在文本阅读中的感受，也致使一些教师为了靠近标准答案而放弃自己个性化阅读感受及对语言艺术人文特质和独特魅力的关注，从而使课堂显得单一，缺乏多样化。

依赖作者创作背景的先入式对话则会为了忠实再现作者创作情状而使对话陷入时过境迁无法复原的尴尬（且有的文本没有标明作者），而且，作者意图事实上与文本意图无法实现对等，一方面，虽然作者在创作时努力选择最合适的语言文字来表达当时的思想情绪，但当这语言文字一旦确定，便具有超越时空的作用而拥有无限的意义生发可能性；另一方面，言不尽意或言过其实的现象在写作中也极为常见，文本中相当多内涵是作者创作时未能明确意识或全面预想到的。

上述误区产生的根源是对话的话题重心模糊不清。一种观点认为要以学生和教师为重心，强调站在学生和教师立场把握文本内涵，只要其观点不违背原则都应得到认可；一种观点认为要以编者为中心，因为课文为特殊文本，应突显编者意图，强调对学生语文能力的发展进行有序培养。还有一种观点认为要以文本为重心，该观点又分两类，一类强调“作者意图”，倡导借忠实再现作者创作情状诠释文本；另一类强调“文本意图”，倡导借文本语言文字本身来诠释文本。这几种观点中，最能保证语文课堂合理对话的是以“诠释文本意图”为重心，即“根据文本本身来了解文本”，这正是诠释学的基本观点和基本方法。当然，在此过程中，我们也要充分考虑学生、教师、编者、作者的立场。事实上，诠释文本意图只有通过学生、教师、编者、作者才能合力完成，他们的立场角度和观点定然是不可回避也无法回避的，而且在很多时候，他们的立场角度和观点有很强的吻合度。但不管怎样的结果，诠释的内容必须以文本自身为基点。

“文本意图”是指文本依随语言文字而客观存在的思想情感、情绪意味等。“诠释文本意图”则是借助对文本语言、文字本身的具体品析和详细解释揭示这诸多思想情感、情绪意味的阅读与对话行为。“诠释文本意图”之所以应成为语文课堂合理对话的重心，原因在于文本是“客观的存在”，可避免师生游离于文本之外的标签式对话、依循编者意图的限制式对话、依赖作者创作背景的先入式对话，从而保证诠释的适度性、丰富性和可靠性。

对话的适度性主要体现在，以“诠释文本意图”为重心的语文课要求学生、教师在表达自身观点的同时有克制、有限度，必须围绕文本，不可过度诠释，不可天马行空没有边界，不可随意生发没有逻辑。对话的丰富性主要体现在，文本意图并不受制于文本产生之前的作者意图，更不可能受制于文本产生之后的编者意图，正如意大利诠释学家安伯托·艾柯所说：“每一件艺术品，尽管是根据明确或不明确的必要的理论创作的，从实质上说仍然是对一系列潜在的阅读‘开放的’，每一次阅读都使作品按照一种前景、一种口味、一种个人的演绎再生一次。”[①]这就要求教师尽可能弱化作者意图的限制，更要弱化编者意图的规定与要求，而应还原文本意义的开放性与丰富多元性，真正发挥其为不同背景的学生提供诠释角度和思路的功能，使学生教师都能以独特角度对其进行诠释，再现其文化内涵，发掘其潜在意义。对话的可靠性体现在以“诠释文本意图”为重心，使对话过程能够突破和超越作者意图这一与文本已产生时空距离的不稳定因素，以及创作过程中不可避免的语意不对等现象，而通过客观稳定存在及具有最强可靠性的字、词、句、段、篇、语法、修辞、选材、结构等各种文本要素来挖掘意义，使学生在言语内涵与言语形式结合中获得理解和感悟，并因此带动和丰富对作者、人生、社会、文化等的理解。这是一个以文本为源点的对话过程，而非各种文本外要素先入为主影响文本解读的过程。

正是循着这样的思路，前面《牵手》一文的解读才具有了真实的意义。首先是解读出了爱要有具体的方式；其次，阳阳的做好事和一般情

---

①［意］安伯托·艾柯．开放的作品［M］．刘儒庭，译．北京：新星出版社，2010：27.

况下的做好事有明显区别。文章想传达的是处于矛盾选择中的爱的行为；所以，我们可以“阳阳帮助了老爷爷，却找不到自己的一元钱了，他会不会难过”设问，让学生体会阳阳依然快乐的心情，不会产生因为帮助了别人而影响了自己的一种后悔懊恼的情绪。这样，才能使爱的行为得以持续，爱的境界得以提升，爱的动力得以增强。而基于这样的解读，板书也就可以作出相应的调整，如图4-1：

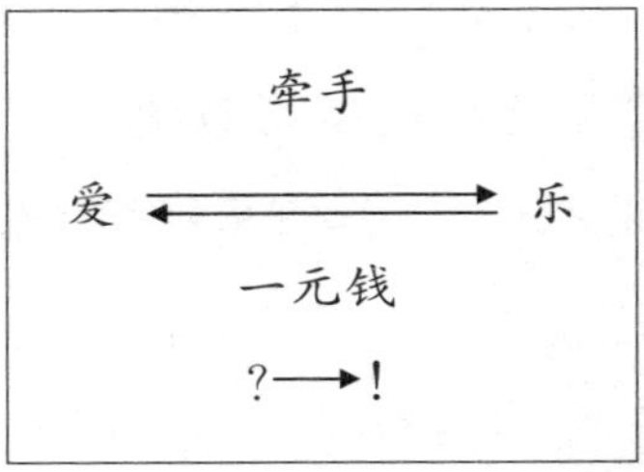

图4-1　《牵手》一文板书示意图

上述对爱的解读才具有教学的意义，具有促进学生成长的意义。而这些，都是借助文本自身的语言文字以及文本所设置的特殊道具“一元钱”和特殊场景“买冰棍”“一元钱丢了”进行解读而得出的，都是借助文本自身的诠释。在课堂中教师设问“我们平时扶老爷爷过马路和阳阳扶老爷爷过马路有什么区别”，也是为了引领学生关注到这一特殊道具和特殊场景，更好地诠释文本。

正如叶圣陶先生所说“甚解岂难致？潜心会本文”，“‘会’本文的具体方法，就是尽可能在‘本文’里把‘本文’读懂”。[①]唯有如此，才能使对话思路更具逻辑，对话内容更为合理，对学生成长的影响更为深远。因此，基于由文字符号组成的文本，“诠释文本意图”的课堂对话在“适度性、丰富性和可靠性”的相互制衡下，呈现出全面、深刻又不失偏颇、不乏多样性的合理对话过程，能促进学生语言感知力、问题洞察

① 陈日亮. 如是我读——语文教学文本解读个案［M］. 上海：华东师范大学出版社，2011：4.

力、逻辑思维力和合理对话力的提高。

当然，语文课堂对话不可能也没必要像上述文本意图诠释一样周密、周全，因为“对作品的理解过程是动态的，随着社会生活体验与阅历的丰富，学生的感悟与体验亦日渐丰厚与深化”①，但教师唯有具备上述以“诠释文本意图”为对话重心的意识，掌握促进合理对话的基本路径，才能达成高品质的语文教学，也才能真正促进学生“出于真诚对话的愿望，准确理解对方的话语形式与话语意图，精确妥帖地运用祖国语言文字表情达意，以进行最有效的交流”②的语文能力的形成。

二、促进精神成长

文本总是承载人文价值的，这种价值源自作者对世界的观察、理解、思考和感悟。优秀文本所传递的价值，往往体现了人性中最本质的思想，因此能够给读者带来震动、感动和启迪。所以，把握文本所传递的人文价值，是语文对话极为重要的任务和目标。编者在编选小学课文时，人文价值也是其考虑的一个极其重要的因素，有很多教材便是以文本内涵为体例进行分组编排的。不仅如此，编者还在每组课文前撰写“单元导语”，将其作为教师教学设计、学生学习引领的依据。所以，教师必须对文本内涵有清晰的把握，才能将语文教学的人文价值发挥到最大。这些价值，既可以是理性的、抽象的，也可以是感性的、具象的，不同读者面对同一文本，基于年龄、阅历等多种因素往往能读出完全不同的意义来。下面选取人文价值的几方面内涵作一阐释。

① 郑国民，李倩. 加强优秀诗文积累：语文课程价值取向的变革［J］. 教育研究. 2015(11).
② 王尚文. 语文教育一家言［M］. 桂林：漓江出版社，2012：65.

1. 尊重自己和他人：爱的前提是基于平等的尊重，爱的关键是拥有正确的方式

综观小学语文教材，“爱”应该是一个贯穿始终的主题，爱祖国、爱人民、爱亲人、爱朋友、爱自然等。爱是人类永恒的主题，人类只有在爱中才能感受到温暖和幸福。但爱又很抽象，内容也很丰富，光以一个“爱”字来教育学生，效果并不一定会明显。只有当我们将爱的内涵进行分析，实现“爱”的教育从抽象到具象的转变，学生才能真正拥有爱的自觉、爱的能力。

爱的前提是“基于平等的尊重”，若对这一前提理解不清，人们对爱的内涵把握就会存在狭隘与偏颇，甚至因为爱而带去伤害。举个很简单的例子，父母因为孩子不争气而打了孩子，虽然内心也后悔与不舍，但常会以一个在他们看来理直气壮的理由安抚孩子：“因为爱你，所以才打你。”其实，这一在父母看来因爱而打的举动在孩子心里引起的却是难以释怀的困惑：“既然爱我，为什么要打我？”导致这一家教方法的根源是父母与孩子之间的不平等，即父母眼里的孩子只是个孩子，是需要他们管教的孩子，而不是一个具有独立思想和情感的人。可见，光说抽象的爱，是无法给人以明确指向的。只有拥有正确的爱的方式，才能够真正获得爱的能力。

“基于平等的尊重”是爱之所以成为爱、成就爱的不可或缺的前提，只有在平等尊重的基础上，爱的方式才可能是正确的，爱才能够传递爱。我们不妨以《掌声》一文为例作一分析。

《掌声》一组课文的学习导语是这样的：“爱是什么？爱是给公共汽车上的老奶奶让出自己的座位，爱是给下班的爸爸妈妈送上一杯茶，爱是向遇到困难的小伙伴伸出温暖的双手。爱，还可以怎么表达？本组课文会告诉我们怎样去爱别人。让我们献出自己的爱，使生活变得更美好。”从单元导读可以看出，该文学习目的之一是知道“爱，还可以怎么表达”“怎样去爱别人”，即学习表达爱的方法。但一些教师往往把教学重心放在“应该有爱心”的层面，这就使文章的内涵从基于生活的具象学习变成了简单抽象的教育。由于这一偏差，教师往往把教学关注点放在“掌声”前后英子的变化上，而忽视了“掌声”这一爱的表达方式所具有的深意。读了文章我们知道，文中所写的该班的学生和原任教师都是爱英子的，或许正是因为太爱英子而没有找到合适的表达爱的方式，才使英子一直处于自卑与怯懦之中。我们不妨先看英子在信中所写的：“我永远不会忘记那掌声，因为它使我明白，同学们并没有歧视我……”也就是说，在掌声之前，英子的感觉是被歧视，她内心真正需要的是平等的尊重，而并非特殊的呵护。在这样的理解基础上，我们再来看文中一处似乎很不经意的语言：“老师是刚调来的，还不知道英子的情况。”这一话语意味着，在该教师来之前，英子得到了一些特殊的关照与呵护，比如面对“上讲台讲故事”这样的事情，她可能可以在座位上讲，甚至可以不讲，等等。但这样的特殊呵护并没有促使英子改变，反而使她“总是默默地坐在教室的一角”“上课前，她早早地就来到教室，下课后，她又总是最后一个离开”，当全班四十多双眼睛一齐投向了那个角落，“英子立刻把头低了下去”……这一切都告诉我们，英子需要的是平等的尊重，是与其他同学一样的成长环境，而掌声便是体现平等与尊重的介质。因此，新来的教师一次不经意的行为，恰恰体现了爱的基础与最高境界——基于平等的尊重。由此，英子改变了一直以为的“被歧视”的心理，并变得开朗活泼，愿意挑战自己，甚至愿意主动地学习跳舞。当然，也有教师对文本的真实性进行了质疑，认为虽然换了一个教师，但前后教师之间必然有一个交接的过程，怎么可能不知道呢？若真是这样，那么笔者的理解是更可见这位新教师的智慧了：她透彻地知道把平等放在第一位的爱才是真正的爱，因平等和尊重而发出的掌声才是正确的爱的表达方式。这才是这篇文章应达成的人文价值。

因为有平等与尊重，所以有了《一次成功的实验》中“不假思索”的谦让、有序、合作，有了《给予树》中金吉娅不留名的善良、仁爱、同情和体贴……“爱的前提是平等的尊重”这一思想应贯穿小学语文教学的全过程。

2. 拥抱大自然与小生命：懂得规律、遵循规律，做美好事物的呵护者

小学语文教材中，以大自然与小生命为写作对象的文章占了绝大部分，这一现象至少传递了两个信息：一是对大自然和小生命的关注历来是人们最愿意倾注热情的，人的心灵深处，事实上都拥有与大自然和小生命和谐相处的美好愿望；二是通过语文课程滋养美好的人性，最重要的是拥抱自然、呵护小生命。《春雨的色彩》《荷叶圆圆》《秋天的图画》《植物妈妈有办法》《笋芽儿》《日月潭》《秋天的雨》《听听，秋的声音》《花钟》《美丽的小兴安岭》《荷花》等文章为我们传递了大自然固有的美丽，《路旁的橡树》《燕子专列》《鸟的天堂》《浅水洼里的小鱼》《清澈的湖水》等文章表达了人们呵护大自然、小生命的美好意愿，《一个小村庄的故事》《黄河是怎样演变的》等文章则以反面的例子证明了人类对自然的无情破坏所导致的后果。这些文章，都传递了一个重要信息：人类是自然的一部分，与自然和谐相处是人类发展的基础。

人与自然和谐相处是一种智慧，拥有智慧的根本在于懂得规律、遵循规律。因此，引领学生去发现自然规律、尊重自然规律、遵循自然规律是语文教学的重要目标。《自然之道》中，人们因为好心导致了海龟们的灾难，因为大家不懂自然之规律；《打扫森林》中，同样因为人们的好心导致了森林的巨大灾难，也是因为大家不懂自然规律。尊重生命也是爱的重要内容，在《老人与海鸥》中，老人将海鸥当作与自己平等的生命体去尊重，所以才有“老人把饼干丁很小心地放在湖边的围栏上，退开一步，撮起嘴向鸥群呼唤”“老人边给它喂食边对它亲昵地说着话”

"你看它们那小模样！啧啧……"，这些体现老人与海鸥亲密无间的文本内容，让人动容；在《珍珠鸟》中，冯骥才先生更是给予胆小的鸟儿无限的心灵呵护，"我便用吊兰长长的、串生着小绿叶的垂蔓蒙盖在鸟笼上，它们就像躲进幽深的丛林一样安全""我很少扒开叶蔓瞧它们""我呢?决不掀开叶片往里看，连添食加水时也不睁大好奇的眼睛去惊动它们""我不管它""我只是微微一笑，依旧写东西""我手中的笔不觉停了，生怕惊跑它""我轻轻抬一抬肩"……字里行间都透露出作者对珍珠鸟发自内心的呵护和喜爱，都站在珍珠鸟的立场考虑其需求，并非像对待宠物似的逗它、遛它。作为对尊重的回馈，珍珠鸟的表现是"从中传出的笛儿般又细又亮的叫声，也就格外轻松自在了""它们便渐渐敢伸出小脑袋瞅瞅我""过不多久，忽然有一个更小的脑袋从叶间探出来""起先，这小家伙只在笼子四周活动，随后就在屋里飞来飞去，一会儿落在柜顶上，一会儿神气十足地站在书架上，啄着书背上那些大文豪的名字；一会儿把灯绳撞得来回摇动，跟着跳到画框上去了""渐渐它胆子大了，就落在我的书桌上""它完全放心了，索性用那涂了蜡似的小红嘴，'嗒嗒'啄着我颤动的笔尖""它也不怕，反而友好地啄两下我的手指""它居然落到我的肩上""这小家伙竟趴在我的肩头睡着了""它没醒，睡得好熟！还咂咂嘴，难道在做梦?"由于作者对生命平等的尊重，珍珠鸟对平等尊重也给予回馈，所以作者在篇末写道："信赖，往往创造出美好的境界！"

引导学生拥抱大自然与小生命，懂得规律、遵循规律，做美好事物的呵护者，这是爱的重要内容，是语文教学中应该高度重视的。

3. 学习特殊情境中的执着与坚持，感受信念的巨大力量

在小学语文教材中，有相当一部分课文传递了超越浮躁与功利的信念，如《万年牢》《钓鱼的启示》《尊严》等。可以说，坚守信念尤其是在特殊情境中坚守信念，才能创造出与众不同的辉煌人生。但一些教师在教学这类课文时，往往简单地将其概括为某个抽象道理，却忽视了坚守这一信念的特殊情境，所以学生对这种坚守所具有的伟大力量的感知并不充分。

有学生在预习《尊严》一文后质疑："这么多难民都是接过食物就狼吞虎咽地吃起来，难道他们都没有尊严吗？难道只有哈默有尊严吗？"面对这一问题，如果教师不抓住人在特殊情境中的执着与坚守，就无法说通。但如果我们关注了一个能作出卓越成就的人物与一般人在特殊情境下的不同表现，就很容易解释哈默这么做对于其之后人生发展的重要意义，而且也可使学生对行为的多元选择给予理解和尊重。《尊严》一文所传递的信息至少可以包括以下方面：除了哈默之外，其他难民"显然很久没有吃到这么好的食物了，他们连一句感谢的话也顾不上说，就狼吞虎咽地吃起来"，对这样的行为，我们应该给予理解；难民们这样的行为算不上没有尊严，因为课文中明确写道："善良而朴实的沃尔逊人，家家烧火做饭，款待他们。"也就是说，区别是否有损尊严还要看给予者的态度，给予者如果提供的是嗟来之食，那么接受它是有损尊严的；但如果给予者是本着善良的出发点，甚至是文中所写的"款待"，那么这样的接受应不属于有损尊严之范围。对于一群"面呈菜色，疲惫不堪"的难民来说，此时他们最重要的事情是解决吃饭问题，至于其他的，那是吃饱之后再作思考的事情，这是人之常情，也是任何一个善良的人都愿意理解和给予帮助的。哈默与其他难民的区别在于，他始终坚守一条信念，即不管是在怎样的情况下都要先劳动再获取食物，他是把一种想法上升到了一种信念的高度，这是很多人所不及的。所以，面对这样的一个特殊情境，是依然坚守还是先吃饭再回报，这都是可以的，生活中允许有多元的行为选择；在这样的特殊情境中依然能够始终坚守，这是很多作出杰出成就的人的共同品质。

这样的文章在小学课文中为数不少，但一些教师忽视了其中的特殊情境，致使这一教育价值流失。培养特殊情境中的信念对于学生成长来说很重要。心理学中有一个经典实验即“延迟满足实验”，实验过程大致如下：实验者发给4岁被试儿童每人一颗好吃的软糖，同时告诉他们：如果马上吃，只能吃一颗；如果等20分钟后吃，就可以吃两颗。有的孩子急不可待，把糖马上吃掉了；而另一些孩子则耐住性子、闭上眼睛或头枕双臂做睡觉状，也有的孩子用自言自语或唱歌来转移注意以克制自己的欲望，从而获得了更丰厚的回报。在美味的软糖面前，任何孩子都将经受考验。研究人员经过十几年的跟踪调查发现，那些能够为获得更多软糖而等待20分钟的孩子更容易获得成功，他们的学习成绩要相对好一些，在事业上的表现也更为出色。也就是说延迟满足能力越强越容易取得成功。这种延迟满足的能力就是一种自律能力，一种在特殊情境下依然能够坚守信念的力量，正是这种力量造就了更能超越自我的人生。

小学语文中这样的课文有很多，如《我不能失信》《万年牢》《为中华之崛起而读书》等。如若教师能在教学中自觉关注主人公在特殊情境下依然坚守信念这一价值，那么这些文本将会发挥更大更好的育人功能。

4. 体验温暖宁静的情愫：让每个人的内心因宁静而变得强大

“大学之道，在明明德，在亲民，在止于至善。知止而后有定，定而后能静，静而后能安，安而后能虑，虑而后能得。”《大学》强调要实现明明德、亲民、止于至善的理念，必须首先明确至善的内涵让内心笃定并实现宁静，而后才能实现“安”“虑”“得”。这其中，“静”是一个人做事做学问最重要的心理状态。曾国藩是近代著名的政治家、文学家，之所以取得如此巨大的成就，按其说法是因为终其一生都在“静”字上下功夫，体悟到“只有心静到极点，身体才能寂然不动”，并将之当作座右铭来遵守。可以说，“静”有一种巨大力量，只有“静”，才能让人呈现出最好的状态、实现最大的价值。

语文教学作为关注学生精神世界的重要课程，应该充分挖掘文本中体现温暖宁静的元素，让学生通过文本学习得到情感升华，真正地静下来。

“静”的前提之一是感受温暖、善良和美好。这在很多文本中都有体现。低段的各种童话童诗，中高段的各种故事，都向我们传递着人世间的温暖、善良和美好。《四季》中，草芽的“尖尖”、荷叶的“圆圆”、谷穗的“弯弯”、雪人的“大肚子一挺”，都向我们传递了四季的可爱，让四季更替的各种妙趣驻留于学生心中；《胖乎乎的小手》中，用温和的语气传递爸爸、妈妈、姥姥分别说的“这胖乎乎的小手替我拿过拖鞋呀！”“这胖乎乎的小手给我洗过手绢啊！”“这胖乎乎的小手帮我挠过痒痒啊！”等话语，让一份亲情弥散于整个课堂中。有的课文，可能乍一看并无这些情愫的直接体现，但教师可以有意识地营造这种温暖、善良和美好的课堂氛围。比如《操场上》借助识字内容，可以将各种体育活动连缀在一起以呈现充满生机与活力的场面，让学生感受到美好的景象，并在此中让心静下来。

“静”的前提之二是将小我与大我建立联系。“大我”，包含国家、社会、自然等。一个人，只有将自己放在一个大的格局中，才能看到自我之外的各种存在。古代经典作品之所以能流芳百世，是因为这些作者能将个人与历史、宇宙进行紧密的联系思考，在此中找到自己的定位，于是倍感踏实；在此中找到自己可以作为之事，于是倍感明朗。我们强调课程思政，强调立德树人，强调精神道德教育，最重要的一点就是将小我与大我建立联系，看到自己之外的万事万物存在的价值，并因此来确定自己在其中的价值。这种元素同样体现在各篇优秀课文中，因为优秀文本总会传递人与国家、社会、自然、他人以及自己的关系，让学生意识到自己是小我，学会站在大我的立场去观照小我。《数星星的孩子》中孩子是小我，星星是大我，数星星便是小我观照大我的态度和行为；《小鹿的玫瑰花》中，小鹿是小我，黄莺、微风、森林是大我；《画风》中宋涛、陈丹、赵小艺都是小我，但又都是大我的组成部分。所以，将小我与大我建立联系，其实是学会站在不同的视角去观照世间万物，这样，就能多一分包容，多一分理解，少一分执拗和苛责；这样，眼界阔大了，人的心也就能静下来。

“静”的前提之三是觉知到自己的美好和自我的本质力量。爱自己，对自己充满信心，是做到“静”的重要力量。在语文学习中，教师要积极地将学生“代入”文本中，让学生充分觉知到自己能给他人带去的温暖、善良和美好。一些教师在上语文课时，往往习惯于将课文孤立于学生之外，将课文所传达的故事、品质等仅作为学生的榜样，这就容易使各文本高高在上，多了一份可敬感，而少了一份可亲可爱感，与学生的距离就被陡然拉开了，学生感受到的都是被教育感，觉知不到自己的美好和本质力量。如果我们常用“代入法”，让学生感知到“我也是这样的”“我也可以是这样的”，学生就会觉知到自己的美好和本质力量。《数星星的孩子》中，让学生感知到“我就是张衡，我就是像他这样热爱自然，观察自然的”；《小鹿的玫瑰花》中，让学生感知到“我就是小鹿，我也不断地为别人创造美好”；《画风》中，让学生感知到“我也可以通过自己独特的方法画出风来”。文学作品就是记录生活、提炼生活的，文本中所传达的一切在我们的生活中都能找到，所以，这种觉知自己美好与本质力量的教学行为是可以实现的。

有的文本，从内容上看可能是忧伤的，但在忧伤中依然传递着温暖的情愫。《冬阳·童年·骆驼队》是林海音小说《城南旧事》的序言。在这部自传体小说中，作者为我们呈现了20世纪20年代主人公小英子在北京城南的童年往事。在这篇序言和整部小说中，我们能感受到一种宁静、一份温馨，尤其是电影《城南旧事》中小英子那双大大的、静静的、充满童稚的眼睛，给观众留下了深刻印象。小说所写人和事其实是令人伤感的：经常痴立在胡同口寻找女儿的“疯”女人秀贞、为了供弟弟上学不得不去偷东西的年轻人、儿子被淹死女儿被丈夫卖给别人最后被丈夫用小毛驴接走的宋妈、因肺病去世的爸爸……不管人世多么艰难、情绪多么伤感，我们却能感受到小说中流淌着的温暖之意，这份温暖不是“好人”与“坏人”那么简单机械地进行区分的，而是在“缓缓的流水、缓缓的驼队、缓缓而过的人群、缓缓而逝的岁月”中慢慢地、稳稳地、踏踏实实地、淡雅含蓄地溢出的；是在“沉默地站着”“一步一步走来的”“那样丑的脸，那样长的牙，那样安静的态度”“慢慢地走，总会到的；慢慢地嚼，总会吃饱的”中用心灵去品味的。当我们以“温暖的情愫”面对这个文本，生活中的困难会变得微小，读者的心会变得宁静、柔软、强大。

为读者、为世界提供一份温暖是任何优秀艺术的终极价值，不管这种温暖是以何种形式呈现。在语文教学中，引领学生体验这份温暖的情愫应是重要目标。世界因温暖而美好，心灵因温暖而强大，语文因温暖而拥有魅力——品味温暖，传递温暖，便是传递爱的力量。教师们应该相信，当学生在文本学习中感受到“温暖宁静”的情愫，那么通过语言文字塑造美好心灵的语文课程功能就能得到充分发挥。当然，这需要教师满怀一份真诚，用与各文本情感基调相协调而非说教的话语形式进行教学，才能使这种情愫真正沁入学生心灵。

5. 懂得文化的意义：为文本传递的主旨找到源头支撑

语言文字是记载文化的，是通过传递文化来表达价值观的，而文化在历史的发展中具有延承性，并能形成一定的文化链。语文课堂中，教师应将文本所涉及的各种文化现象纳入文化链之中，而不能仅限于文本所陈述表达的这一件事情或一种情境，要让文化具有延承性，使文化能在学生成长中发挥重要的指导意义，真正培养起学生的文化自信。所以，寻找到相应文化的源头并沿着源头追溯其发展之路，才能使文本中的“这一”文化成为历史中文化链的组成部分，成为指导学生成长的组成部分。如《五月端阳》中屈原的爱国主义精神对后人的影响，《孔子拜师》中体现的中国人对师道尊严的推崇以及其中“师”的内涵，《女娲补天》等中国神话所体现的与西方神话完全不同的“尚德”的价值取向等，都是中国优秀传统文化中的精粹，我们可以对其进行延展丰富，使学生在该文所体现的文化源头中体会其对中华民族精神发展的重要意义。

有的文本，我们可以在把握主旨内涵后，就这一内涵进行追根溯源。学习《草原》，追溯到“有朋自远方来，不亦乐乎”；学习《落花生》，追溯到“人不知而不愠，不亦君子乎”；教学《和时间赛跑》，追溯到孔子所说“逝者如斯夫，不舍昼夜”，等等。可以说，小学语文中的每一篇文章，都可以在极其丰富的中华文化宝库中找到源头。当然，这需要教师自身具有扎实的文化基础和对中国文化的深刻理解。

有的文本，我们可以借助文中的某种文化仪式或现象进行追根溯源；有的文本，我们可以引进与其内容一致的古代文本进行比较，如教学《女娲补天》《夸父追日》的现代文，可以引进《淮南子》《山海经》等古籍中的记载；还有的文本，我们可以从言语形式即从文学创作原理的角度进行追溯，比如诗歌教学便可追溯到《诗经》中的重章叠句、押韵、意象运用、叠音词运用等。

不管是从哪个角度切入，教师都要发挥智慧，将所学文本与中华民族的优秀传统文化对接。对于一些外国题材的文本，可将其放在相应的民族传统中进行观照，也可在中华文化中找到支撑，如就《钓鱼的启示》中的“抉择”一词，追溯到中华民族的“慎独”思想。通过这样的教学，使学生形成自觉的文化意识，并在中外文化的比较中形成既多元又不失主流价值观的独立思考。

6. 做一个有情趣有闲适心灵的人：让文学成为学生生活的常态存在

李白写《望天门山》，是对路过天门山时所见所感的一种记录，而且是按照他乘着船慢慢靠近天门山的这一过程进行的记录：“天门中断楚江开”是李白站在船头，远远地看见前面出现了两座山分立在长江两边；“碧水东流至此回”是李白渐渐靠近天门山时，看见长江水流淌至此遇到山体且江面突然变窄而使江水回旋更加汹涌的情景；“两岸青山相对出”是李白乘坐之船驶进了天门山区域，船往前行驶山便自然向反方向“出”的情景；“孤帆一片日边来”则可以理解为船只驶出天门山区域后看见一艘船从远处日边驶来，也可以理解为对上文的解释，即为什么能看到上述情景，原来是诗人乘着船只行驶在长江之上啊。所以，这首诗写的就是诗人李白一路行驶所见的情景。为什么李白看到这样的情景就能够写出这样的千古佳作呢？在我看来，因为其内心的情趣和一种闲适之心情。这样，一首离学生很远、学生无法企及的诗歌就变成了一种我们常见的生活情景，并将教学重心转变为探究“作者为什么能够写出、怎样按照其行进路程和心情写出”的问题，而这些，正是我们培养学生情趣和闲适心情的重要契机。李白的高妙之处在于面对平常情景的想象和巧妙的语言表达，将天门的客观存在想象成是因为长江水将其劈开，于是写出“天门中断”，又用“至此回”写出了长江水到此的回转和变得湍急，又用一个“出”字将船的行进和天门山迎面而来的动态感表现了出来，最后一句则巧妙地点出自己写下上述诗句的原因和地点。

其实，古人所写的很多诗作，都是用一种富有情趣的笔调和闲适的心态表现生活中的某一事、某一景、某一幕，举几首诗的题目，对照着一想便可知晓，如《一去二三里》《画》《赠刘景文》《山行》《回乡偶书》《赠汪伦》《小池》等。可见，语文教学中，当我们将关注点从一味地鉴赏转向这是作者当时所看见的一幕，因为有了情趣和闲适心情的原因，就用了富有想象力的、借助意象的或者看出内在深意的、用富有一定哲理的诗歌语言进行了表达，这样，诗人运用了哪些方法来表现“当时”的事情或场景就成了学习的重心。这不仅对学生学习古诗提供了方法指导，更能了解到唐宋时期写诗填词已成为一种风尚和潮流，就像今天我们热衷于微信记录、流行歌曲创作一样，只是其创作的格律要求、审美要求、意境要求更高。于是，学生主动捕捉生活场景、运用富有情趣具有闲适的心态学习诗歌创作就成了一种可能，而且借助诗歌的创作，其观照生活的审美意识和习惯就能够得到更好的培养。

散文创作也是一样，记录的也是作者看到的生活中的某一幕。这一幕对于任何人来说都是一种客观存在，那为什么作者能够写出换一个人则无动于衷呢？原因就在于那一份情趣和闲适。所以，让学生在阅读中理解文学作品产生的内在原因和动力，就能让文学还原为学生生活的一种存在常态，也就能帮助学生成长为一个有情趣、有闲适心灵、有诗和远方的人。

三、站在读者立场

著名特级教师蔡澄清在《阅读漫解》中表述道："阅读是什么——敏感，纤细，委婉，像一片彩蝶款款绕飞于红花绿叶之间；激情，奔放，热烈，像一川江流滔滔漫过生命的荒原；像闪电划开思想的雾阵；像春鸟叩动黎明的缱绻。神思得以飘举，梦幻开始轻飏，青春的大船在湛蓝的天宇下升起洁白的风帆，而天风徐徐，许多美丽的召唤涌激在遥远的天边；有中流击水的豪情，有于无声处的呐喊，有带血的箭镞，有升腾训道者理想的烈焰；也有海滨夏夜的清风，有香山红叶；还有长亭短亭浸泡在泪影里的柳丝，和柳丝绾起的千缕万缕的痴恋……阅读也就是生命之谜的破译、合解、通释，心灵风景的探胜、巡礼、博览。"以普通读者身份阅读文本，就能与文中人物同悲同喜，在他人生活中体验生活、丰富生活。

当我们以普通读者的身份面对文本，便会进入一种诗意的、没有压力的、极其放松的阅读状态：没有任何人打扰你、要求你，只有你的座椅，你的书台，窗外的暖阳或清风或细雨，以及一杯清茶或一段音乐，才是你心灵的伙伴，他们仿佛有思想有情感，伴着你的阅读而改变着存在的意义，或欢愉，或悲戚，或轻盈，或沉重。而不管如何，当你阅罢某一段或某一篇，你会感觉到一种洗礼，并伴随一种收获一种满足。你或依然坐着，凝神窗外，一切都显得特别柔和；或偶尔起身，顺手拿起一件待清洗的衣物，一切的生活仿佛都显得特别有意义。这就是阅读的妙处，在他人的生活中体验生活、丰富生活，并学会认真、认善、认美。

当然，教师站在普通读者立场阅读文本和绝对闲适的日常阅读还是有一定区别的，其区别在于教师应更自觉地把握阅读感受中能为教学提供服务的元素并作思考整理，真正形成自己独立、独到、系统、有深度的文本解读并带领学生走进美妙的语文世界，在这过程中，“捕捉感受→追究缘由→逻辑推进”应是很有成效的序列化策略。

1. 以体验式阅读为起点，捕捉刹那间的感受与体验

“体验式阅读”是本质意义上的阅读。所谓体验，是指在阅读瞬间在心灵上引起的各种感觉，它往往发生在阅读作品的第一时间。在这种状态下，读者会沉浸于文本中，用读者之心去触摸作者之心、用读者之情去感受作者之情，并因文本内容与读者某种直接或间接经历契合共鸣进而产生“豁然开朗”“怦然一动”“潸然泪下”“一阵热流”等反应，也会因阅历不同而产生认知和体验的冲突。阅读过程中，当我们产生了上述感觉，不妨就在产生感觉处作一记号，或许是一段话、一个句子、一个词语，甚或是一个标点，我们都要郑重对待，因为这是教师造就动人课堂的原点。

比如，一些教师执教《那片绿绿的爬山虎》时，会将教学目标定位为“知道叶老是怎样修改作者的作文的，从中体会叶老修改《一张画像》对作者的影响”“初步学习修改作文的方法，培养认真修改作文的习惯”“感受叶老对文一丝不苟、对人平易真诚的文品和人品”等，并据此到文中寻找支持该目标的相关内容，诸如修改符号的具体运用等。但是，如果没有任何参考资料在身边，要求教师在完全尊重自己感受的基础上作教学设计，那么教学目标与重心应该更能与文本相契合。以笔者为例，我每次阅读该文时，都始终被文中三处写爬山虎的语段所吸引，并在心里流淌过一种温暖、清新、舒适与感动。这三处细节分别是：

第一处：刚进里院，一墙绿葱葱的爬山虎扑入眼帘。夏日的燥热仿佛一下子减去了许多，阳光都变成绿色的，像温柔的小精灵一样在上面跳跃着，闪烁着迷离的光点。

第二处：落日的余晖染红窗棂，院里那一墙的爬山虎，绿得沉郁，如同一片浓浓的湖水，映在客厅的玻璃窗上，不停地摇曳着，显得虎虎有生气。

第三处：在我的眼前，那片爬山虎总是那么绿着。

这便是我阅读这个文本时的真实感受和体验。那么，我做好标记，为进入下一环节的理解做好准备。

2. 以诠释式阅读为重心，追究打动自己的内在缘由

为什么每次读到这三处，我的内心都会自然而然地流淌过一种温暖、清新、舒适与感动？循着这样的感受和体验引起的疑问，我们开始“诠释式阅读”，便会发现另一方解读天地。

诠释式阅读属于理性层面的阅读，是指用理性思考的形式对文本进行理解和分析，其对象更多的是语言所传递的信息，其工作往往是对这些对象进行分析、综合、分类或重组。诠释式阅读必须以“体验式阅读”过程中获得的“感受和体验”为基础和核心，自觉思考“此处”为什么让我产生怦然心动之感觉，将其缘由理清楚、道明白。虽然让人感动的地方大多是以细节感性的形式呈现的，但当作者用语言文字传递这一细节时，必然有一个情感叠加和推进的过程，缺少这一叠加推进过程，感人程度就会大大削弱。这一个个打动读者的段落、句子，甚至是一个语词一个标点，恰恰是整篇文章的重要连接点，它促使读者在读完全篇之后，能自然地以感性与理性交织的思考状态回顾叠加推进的整个过程，进而形成对文章谋篇布局、遣词造句等多方位的思考。同时，读者阅读过程中所受感动的程度，往往和他对这种叠加推进过程的感知和理解有重要关系，理解越深刻，感受和体会便会越真切。对于教师来说，拥有诠释式阅读的意识和能力极为重要，它将决定语文课堂的高度和效度。因此，作为语文教师，不仅需要重视在轻松阅读中获得的各种体验，并且需要静心思考形成这些体验的内在原因，使文本解读具有深度、广度和关联度。

为什么《那片绿绿的爬山虎》一文中那三处会如此打动我？我们不妨来作一诠释。

第一处：刚进里院，一墙绿葱葱的爬山虎扑入眼帘。夏日的燥热仿佛一下子减去了许多，阳光都变成绿色的，像温柔的小精灵一样在上面跳跃着，闪烁着迷离的光点。

细细品味每一句话，不难发现打动我们的原因：文中所用语词充满生机，“绿葱葱、扑入眼帘、跳跃、闪烁”等，都带给读者一种生命的活力；“阳光都变成绿色的”一句，写得很有新意，将夏日的阳光与爬山虎融为一体，借助对颜色变化的想象，化炎热为清凉，带给读者无限舒适之感；“像温柔的小精灵一样在上面跳跃着”，跳跃的“小精灵”不是调皮的，而是“温柔”的，这就形成了一定的反差，这一反差，让我们感受到了文字的张力；“闪烁着迷离的光点”真实地写出了夏日午后阳光的耀眼，但此处的阳光并非是沉寂不动的“一片”阳光，而是“闪烁”的“光点”，这一“闪烁的光点”应该是源自爬山虎叶子的轻轻摇晃，正如水光潋滟是因为有细微的波纹。而叶子的轻晃，使人联想到的是微风的吹拂，这不仅使整体画面充满灵动之感，而且同样带给读者无限舒适和清凉之感；读者眼前会呈现一幅画面，既有“一墙”爬山虎，又有“迷离的光点”；既有阳光的火热，又有爬山虎的葱绿；既温柔宁静，又充满动感。点面相辅，虚实相衬，色彩相合，动静相间，真正合乎“用文字作画”的文学语言的特点，给人以审美的享受。

第二处：落日的余晖染红窗棂，院里那一墙的爬山虎，绿得沉郁，如同一片浓浓的湖水，映在客厅的玻璃窗上，不停地摇曳着，显得虎虎有生气。

细品语句，同样可以理出感动我们的诸多原因。除了与第一处相同的色彩、动感、张力等之外，我们还可以看出与第一处的不同，即落日余晖下的爬山虎独有的特色，那便是“绿得沉郁”“如同一片浓浓的湖水”。如果说夏日下午因阳光的耀眼而使爬山虎出现“闪烁迷离的光点”，那么此时是因为落日余晖柔和的红光而使爬山虎显得“沉郁”，很真实。从另一层面看，“沉郁”一词还包含着作者因叶老与其深入的交流而产生的情感，即文中所述的“他亲切之中蕴含的认真，质朴之中包容的期待，把我小小的心融化了”之后的一种“深沉蕴藉”的感动。

第三处：在我的眼前，那片爬山虎总是那么绿着。

在文章的末尾，将下午耀眼阳光下闪烁迷离光点的爬山虎与落日余晖下“沉郁”“如同一片浓浓的湖水”的爬山虎的真实观察和文字描述转化为其内心一种永恒的印象，这一印象深刻而持久地影响作者，并从此开启了作者的文学创作之路，正如在作者原文中所说：“我好像知道了或者模模糊糊懂得了：作家就是这样做的，作家的作品就是这么写的。”因此，第三处结尾点题，揭示了作者创作的真实意图，并用如此富有诗意的意象得以呈现，意韵悠长，能产生余音绕梁的文学效果。

当我们经过对文本的诠释获得了上述打动“我”的原因，便会发现课堂中教师表述的话语更生动了。那么，这些源自局部和细节的品味，与全文立意、内涵、基调等是否一致呢？其对全文立意、内涵与基调表达的作用在哪里呢？这就需要教师们走进序列之三，将其放进整个文本再作整体和深入理解。

3. 以提升式阅读为目标，把握文本逻辑之推进

提升式阅读要求教师在捕捉上述感受和对感受的原因溯源的基础上跳出来，站在更高立场去看文本。文学作品真正促动读者的是什么？所谓“有感而发”“愤怒出诗人”，指的是在作者心中，首先会有一种情感涌动，当这种情感涌动达到一定强度，作者便会以文字形式诉诸笔端形成作品。当然，作者的这种情感与平常人的情感既相同又有超越，驱使他创作的动力“是一种非常深刻的感动，即感动于人生某一方面的本质真相”[①]。这种“感动”激励他去建立一个世界——即作品。因此，优秀作品体现了人类生存的状态，表达的是最广泛意义上的“生存情感”，这种“生存情感”具有历史与文化的穿透力。“高层次的阅读，绝非是仅仅探寻和领悟文章的思想主题、表层性地解释文章的结构，或是解析文章的结构，或是解析文章的技巧”[②]，而应该在作品阅读中感受到这种“生存情感”，并获得一种生存体验的自我观照和审美享受，这是阅读应有的态度。

透过感动我们的细节及其感动缘由的分析，我们进一步作提升式阅读，便可准确把握以下三方面内涵的逻辑推进，进而更好把握“文意”及文章所传递的“生存情感”。

一是对文章真实立意的把握。正如上文所说，一些教师因为将《那片绿绿的爬山虎》教学目标定位在学习如何修改作文上，因此课堂上会花很多时间和精力教学叶圣陶先生是怎么修改以及修改方法的指导上，这样的目标定位和教学处理显然是不符合文章立意的。当然，教师可以以该文为抓手讲解修改文章的相关知识，但这必须是在准确把握文意的基础上作的适当拓展而已。不难看出，该文可分为两大内容，一是叶老帮助小作者修改文章，二是叶老邀请小作者到他家做客。作者通过对这

---

① 王德峰. 艺术哲学［M］. 上海：复旦大学出版社，2005年：177.

② 曹明海. 理解与建构——语文阅读活动论［M］. 青岛：青岛海洋大学出版社，1998：15.

两件事情的叙述，表达了叶老的“关爱”对小时候的作者带来的重要影响，同时表达了自己对叶老的无限“敬爱”之情，这份长者对晚辈的“关爱”以及晚辈对长者的“敬爱”在作者的原文中都有明确表述，如，“我虽然未见叶老先生的面，却从他的批改中感受到了他的认真、平和以及温暖，如春风拂面”。“那时我才15岁，一个毛头小孩，居然能得到一位蜚声国内外文坛的大文学家的指点和鼓励，内心的激动可想而知，涨涌起的信心和幻想，像飞出的一只鸟儿抖着翅膀。那是只有那种年龄的孩子才会拥有的心思。”“他亲切之中蕴含的认真，质朴之中包容的期待，把我小小的心融化了。”“他对于一个孩子平等真诚又宽厚期待的谈话，让我15岁那个夏天富有生命的活力，仿佛那个夏天变长了。”[①]这些只是其中的部分，类似的文字在原文中占比很多，“意图一定会在遣词造句、谋篇布局中有所体现，只是有隐晦曲折与清楚明白的区别而已。”[②]在这篇文章中，“关爱”与“敬爱”之情清楚明白地洋溢在文章的字里行间，可见文章的真实立意。

二是文章两部分内容的逻辑推进。文中“修改文章”一事和“邀请做客”一事相互独立，同时前者又为后者做铺垫，是缘由的交代。文章从不同角度反复三次写到了爬山虎，文章题目也是“那片绿绿的爬山虎”，这样的处理使我们相信，文中的“爬山虎”看似淡然，但绝非闲笔，而是包含作者丰富的思绪与情感的。作者之所以在“刚进里院”时就对一墙爬山虎感兴趣并感觉“夏日的燥热仿佛一下子减少了许多”的舒适与清凉，在很大程度上是受叶老为其修改作文并因此树立了“我”写作的信心这一事件的延伸影响，也就是说，因为有了叶老对“我”修改作文一事，才有了“我”对这一墙爬山虎的感情，这份感情是对叶老感情的一种“迁移”。如果按照这样的理解，那么叶老为“我”修改作文

① 肖复兴. 肖复兴散文100篇［M］. 北京：新华出版社，2012：375.

② 王尚文. 教育如天，语文是地［M］. 上海：华东师范大学出版社，2016：39.

一事便成了“我”到叶老家做客一事的有机组成部分，作者之所以花很多笔墨写叶老修改作文的具体内容，不是为了说明作文应该如何修改，而是为了体现叶老的认真、细致、平和及对“我”的关爱，也因此体现了“我”对叶老的敬爱。有了这一情感铺垫，使夏日的阳光都变成“绿色”的、像“温柔”的小精灵一样在上面跳跃着等语言表达有了合理的情境，有了情感的支撑和依托。而随着交谈的“融洽”，小小的心的“融化”，叶老对“我”的影响的一步步加大，“我”对叶老的敬爱之情的一步步加深，爬山虎便更加“沉郁”“虎虎有生气”，而且“总是绿着”。

三是文中三次写爬山虎的逻辑推进。从“绿葱葱的、闪烁迷离光点”的爬山虎到“绿得沉郁”的爬山虎，再到“总是绿着”的爬山虎，这中间，不仅呈现了从下午到傍晚的细致观察和准确表述，更表现了作者从外在看到的到内心想到的那种一直激励着他的深刻感情。所以，文章是以充满诗意、充满生机的“爬山虎”意象作为载体，以表达叶老对“我”的关爱之情和“我”对叶老的敬爱之情，并使关爱与敬爱两种感情完全融合，成为文章的情感线索，这也是课文将题目拟为“那片绿绿的爬山虎”的内在深意。因此，把握住课题和文中反复三次出现的爬山虎，把握文章通过“绿绿的”“绿葱葱的”“绿得沉郁”“总是绿着”等充满诗意、反复出现的“绿”来贯穿情感的叙述逻辑，以及把握文章通过“爬山虎”这个意象、用散文的笔调来呈现事件的表达风格，应该成为我们教学选择的重心。

综上所述，教师需放下“教者”姿态，让自己恢复为普通读者，面对文本不再依赖各种外部资料，而是回归内心，尊重自己的阅读感受，在“捕捉刹那间的感受与体验→追究打动自己的内在缘由→把握文本逻辑之推进”的过程中实现体验式阅读、诠释式阅读、提升式阅读，在尊重自己的阅读体验和深刻理解的基础上确定教学内容，并以此为切入点，就文章立意、结构安排、语言运用等与学生作探讨，必能使学生也日益懂得尊重他们自身的阅读体验去理解文本，不断形成对语言文字独立、独到的判断和鉴赏，从而真正实现文本对其成长的指导意义。

四、站在学生立场

之所以要以学生立场观照文本，是因为几方面原因：第一，《语文课程标准》（实验稿）明确指出“阅读教学是学生、教师、文本之间对话的过程”，修订稿中也明确指出“阅读教学是学生、教师、教科书编者、文本之间对话的过程”，两者都把“学生”放在第一的位置上，可见其重要。第二，语文和数学、英语、科学等学科不同，其母语教育性质决定了这样一个事实：教师和学生具有更多认知和感受上的平等性，学生学习一篇文章的基础不是零，而是有丰富深厚的语言积累和思想情感积累的。很多文章，学生在教师没教之前就已拥有许多初始阅读体验，只有尊重这些初始阅读体验，以学定教，才能成就具有创造性的、和谐包容的语文课堂对话。第三，“对话”的目的在于使每个学生都能自由表达不同声音，让不同声音有存在空间，让课堂和而不同、多元并立、多样共存。而其中的“不同”“多元”“多样”正是来自学生的初始阅读体验。

1. 通过把握共性特点，猜度学生的“认知冲突”

以学生立场观照文本，就要求教师能站在学生的角度去感受学生可能拥有的认知、体会与质疑。有的教师可能会认为，每个学生都有自己的个性理解，所谓“一千个读者就有一千个哈姆雷特”，我怎么能够把握得准确全面？的确如此，但从另一个角度看，虽然一千个读者有一千个哈姆雷特，但总归就是哈姆雷特。也就是说，阅读有个性但也有共性。

学生阅读文章的心理状态其实和成人一样，他们也会用自己的心去感受作家的心，用自己的体会去认知作家和作品中人物的生活世界，与作家、作品进行心灵对话，让自己在阅读中融入思想情感，注入对生活的理解感悟。所以，我们可以联系学生生活、阅读过程中的关注点尤其是把握学生和文本之间可能存在的“认知冲突”作为深度解读文本的抓手。

老舍先生的《林海》一文写于新中国成立初，是老舍先生所写《内蒙风光》中的一篇。该文通过改编后选入教材，选入部分反复三次出现“亲切与舒服”。第一次是在第一自然段：

我总以为大兴安岭奇峰怪石高不可攀。这回有机会看到它，并且走进原始森林，脚踩在积得几尺厚的松针上，手摸到那些古木，才证实这个悦耳的名字是那样亲切与舒服。

第二、三次分别出现在第六、七自然段：

它的美丽与建设结为一体，美得并不空洞，叫人心中感到亲切、舒服。

及至看到林场，这种亲切之感更加深厚了。我们伐木取材，也造林护苗，一手砍，一手栽。我们不仅取宝，也做科学研究，使林海不但能够万古长青，而且可以综合利用。山林中已有不少的市镇，给兴安岭增添了新的景色，增添了愉快的劳动歌声。人与山的关系日益密切，怎能不使我们感到亲切、舒服呢?我不晓得当初为什么管它叫作兴安岭，由今天看来，它的确含有兴国安邦的意义。

因为是文章反复出现的关键词，所以也就成了很多教师教学的切入口和反复咏叹的对象。问题在于，学生真的理解老舍先生在文中表达的“亲切与舒服”的内涵吗？如若没有，这便是认知冲突。带着“学生感觉不到‘亲切与舒服’”这样的认知冲突，我们便能开辟一条引领学生理解与内化老舍先生使用“亲切与舒服”这一表达方式的妙处的新路径。

第一处“亲切与舒服”，作者写道“脚踩在积得几尺厚的松针上，手摸到那些古木，才证实这个悦耳的名字是那样亲切与舒服”。认知冲突一：此处的“亲切与舒服”对于学生来说有些突兀。所谓“亲切”，往往意味着对某一事物事先有一定了解，曾经听说过、知道或熟悉的，在这节选文章的一开头，没有任何交代，就冒出“亲切”，显得文笔不顺，这对于语言大师老舍来说，应该是不会出现的。认知冲突二：为什么“踩在积得几尺厚的松针上，手摸到那些古木”就会在老舍先生心里涌起“亲切与舒服”的感受？我曾在课堂上问了几个学生：“当你‘手摸到那些古木’，心里会是怎样的感受？”他们的回答是：感觉有些神秘、有些可怕；树皮剥落，感觉很苍老；觉得很了不起，能够生长得这么粗壮……但没有一个学生提到“亲切与舒服”。这样的回答很真实，别说学生，连教师或许都不能感觉到“亲切与舒服”吧？这就是一种冲突，作者与读者在时代、背景、价值取向上的冲突，这一冲突影响了读者的阅读理解，但也正因为这一冲突，使阅读成为一件很有意思的事情，成为读者与作者真正对话的过程。

如若我们能就这些冲突作一探究，就会有很多新发现。针对认知冲突一，我们去查原文，发现原文是这样写的：

这说的是大兴安岭。自幼就在地理课本上见到过这个山名，并且记住了它，或者是因为“大兴安岭”四个字的声音既响亮，又含有兴国安邦的意思吧。是的，这个悦耳的名字使我感到亲切、舒服。可是，那个“岭”字出了点岔子：我总以为它是奇峰怪石，高不可攀的。这回，有机会看到它，并且进到原始森林里边去，脚落在千年万年积累的几尺厚的松针上，手摸到那些古木，才真的证实了那种亲切与舒服并非空想。

这样一比对，就能感觉到老舍先生使用“亲切与舒服”一语非常顺畅和自然。

针对认知冲突二，我们可以去自觉探讨“唤起老舍先生亲切与舒服的感觉的真正原因是什么”这一问题，也就能够很自然地和后面所提及的两次“亲切与舒服”进行呼应，将老舍先生写这一文章的历史背景、老舍先生作为一个作家所自觉担负的历史使命结合进教学：新中国成立之初，国家正处于轰轰烈烈的建设之中，大兴安岭为国家建设提供了大量资源，我们可以“取宝”，可以“科学研究”，可以“综合利用”，所以作者说“及至看到了林场，这种亲切之感更加深厚了”“它的美丽与建设结为一体，美得并不空洞，叫人心中感到亲切、舒服”，这是“亲切与舒服”的最内在的动力。而作为一个艺术家，老舍先生自然会在这种深厚情感的铺垫下，去发现大兴安岭外在美的一面，对大兴安岭的方方面面进行美的描绘，才会有“青松作衫，白桦为裙，还穿着绣花鞋呀”的由衷赞叹，大兴安岭才会像一个美丽的小姑娘一样可人……因此，唯有把握住了“亲切与舒服”中的深意，才能真正理解文中写景时作者的思绪与情感，而不至于肤浅地将写景理解为仅仅是写景。

2. 通过整理预习资料，把握学生的感受、质疑与建议

非指示性预习是获得学生初始阅读体验的重要方法，它不仅可以促使学生在课前就拥有教师备课过程中获得的感受和资源，进而最大可能地实现语文课堂中师生在资料占有层面的对等，而且能通过把握学生的质疑和建议，准确把握学生的最近发展区，确定课堂对话核心主题。下面是某班学生预习《林海》后的部分初始阅读体验，从中可见学生立场的解读效果。

（1）学生阅读《林海》后的感受

①大兴安岭，有着自己的独特，处处都散发着柔和，抚育了一株株树苗，也装饰了自己。林海是一笔巨大的财富，深、浅、明、暗，你用心地点缀着，树与树之间，藏着水流，藏着花儿，与你表现出的温柔、细腻。

②虽然我没有去欣赏过林海的亲切，但每个字眼里都透露着林海的美。大至矿井、铁路，小至桌椅、椽柱，难道它们和林海没有关系吗？哦，可爱的林海。

③作者老舍，将大兴安岭的景色描写得栩栩如生，把自己当时的感受完全笔述出来了，使人看着看着，仿佛就已经真的到了大兴安岭，真

的看到了林海，触摸到了那参天的古木，与社会生活紧紧相连，息息相关。

④大兴安岭，给人一种美的享受。那儿的一花一草、一树一木都千姿百态，斗艳争奇，那么美，让人如痴如醉……大兴安岭，为人类做了许多贡献，桌椅、椽柱里包含了它对人类的无私贡献，怎么不令我们赞扬呢？

⑤林海，一个耐人寻味的名字，还不知道它里面蕴藏着多少神秘，让人感觉到它是如此可爱。又是绿苍茂密的林，又是白浪滔天的海，真是令人无限向往。

⑥大兴安岭，原本我以为是一片白色的，长年白雪皑皑，一点也不漂亮，更谈不上令人陶醉了。可是想不到大兴安岭还有另一面，它也是一片绿色的，并且它无私奉献着。

⑦大兴安岭这个地方我只在中国的地图上见到过，还看见过一个叫小兴安岭的地方，当时我觉得这两个词读起来非常别扭，也就没去注意它们了。可今天我读了《林海》这一篇课文后，不但不觉得大兴安岭这个名字别扭，还挺喜欢的，因为大兴安岭中最多的颜色就是我最爱的颜色；因为大兴安岭是一个天然“药材库”，是一个天然的“动物园”，而且大兴安岭景色宜人。大兴安岭有如此多的优点，我当然喜欢。

⑧大兴安岭不仅美，而且美得不空洞，宝撒满了整个兴安岭。大兴安岭的存在，不但可以综合利用它的“宝”，也给整个祖国画上了一道亮丽的风景线。

⑨这篇课文写得非常美，不管是森林，还是那么多的一条条岭都显得十分的美丽。而且大兴安岭的森林都是美得并不空洞，那么多绿色也都十分美丽。

⑩林海，这是树木的海洋，也是绿色的海洋。这美丽的地方，有山、水、树、草、花，已经远远超过世外桃源的标准了。而且，它为国

家做出了多大的贡献啊！房屋、家具、桌椅、椽柱，而我，却从未听说过，但从这篇课文中，找到了美丽的大兴安岭。

（2）学生阅读《林海》后的质疑与建议

①关于写作背景

老舍先生是什么时候去大兴安岭的？

②关于大兴安岭的“岭”

为什么大兴安岭的“岭”与秦岭的“岭”不同呢？这两个写法与读音完全一样的“岭”不同在何处呢？

只听说过人是温柔的，却未曾听说过岭也是温柔的。为什么第2自然段说“每条岭都是那么温柔”呢？

为什么在火车上看岭，看了几个钟头也看不完、看不厌？若是我，早就不想看了，作者为什么会有和我不同的感觉呢？

这大兴安岭怎么会越看越可爱？人长得可爱还差不多。

③关于大兴安岭的“绿”

大家都知道画家最擅长画画，而课文第3自然段写道：“绿得难以形容，恐怕只有画家才能够写下这么多的绿颜色来呢！”这里，为什么要用“写”而不是“画”？绿颜色怎么能写呢？难道老舍先生写不出来吗？

④关于大兴安岭的“浪”

文中说大兴安岭上有千般宝，这是夸张的写作手法吗？如果真的有千般宝，那到底是什么呢？

作者为什么第一夸落叶松，而不夸白桦或小花？

⑤关于大兴安岭的“花”

第5自然段中的“青松作衫，白桦为裙”都可以理解，可还穿着绣花鞋，这里的“绣花鞋”指的是什么？

为什么那儿的蝴蝶不怕人类，还很亲热地落在客人的身上？

作者是爱花的人，到这里我却叫不出花的名字来，这说明了什么？

作者写林海怎么写到了小花、小动物上了？

⑥关于“环保”

为什么会让市镇坐落在珍贵的林海之中？难道不会危害到环境、树木生长吗？

国家是如何保护这广阔的“海洋”的呢？

在最后一段中“我们伐木取材，也造林护树，一手砍，一手栽”。造林护树，一手砍，一手栽，这样还不是白费劲？

许多省份用的无数大兴安岭的木材，能让人们感受到它的利用价值，可怎么才能感受它的可爱呢？

⑦关于“亲切、舒服”

为什么“大兴安岭”这个悦耳的名字使作者感到亲切舒服呢？难道仅仅是因为它的美？仅仅是因为作者踩着几尺厚的松针、摸着参天的古木吗？

为什么文章一次又一次地提到“那样亲切与舒服”呢？

大兴安岭为什么会给人一种亲切、温柔的感觉？

⑧关于“内容安排与写法”

文中直接把林海描述完就可以了，为什么还要写大兴安岭的木材？

为什么写林场时要写人与山的关系？是人拉近了人与山的联系，还是什么？

写林海就写林海，为什么还要写建设方面的事？

作者在文中运用了许多比喻与拟人的手法，这样写有什么好处？

在文中常常看到反问句，请问，这些反问句除了加强语气还有什么作用？

⑨关于“美得并不空洞”

为什么说大兴安岭美得并不空洞？

美会空洞吗？大兴安岭的美丽又充实饱满在哪儿呢？

⑩关于“兴国安邦”

“兴国安邦”是什么意思？大兴安岭真的有兴国安邦的意义吗？“兴国安邦”一词赞颂了林海什么呢？

从哪可以看出大兴安岭有着“兴国安邦”的意义？

⑪关于“林海”

大兴安岭的林海，对于这个词，我和老舍都持有自己的看法，我认为是海，他认为是岭，那这林海究竟是什么？

文中作者将林海与什么事物相连？为什么要这样写？

既然写的是树木，为什么题目要写林海，和“海”有什么关系？

为什么课文的题目是“林海”而不是“大兴安岭的原始森林”？

文章反反复复地出现“绿”，还写了许多木材的用处，题目为什么不取为“大兴安岭的树”而取名为“林海”呢？

以上预习资料，至少为教师提供了以下信息：

第一，学生对文本的感受远远超过教师原有估计，他们能够借助自己的经验，把握作者想要表达的内涵。教师对学生初始阅读体验的整理，可避免教学的浪费现象。

第二，绝大多数学生会基于自己的认知，对文本的创作方法提出自己的困惑，比如题目的拟定、文中一些特殊的比喻等。这就促使教师自觉关注作者独特的描绘手法和语言艺术。

第三，学生对文章的整体情感和局部描写往往比较敏锐，但是对作者在体现整体思想情感过程中的逻辑线索和描写角度进行把握的意识不够。这涉及作者写作目的、框架安排、情感表达方法等层面内容，需教师进行自觉引导。

从上可见，基于学生立场解读文本，要善于捕捉学生的认知冲突，把握非指示性预习情况，并对其作深入分析，具体可包含以下分析内容和方法：

一是对学生提出的各种问题进行研究思考。如思考这些问题可能存在的几种分析思路和解决方式、学生提出问题的内在原因、问题可以成为怎样的教学资源等。

二是提炼出学生中最集中也最具研究价值的一两个关键问题，并对关键问题与其他问题之间的逻辑关系进行梳理。

三是将问题的研究与文本的表达内涵与表达形式进行联系思考，深入到“作者写了什么”“怎么写的”“为什么这么写”等内容的研究层面，突显语文的学科特色。

五、三境之融合

写过一些文字的人，往往会有这样的体验：某种特定的“情境”与之前的某种经历相契合或唤起了某种思绪，并因此形成了特定的“心境”，倘若不将此种心境加以表达，总感觉有些怅惘或不快，于是借助文字，将心境作一记录。在记录的过程中，用怎样的表达方式、怎样的语气语调、怎样的篇章结构、怎样的遣词造句，这又是需要费上一番心思的。因为这种表达方式、语气语调、篇章结构、遣词造句即这种“语境”，与别个时候是不一样的，它必须适合你此时此刻的心境，也必须适合此时此刻的情境。唯有“三境融合”，才能酣畅淋漓、一吐为快，感觉与此种“情境”与“心境”相称。

所以，“写”是作者所处的某种特定“情境”契合了其因人生感悟等而获得的某种特定“心境”，并通过“语境”的构筑得以表达的过程；“读”则是对写作“三境融合”过程的还原。因此，“读”与“写”具有相同的本源关系。有了这样的理解，作者及其创作意图就会成为我们关注的对象，我们会自觉地去了解作者的人生观价值观、人生经历、文章的写作背景、创作时的特定心态，会将作品与作者紧密联系在一起，站在人性的角度赋予作品以生命的力量，使文中的语言文字生动起来，使之富有理性的逻辑力量和符合逻辑演绎的情感力量，使教师和学生都能通过文本的阅读获得人生启迪。

因此，文本解读要形成从“写”的角度看待“读”的习惯和思维。只有懂得写，才能准确理解作者的创作意图，使文本解读更具丰富感和深刻感。

1. 自觉关注激发作者创作的情境

对于一个特定的人来说，其心境基调往往相对稳定，一旦形成，便具有比较强大和持久的力量，作者的心境也是如此。但不同的心境会导致关注事物的敏锐性和侧重点不同。因此，相同的情境，大到整个文化背景，小到某一具体事物，不同作者对其反应是不同的。关注情境和作者心境的契合点在文本解读中显得尤其重要。

如《林海》一文，要理解为什么文中反复三次出现“亲切与舒服”，就必须将老舍先生写这文章的历史背景（情境）和其作为一个作家所自觉担负的历史使命（心境）结合在一起思考，明确新中国成立之初，国家正处于轰轰烈烈的建设之中，大兴安岭为国家的建设提供了大量的资源，而老舍先生便是在使命感和对新中国的深厚情感中发现了大兴安岭的外在之美和内在之美并写成了这篇文章。因此，唯有把握了“亲切与舒服”所体现的深意，才能真正理解文中写景时作者的思绪与情感。

2. 自觉关注作者创作时的心境

心境是决定如何创作的最主要因素。不同政治、文化、氛围的朝代气息，不同的性格和经历，都会影响作者的心境……我们完全可以说，最终决定作品内涵及表现风格的，便是作者的心境，而文本反映的也正是作者的心境，文本中所涉及的内容和状态都是作者心境在他人他物上的投射，文本所运用的语词或句子，总是凝结着作者的心境，这是我们在文本解读过程中不可忽视和违背的。鲁迅先生的《社戏》一文开头记述了“我”成年后在北京看戏的两次经历，其中写道：“……忽而使我省悟到在这里不适于生存了。我同时便机械地拧转身子，用力往外只一挤，觉得背后便已满满的，大约那弹性的胖绅士早在我的空处胖开了他的右半身了。我后无回路，自然挤而又挤，终于出了大门。”这一段中，“胖开”一词运用极为生动，鲁迅先生将这一形容词活用为动词，呈现了胖绅士胖开身子之动势，令人联想到先前他被压缩时的种种不堪以及此时剧场令人窒息之情状，投射出的是鲁迅先生难以抑制的厌恶心境，这与后文所写少年时看社戏之自由率真、淳朴健康形成鲜明对照，深刻地表达出作者所向往的理想社会。所以，这一“胖开”是“占据”等词无法替换的，不仅形象生动，还颇具辛辣之味，可谓一语多关、意蕴无穷。

3. 自觉关注文本特有的语境

“情境”是作者所写对象的具体情状与氛围等，“心境”是作者面对如此之情境而产生的感受与体会，“语境”则是作者将情境与心境进行语言表达的方式与方法。“三境”关系的贯穿与厘清，正是将文本解读由“内容”深入“内涵”、由“怎么写”转向“为什么这么写”，把作者的写作意图与写作方式通过对文本的诠释进行有效结合。因此，对“语境”的把握既是文本学习的入口（读者通过一个个语言单位的阅读进入文本），又是文本学习的出口（理解揣摩选择这样的语言表达的深意）。

在《乡下人家》一文中，作者写道：“青、红的瓜，碧绿的藤和叶，构成了一道别有风趣的装饰，比那高楼门前蹲着一对石狮子或是竖着两根大旗杆，可爱多了。”作者为什么选择“高楼门前蹲着一对石狮子或是竖着两根大旗杆”作为与植物进行比较的对象？作者为什么又用“可爱”一词表达自己的感受？当我们对这些问题进行深入思考，就会自觉地联想到石狮子和大旗杆经常会出现的场所，比如古建筑、行政大楼前，它们往往象征着尊贵、威严、权力等，一看到它们，人们会油然产生距离感并立刻庄严肃穆起来，它们呈现给人的是一种“外加的力量感”。而乡下人家屋前的各种植物，却依循自身生长的喜好，该开花开花，该攀爬攀爬，该结果结果，一切顺其自然，与房屋相融合，与乡下人家的生活相映衬，所以，作者自然地选用了“可爱”一词。因为适合“乡下人家”之情境、“可爱多了”之心境，因此有了浓墨描写瓜果植物的颜色、动作并采用与城市文明相比对的“语境”，这样的三境融合，折射出的是作者对乡下人家生活的怀念与向往。

因此，文本解读是从语境入手，把握文本表现的特定情境并因此揣摩作者或文中人物的心境，又在深入与丰富理解的基础上对语境（语言文字运用）作更好把握的过程。明确这点，文本解读的意义和目标就非常明确了。

六、三言之互释

在还原“三境融合”的文本解读过程中，关注“言语内涵、言语形式、言语意图”的相互支持与补充成为极为重要的阅读逻辑。

一般来说，“情境”对应“言语内涵”（文本所表达的景物情思），“语境”对应“言语形式”（文本借以表达景物情思的语言方式），“心境”对应“言语意图”（作者之所以这样表达的心理支撑和内在原因）。诠释文本意图，必须有意识关注“言语内涵、言语形式、言语意图”的相互支持与补充。

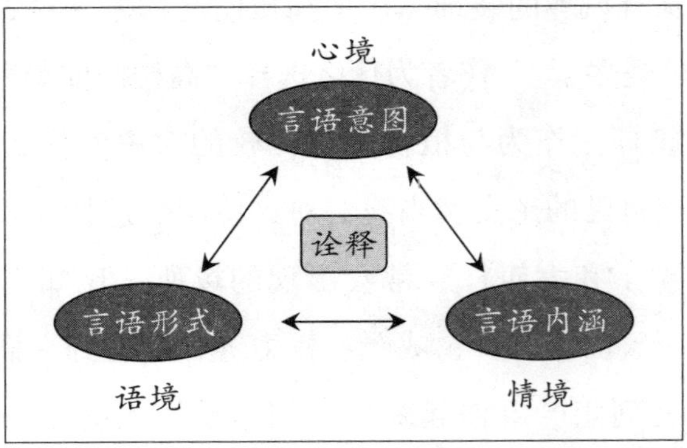

图4-2　言语内涵、言语形式、言语意图的相互诠释

阅读中读者最先感觉到的是字、词、句等言语形式，最易获得的是文本表达的景物情思，即言语内涵，连接言语形式和言语内涵的则是言语意图，只有在这三方面进行多次的链接思考，才能真正实现对文本更为丰富和深刻的意图的诠释，揣摩作者的写作状态，以及文中折射出的对于社会、文化、人生的思考与体验。下面围绕“三言互释”，以《触摸春天》一文为例作进一步阐述。

《触摸春天》“三言互释”文本解读之过程：

①初读《触摸春天》，会感受到一种阳光宁静的氛围，全文充满温暖的基调，感受到盲女孩安静热爱春天、热爱生命的品质。从“流连、穿梭、流畅、极其准确”等语词中了解到去小区绿地上活动是小女孩的日常生活，对课文结尾“谁都有生活的权利，谁都可以创造一个属于自己的缤纷世界”一语形成“安静虽然眼睛看不见，但依然对生活充满热情，依然可以生活得很精彩很快乐”的理解。

②再读课文，读者不禁对文中“睁着眼睛的蝴蝶被这个盲女孩神奇的灵性抓住了”产生了兴趣，很多小学生不停追问“神奇的灵性究竟是什么？”便是一个很好证明。的确，这“神奇的灵性”很难解释，那么作者为什么还要这么写？他的意图在哪里？

③这时候，我们关注到文中除了安静，还有悄无声息的作者“我”的存在。“早晨，我在绿地里面的小径上做操”“我几乎要喊出声来了”“我静静地站在一旁，看着安静”“我仿佛看见了她多姿多彩的内心世界，一瞬间，我深深地感动着”“我没有惊动安静”“在这个清香袅袅的早晨，安静告诉我这样的道理”——作者面对“拢住蝴蝶”这一场景的表现有些特别，大多数人的表现是会称赞安静、鼓励安静，而作者没有这样做，为什么？他是否想表达什么？

④这样的疑惑让我们将注意力再次放在结尾“谁都有……世界”一句，我们将关注点从之前的“生活的权利、属于自己的缤纷世界”扩及

了该句的其他语词，比如两个“谁”的运用，这和作者不惊动安静之间是否有某种关联？发现作者想强调的不仅仅是我们初读时所理解到的表层内涵，而有了更深刻的意义，那就是对所有生命的平等尊重，以及这一认识基础上对安静“拢住蝴蝶”这一不平常行为的平常对待。

⑤依循这一理解，我们再读课文，去把握作者以对生命平等尊重的认识看待安静行为的用语、用句，如拢住蝴蝶前“安静的手指悄然合拢，竟然拢住了那只蝴蝶，真是一个奇迹！”；拢住蝴蝶时“蝴蝶在她的手指间扑腾，安静的脸上充满了惊讶。这是一次全新的经历，安静的心灵来到了一个她完全没有体验过的地方”“在春天的深处，安静细细地感受着春光”；放掉蝴蝶后“安静仰起头来张望。此刻安静的心上，一定划过一条美丽的弧线，蝴蝶在她八岁的人生划过一道极其优美的曲线，诉说着飞翔的概念”。我们发现，“拢住蝴蝶”成为安静人生中一件极其重要的事件，那么这个重要事件的意义在哪里？

⑥依循这样的追问，我们发现事件的关键在于“扑腾”一词，是蝴蝶在安静手指间的“扑腾”促成了安静的“惊讶”“全新的经历”“完全没有体验过的地方”“细细感受春光”“仰起头来张望”。“扑腾”一词实在重要，其重要在于它打通了安静的内心与外在世界的通道，由原先感受静态世界变为感受动态世界、生命世界，好像一道光，让她眼前的黑暗消失了。正如海伦·凯勒，在她最无助的时候，她的家庭教师安妮·莎莉文将她带到水龙头前，一边在她手心书写“water（水）”，一边让水流从她手心流过，从此，她一直被黑暗蒙蔽的世界打开了通道，她知道原来每一个她认为毫无生气的单词都与这世界的某一种存在物相对应，是有意义有生命的，于是之后的她开始变得温和而充满力量。安静的故事，不就是海伦·凯勒故事的翻版吗？

⑦到此为止，我们对课文内涵的把握更加丰富了，对“神奇的灵性”也有了更多理解：任何人，只要她的内心与外部世界建立了生命的

联系，就一定具有灵性，并创造属于自己的缤纷世界。

在上述诠释过程中，①呈现的是第一次阅读语言文字所获得的初步的、比较容易感知的言语内涵，即“热爱生活”；②③④则由学生感兴趣的问题入手，关注文中写“我”的行为的语言，提炼出“平等尊重”的言语意图；⑤⑥⑦则通过文中“拢住蝴蝶”这一事件（言语内涵），品味有关安静诸多表现的语言，理解蝴蝶“扑腾”对于安静的重要意义，提炼更深层次的言语意图，即唯有打开内心，才能真正创造缤纷世界。从“热爱生活”到“平等尊重”，再到“创造缤纷”，这是在言语内涵、言语形式、言语意图的循环领会、多轮品味、彼此支持中获得的。作者之所以能看到并写下安静的故事，之所以能捕捉到并传递出这多方面的言语内涵和言语意图，必然是眼前这一特定“情境”唤醒了他平等尊重地对待生命、一样热爱生活（从“早晨，我在绿地里面的小径上做操”便可看出）、对创造缤纷世界充满热情的“心境”，于是采用与情境、心境相吻合的诗一般美好的语言（“语境”）表达了出来。

言语内涵指向“写了什么”，言语形式指向“怎么写”，言语意图指向“为什么这么写”。其中言语内涵是处于最浅层、大家最容易看到也是语文课堂中最不会丢失的，但一些教师往往会在学生最容易理解的言语内涵上花大量时间进行教学，而且还习惯于将其道德化、说教化、标签化、空洞化，其原因在于教师忽视了言语形式和言语意图。语文课堂只要存在言语形式和言语意图缺失的现象，语文课程的价值便无法实现。缺失言语意图，便使语文缺失了表达生活和真实情感思想的价值；缺失言语形式，便使语文缺失了恰当运用语言文字表达情感思想的价值。因此，在文本解读过程中，必须关注“三言互释”。

七、遣词造句

《桃花心木》一文中，在“种树人的一番话，使我非常感动”一句后面紧跟着写道："不只是树，人也是一样，在不确定中生活的人，能比较经得起生活的考验，会锻炼出一颗独立自主的心。在不确定中，就能学会把很少的养分转化为巨大的能量，努力生长。"初读该语段，很自然地认为文章是写"在不确定中生活的人会锻炼出一颗独立自主的心"这一主题。再读该语段，却有了更为丰富的感悟。当时的推理过程是这样的：从文字表层看，作者是在写"在不确定中生活的人会锻炼出一颗独立自主的心"，但如果仅仅停留在这层写作内涵与意图上，作者为什么要花那么多笔墨写询问种树人之前的种种心理活动，而且是要在"我越来越感到奇怪""起先以为他太懒""后来我以为他太忙"后"忍不住问他"，而不直接揭示种树人这样做的目的？除了文学创作自身的艺术要求外，是否还有其他因素？带着这个问题，我反复阅读文章，就在某一刹那，我看到了"种树人的一番话，使我非常感动"中"感动"一词。而当我捕捉到这个词并理解到其运用所达到的更为丰富的表达效果和内在深意后，我的内心充满了激动。我的理解如下：

①一般情况下，人们心中想着什么，他就容易注意到什么，也就是说如果作者林清玄心里只关注到桃花心木的"在不确定中生活"这层意义，而这层意义是在积累了那么多困惑之后才得知的，而且又是如此的出乎其意料，那么此处最合适的用词应该是"感慨"或者与上文疑惑有呼应的"豁然开朗"等，用"感动"一词表达"不确定中生活锻炼出独立自主的心"之意，似乎不是很妥帖。

②但这种不妥帖之感是当我理解到上述内涵时才有的，在没有领悟到上述内涵时，我对"感动"一词用在此处并未觉得奇怪，为什么会这样？原因只有一个，那就是"感动"一词与上文的连接是顺畅的，而作者的困惑并非基于桃花心木本身，更多的是基于对种树人行为的疑惑，所以使其感动的因素应更多指向种树人对自己如此浇水原因解释后，作者对种树人的重新理解，而非仅仅是下文所写的"不确定中生活"一意。

③既然如此，那么种树人令其感动的原因是什么呢？在我看来，至少有五点：第一，种树人深深懂得桃花心木的成长规律，以及因此而形成的从从容容做事的风格。第二，从种树人所揭示的这一规律及其行为中可以看出其用心之良苦，比如我们很容易联想到母亲对孩子那种深沉及长远的考虑。第三，种树人明明并非是懒，其行为却很容易被误会为懒，但他从来不作主动解释，若不是作者问，这样的误会可能会一直持续。生活中，面对误会，很多人会选择迫不及待地进行解释，但文中种树人不同，他怀着“不患人之不己知，患不知人也”的从容心态工作着。第四，更重要的是，这个种树人是种桃花心木的树苗，当树苗长到一定高度是会出售给其他人的，一般来说有规律浇水能提高树苗阶段桃花心木的成活率，对他来说收益会更高，但他考虑的并非是自己的收益，而是桃花心木未来的长势，是买家的利益，所以他是凭着一颗良心在劳作，这种极其纯粹的工作姿态超越了世俗而让人感动。第五，是我们可以从文章学习和上述理解中感悟出的诸多生活哲理，比如“懂得规律遵循规律”“不确定中独立自主”“面对误会依然从容”“凭着良心纯粹做人”“物我无别平常对待”等。可见，当我们关注到了“感动”这个关键词，便能将文章的言语内涵和言语意图理清并能顺畅表达，也能对文章所运用的各种言语形式，比如欲扬先抑的结构安排、以心理变化贯穿始终、种树人为什么“语重心长”地说、文章开头所写“桃花心木是一种特别的树，树形优美，高大而笔直”和结尾所写“窗前的桃花心木苗已经长得与屋顶一般高，是那么优雅自在，显示出勃勃生机”的彼此照应和内涵升华等，拥有清晰的把握，真正做到以关键词辨析带动全文品析，实现主题明晰、逻辑清晰、思维有深度广度、言语内涵言语意图与言语形式彼此佐证，为学生提供真正有意义的生活指导的高效课堂。

上面是以《桃花心木》为例所作的思考。事实上，在每篇文章中，都有这么一个或几个关键词句，它们串起了文章的全部内涵与深意。如美国著名建筑师詹姆斯·勒菲斯特所写《钓鱼的启示》一文中“抉择”的运用，其与“选择”的不同，才导致了“我”和父亲内心的矛盾冲突之大和选择之艰难，也才会对“我”之后的生活带来如此深远的影响。文中用“抉择”而非“选择”一词来表达自己面临美丽的鲈鱼时内心的激烈斗争，是很贴切的。因为文中所涉及的事件具有情境的特殊性，“抉择”一词能更为准确地体现出对“慎独”这一思想的坚持与践行，其语意程度非“选择”所能表达。

当然，一篇文章中，关键的词句可能不止一个，但这些词语身处一篇文章中，其内在定然有着某种关联，不管是选择一个词语或几个词语，教师都应该引导学生为其作有深度、有广度、有关联度的辨析和思考。如《自己的花是让别人看的》中的“莞尔一笑”与“微微一笑”的区别、“人人为我，我为人人”与“我为人人，人人为我”的区别、“奇丽”与“奇特”的区别以及这些语词之间的联系；《窃读记》中课文末句“记住，你们是吃饭长大的，也是读书长大的”与原文末句“记住，你是吃饭长大，也是读书长大的，更是在爱里长大的！”的区别；《走遍天下书为侣》中为何用“侣”而不用“伴”的原因探究，等等。

综上，教师在根据遣词造句规律进行文本解读时要做到以下几点：第一，教师要用敏锐的语感尽力捕捉到自己认为的文章关键词句；第二，围绕这个关键词句，要有将其与全文进行链接思考的意识；第三，基于这个词句开展的对全文的品析，需要围绕“言语内涵、言语形式、言语意图”等多个维度；第四，要将获得的多维思考按照一定的逻辑思路进行梳理排序，使其更为明晰；第五，要运用这个词句进行语用训练，让学生通过创设一定情境进行恰当运用，来强化用词用句应该选择“最合适的那一个”的意识和能力。

八、选材组材

一位小学教师向我请教如何就部编版小学语文一年级《咕咚》一课进行分角色朗读。为其作指导并示范朗读后，我建议她在每个角色登场的时候都不妨问小朋友一个问题。比如：

开头时问："为什么一开始是小兔子上场？换成小猴子行不行？为什么？"

小猴子出场前问："为什么第二个出场的是小猴子？小猴子不要出场了，直接一群动物听见了，跟着跑起来，行不行？为什么？"

一群动物出场前问："为什么要写一群动物出场？它们不用出场了，直接大象出场，行不行？为什么？"

大象出场前问："为什么要大象先出场呢？野牛出场不是能更快地找出原因吗？"

野牛出场前问："为什么最后要安排野牛出场？先野牛后大象行不行？为什么？"

上述问题的设计，是为了让学生明白童话中的角色出场安排，是充分根据动物特点设计的，而不是想到什么就写什么。

为什么小兔子第一个出场？因为它胆子小，听到"咕咚"一声就吓坏了，换成小猴子，定然是要前去探究一番的，若如此，这个故事就不是这样发展的了。为什么第二个是小猴子而不是一群动物直接出场？一是因为大家都知道小兔胆小，它的话语不会引起大家的重视和恐慌；二是因为小兔是在地面草丛中跑来跑去的，传播消息的速度很有限，不可能在很短的时间里把消息传得大家都知道；三是因为小兔子的声音细细的、嫩嫩的，不可能传得很远。但小猴不一样，它特别聪明，大家愿意相信；而且它的嗓门大，又在树上跳来跳去，传播消息的速度很快，所以它第二个出现，才能引出一群动物出现。为什么要先出现一群动物，然后再出现大象呢？因为大象是大型动物，有足够的力量对付威胁，所以单单小猴说“咕咚来了”，不会给它带来恐慌感，只有大家都这么说，才使大象产生了紧张感而出场。那么大象与野牛可否调换顺序呢？不行，因为虽然它俩都是大型动物，但性格不同，大象温顺，野牛则好斗，换了就不符合故事的逻辑了。那么把大象省去，直接野牛上场行不行？也不行，那样就失去了故事的曲折性和高潮出现的自然铺垫。

从上述分析可以看出，作者在创作一个文本的时候，总会围绕他想表达的主旨立意进行材料的选择和组织。可以说，这是能否体现文本宗旨的关键所在。这个童话，就是借助各个动物的性格特点进行编写的，先后顺序的安排、过程的曲折和高潮的出现均合乎逻辑进程。可见，进行合乎立意与逻辑的选材与组材，是文本创作的基本要求，当然也应该是语文阅读教学必须重视的一个重要方面。

在《临死前的严监生》中，当严监生伸出两个指头时，为什么大家的猜测顺序是：“莫不是还有两个亲人不曾见面？”“莫不是还有两笔银子在那里，不曾吩咐明白？”“老爷想是因两位舅爷不在跟前，故此记念。”最后才是“你是为那灯盏里点的是两茎灯草，不放心，恐费了油”。而面对这些猜测，为什么严监生的表现分别是“就把头摇了两三摇”“把两眼睁得滴溜圆，把头又狠狠摇了几摇，越发指得紧了”“把眼闭着摇头，那手只是指着不动”，最后才是“点一点头，把手垂下，登时就没了气”？

如果将这组材料的选择和组织放入中国文化的背景中进行理解，那其内在原因就非常清楚了。中国文化中，人在去世前，最在意的是亲人有没有全部到场，所以第一次猜测自然是“亲人不曾见面”，而严监生的表现是“就把头摇了两三摇”，应该说他的表现还比较平静，没有什么特别的情绪；不是亲人的原因，那么大家根据严监生的性格特点自然想到了“还有两笔银子在那里不曾吩咐明白”，而严监生听后的表现是“把两眼睁得滴溜圆，把头又狠狠摇了几摇，越发指得紧了”，严监生此时的表现明显比第一次要激动得多，似乎要争辩什么，只是苦于表达不出，我们猜测一下严监生这时候在想什么，仅仅是因为没猜到他的心思而激动吗？应该不是，他的潜台词或许应该是“你们怎么这么不理解我，像我这样节俭之人，怎么可能让两笔银子落在外面不交代清楚”。这两次答话的分别是大侄子和二侄子，大侄子是常态之问，常态之问被否定后，二侄子结合严监生特点作了非常态之问。第三次为什么又从对物的猜测转向“两位舅爷不在跟前”的猜测呢？这是中国传统文化中“舅爷为大”观念的体现，所以回到“舅爷”的猜测极其符合中国文化的特点。我们可以想象，当前面两次回答都被否定后，在场的人们肯定都在绞尽脑汁地搜索究竟是什么事情还没有放下，是在其他原因都无法得出的情况下不得已想到了舅爷，而且这次提问的是奶妈，这应是上了年纪的、特别熟悉舅爷文化的人物，所以由她提问特别合适。而此时严监生的表现是“把眼闭着摇头，那手只是指着不动”，这一“闭着摇头”，大有“对你们的不理解我，我简直是灰心透了，无奈极了”的深意。前面这三次猜测，为第四次只为多点一茎灯草而始终不能放下的场景作了铺垫。最后这次提问是由赵氏发出的，这是个和严监生生活在一起的人，非常熟悉严监生的日常起居，从这一问和严监生的表现中，我们自然可以想象出严监生吝啬的一面，使读者在“唉——原来如此！”“唉——真是吝啬鬼啊！”的感叹中，体味到作者在刻画这一人物过程中达到的那种诙谐讽刺的艺术效果。所以，在这篇文章中，各人物出场顺序的安排和问话以及严监生的表现，都是符合情境与人物特点的。

这就是作者在文本中特别注重的材料选择和组织的规律所在。如果说，材料的选择关注的是主旨立意从哪些方面表达，那么材料的组织关注的就是如何使表达更加合情合理、更具逻辑力量。材料组织得好，则前后材料之间会充分发挥相互印证、相互补充的功能，也就是说，好的组织会放大材料本身的价值。相反，同样的材料，若组织不当，则其作用也会削弱，而且理不清道不明。

每一个优秀作家写作都会关注选材组材问题，所以，每篇文章的阅读教学也都需关注这个问题，教师需要在阅读教学中形成这样的意识，积极关注并引领学生理清文本所选材料和逻辑脉络，以此充分领略文学的魅力。

九、谋篇布局

所谓谋篇布局，就是按照文章主旨的需要，把选好的写作材料进行组织、安排、加工、裁剪，使之条理化、系统化、科学化，并成为一篇文章的过程。探讨文章的谋篇布局，就是将文本的逻辑进行梳理，即理清作者为了达到主旨立意所采用的各种撰文之组织方法，包括文本的框架结构、背景创设、事物关系、线索布置、情节转折、语言特色等。

从阅读理解的角度看，要将对文本的局部体会与谋篇布局相结合，才能达到更好的解读效果。因为读者在一个字一个字的阅读进程中，往往会超越一个又一个的局部而实现对文章内容内涵把握的不断叠加与丰厚，最终以完整的印象留存于大脑中。

课文《桥》塑造了一位老共产党员的形象，他在洪水中以自己的威信和沉稳有序的指挥，帮助村民们脱离了洪水的围困，最后献出了自己和儿子的生命。文本主旨是为了表现他的无私无畏和英勇献身的精神。那么，为了达成这一主旨，作者采用了怎样的谋篇布局呢？我们不妨作一番从大到小有层次的分析：

从全文框架结构看。作者采用了出人意料又在情理之中的欧·亨利笔法，文本最后“一个老太太，被人搀扶着，来这里祭奠。她来祭奠两个人。她丈夫和她儿子”的结局虽然在意料之外，却在前面有了一些铺垫，如“老汉凶得像只豹子”“小伙子瞪了老汉一眼，站到了后面”“小伙子推了老汉一把，说：‘你先走。’”“老汉吼道：‘少废话，快走。’他用力把小伙子推上木桥”。读者初读这些文字时或许还没有特别的感觉，只觉得这个小伙子只是平常村民中的一员，但当我们读完全文，才忽然醒悟两者之间特殊的关系，此时回头再读这些极为简短的表现对话和神情的文字，才品出其中的特殊意味。而文末一个老太太“被人搀扶着”这一细节，更可看出人们内心对这位老党员的无限敬意。

从背景创设看。作者将这个故事的背景设置为一个山洪咆哮的黎明，表现出了毫无准备的人们内心的慌乱，所以文中所写“是谁惊慌地喊了一嗓子，一百多号人你拥我挤地往南跑。近一米高的洪水已经在路面上跳舞了。人们又疯了似的折回来”“人们跌跌撞撞地向那木桥拥去”“人们停住脚，望着老汉”等语言中村民们的表现极其真实。而在此过程中，对山洪的描写更是加剧了这种慌乱的情形，也更突出了老汉的无畏与冷静。

从人物关系看。作者在文本中体现的关系主要有“洪水和村民”“洪水和木桥”“洪水和老汉”“老汉和村民”“老汉和小伙子”等，而洪水的咆哮、村民的慌乱、老汉的镇定则是贯穿始终且交替出现的。文章采用蒙太奇的手法，将事件分成了五组画面：一是“山洪的咆哮”和“村民的惊慌”；二是“洪水的狞笑”和“村民向木桥拥去”；三是“没腿深的水”和“依次从老汉身边奔上木桥”；四是“水放肆地舔着人们的腰”和“从队伍里揪出一个小伙子”；五是“水爬上了老汉的胸膛”和“小伙子和老汉被洪水吞没”。这五组画面，让山洪和村民交替出现，不仅显示了洪水的迅猛、情况的紧急，更突出了紧急情况下老汉的镇定沉稳。

从线索布置看。这篇文章在五组人、事、物的关系呈现过程中，始终将“洪水的凶猛”“人们的情形”“木桥的变化”作为连接事情变化的线索，也就是说，这个短小的文本，其线索是以组块的形式出现的：第一组是“山洪的咆哮”“村民的惊慌”“窄窄的木桥”；第二组是“洪水的狞笑”“跌跌撞撞的村民”“向木桥拥去”；第三组是“没腿深的水”“依次从老汉身边”“奔上木桥”；第四组是“水放肆地舔着人们的腰”“从队伍中揪出一个小伙子”“木桥开始发抖，开始痛苦地呻吟”；第五组是“水爬上了老汉的胸膛”“小伙子和老汉被洪水吞没”“那木桥轰的一声塌了”。这种组块的、反复的呈现形式，使文中所呈现的情形更加紧张。因此在整个阅读过程中，读者的心始终为村民、木桥担心祈祷，希望他们都能挺住。这一阅读心理的产生，正是文中人、事、物之间的蒙太奇的写作手法所产生的效果。

从情节转折看。本文所表现的情势虽然特别紧张，但其中也有情节的转折：一是老汉的出现，让村民们从慌乱混乱变为安静有序，让人们看到了希望；二是当所有村民都逃过了灾难而老汉和小伙子被洪水冲走之后的那句“一片白茫茫的世界”，写出了经过巨大咆哮后大地回复平静时人们心理的巨大落差以及无比沉重的心情；三是洪水退了之后老太太的祭奠，让人读出了无限感动和感慨。这三处，都缓解了极为紧张的状态，但对读者的震撼力量却更为强烈。对这三处的品味，更让人体会到了“老汉清瘦的脸上淌着雨水。他不说话，盯着乱哄哄的人们。他像一座山”这一肖像描写所具有的深意。

从语言特色看。为了呈现紧急的场面，文本语言采用了段落多以切换画面、短句多以呈现紧急、紧急处有转折、转折中更震撼的语言组织方式。一篇只有600余字的小小说，却以27个自然段的形式进行了段落处理，足以看出画面转换之迅速、洪水来时之紧急；而从段中类似“像泼。像倒”“东面、西面没有路。只有北面有座窄窄的木桥”“突然，那木桥轰的一声塌了。小伙子被洪水吞没了”等从语法角度看本可以用逗号连接的地方却用了句号，也足以看出文本画面转换之谋篇布局构思。

我们再拓展开去看短篇小说《麦琪的礼物》的谋篇布局。这篇小说吸引我们的是两位主人公真挚的爱情、小说明暗线并行的结构方式、意料之外又情理之中的结局，还有作者巧妙采用的融合第三人称全知视角、叙述空白和视角变换来暗设伏笔的叙述风格。作者以一个旁观者的身份站在主人公的身边，默默地看着德拉在抽噎、忧郁，在下决心，在欢欣、打扮，在等待自己心爱的丈夫并送上自己用全部的爱准备的精美的表链，而其中，那面“从观察自己在一连串的纵条影像中，可能会对自己的容貌得到一个大致精确的概念”的壁镜，那“灰蒙蒙的后院里”的“正行走在灰白色的篱笆上”的“一只灰白色的猫”，那楼下的“从来没有装过信”的信箱，那“从没有人的手指按响过电铃”的电钮，那“微波起伏，闪耀光芒，有如那褐色的瀑布”般的美发……都融入了小说整体并感动读者，使小说结局既在情理之中又在意料之外，正是这种“欧·亨利笔法”使小说在诙谐轻松中完美地呈现了一个细腻的、高贵的、严肃的爱情故事。

框架结构、背景创设、事物关系、线索布置、情节转折、语言特色——任何一个文本的谋篇布局，都可以从这些方面进行思考和把握，也都可以促使我们有意识地运用各种文学创作原理来指导这一解读过程。

十、主旨立意

主旨，是文章主要想表达的思想；立意，重在“意”，指意境、品位。主旨没有高低之分，立意则可分高低，立意高，则影响深远，耐人寻味。一般来说，主旨立意是出现在作者写作之前的。但是，在阅读过程中，作者不可能前来告诉你他的主旨立意是什么。所以，我们需借助文章本身的语言文字，来把握和品析文章的主旨立意。

《窃读记》是林海音的文章，其原文结尾是：

……忽然想起有一次国文先生鼓励我们用功的话：

“记住，你是吃饭长大，也是读书长大的！”

但是今天我发现这句话还不够用，它应当这么说：

“记住，你是吃饭长大，也是读书长大的，更是在爱里长大的！”

在原文中，吃饭长大、读书长大、在爱里长大，就是三个处于完全不同层次的立意，从物质层面上升到了精神层面，从个人层面上升到了社会层面。基于对这三个层面立意的把握去进一步解读文本，便不难发现，这三个层次的立意，不仅仅是放置于末尾的点睛之笔，更是在文章整个行文过程中交替出现的。文章第一段要写的是“一家书店”，却先浓墨写了“三阳春的冲天招牌，闻见炒菜的香味，听见锅勺敲打的声音”；到文章中间部分“当三阳春正上座，飘来一阵阵炒菜香时，我也饿得饥肠辘辘，那时我也不免要做个白日梦：如果袋中有钱该多么好？到三阳春吃碗热热的排骨大面……”“为了解决肚子的饥饿，我又想出了一个好办法：临时买上两个铜板（两个铜板或许有）的花生米放在制服口袋里，当智慧之田丰收，而胃袋求救的时候，我便从口袋里掏出花生米来救急”；到文末的“摸摸口袋里是一包忘记吃的花生米，我拿一粒花生米送进嘴里”，都可以看出作者当时是怎样的以读书欲望的满足超越物质欲望的满足。更为重要的是，文章还特别强调了两个不同的店员对其窃读的态度，一个是粗暴、拒绝、呵斥，使她“羞惭而尴尬，涨红了脸”，甚至使她“在这次屈辱之后，我的小心灵确受了创伤，我的因贫苦而引起的自卑感再次地犯发，而且产生了对人类的仇恨”；但另一个则是将“一本书触着我的胳膊，轻轻地送到我的面前”并说“请看吧，我多留了一本没有卖”，当“我接过书害羞得不知应当如何对他表示我的感激，他却若无其事地走开了”，当“我”“抬头找寻那耳朵上架着铅笔的人，好交还他这本书。在远远的柜台旁，他向我轻轻地点点头，表示他已经知道我看完了，我默默地把书放回书架上”。这种善解人意的、毫不张扬的帮助，使“我”不仅学会了爱，更是将之前的仇恨转化成了爱，在获得爱的同时也懂得了爱、学会了爱。因此，当我们对文本的主旨立意有了正确的、高层次的把握，那么文本解读也就会完全不同，对文中语言文字的关注点也就会完全不同。

对《去年的树》一文，读者的解读大多为折射社会中人与人之间的种种状态关系，其中小鸟的信守承诺显得特别动人；当然也有学生和老师将其立意理解为环保。但我们是否可以对其有更高境界的理解？即面对生活中的种种并非大团圆的结局、面对“树”的不幸，我们该以怎样的心态和行为面对？文本的结尾写道：

鸟儿睁大眼睛，盯着灯火看了一会儿。接着，她就唱起去年唱过的歌，给灯火听。唱完了歌，鸟儿又盯着灯火看了一会儿，就飞走了。

其中，小鸟的“睁大眼睛”“盯着灯火看了一会儿”“又盯着灯火看了一会儿”到底在向读者传递着怎样的信息？我们可以看出，在文章中，作者始终没有在小鸟的问话前加上任何修饰语或限制语，所以文章留给读者的对主旨立意的思考和推测空间是很大的。我们不妨一起来作一番思考：其一，为树的被砍伐和好朋友的不能再度相见而感到遗憾，进而引发保护环境的思考。这种思考属于情感情绪层面，是大多数人都会在阅读中自然产生的想法。其二，为小鸟信守承诺、坚持不懈的寻找所打动，体现了对友情的珍视。在文中，作者呈现了小鸟为守住承诺寻找大树的整个过程，从“树根”到“火柴”再到“灯火”，虽然树的形态已经完全改变，但小鸟对树的感情一直没有改变。其三，从树形态已改变和小鸟依然执着寻找中可以看出，友谊的内涵并不仅仅是形体之相伴，更是精神之相伴，精神的相伴和支撑恰恰是友谊最深刻的内涵。其四，这一故事如果折射到生活中，便可看出，友谊的被迫中止和别离其实是人生的一种常态，作者借树和小鸟分离的故事，反映了对生活的洞察和思考。其五，那么面对这样的生活常态，我们应抱怎样的态度？是否应该包括“努力”“放下”“珍藏”等理性的思考和行为？也就是说，文章在表达小鸟信守承诺的同时，是否也在表达一种“接受”的态度：面对生活中的种种，当你已经尽了力仍然无法达到或改变时，释怀、接受与放下或许应该是一种可取的姿态。而上述“遗憾”“环保”“守诺”

“寻找”“精神”“常态”“放下”等立意，都能在文中找到相应的依托，也都能够自圆其说，但其层次显然是有高下之分的。

如上可见，对文本主旨立意的把握和理解，是文本解读的重要方面。从文本创作角度看，能否让读者形成对文本主旨立意的清晰认知是作家所关注的。因为一个优秀的作家，必然是应该也能够跳出个人的小框框，将个人的情绪体验、情感起伏、思想脉络等与他人、社会、人生、宇宙等进行联系思考，从而获得阔大的时空感和人生大格局，然后将之诉诸笔端，以文字形式与读者见面。

而读者对主旨立意把握水平的高低，取决于每个人不同的生活背景、阅历背景，取决于读者对生活理解水平的高低，包括对个人、社会、宇宙、物质与精神、道德与法律、制度与文化等层面的理解，也取决于读者对世界观、人生观、价值观等的把握，甚至包括对人存在的意义和如何建构人生意义等在哲学层面的思考。

十一、情感基调

在解读文本过程中，我们也需对文本的情感基调给予足够重视，因为这不仅是文本的基调，更是决定教师采用怎样的语言风格开展教学的重要因素。

有的文本，其情感基调是很容易把握的，因为高兴的情感就用高兴的语言文字表达，悲伤的情感就用悲伤的语言文字表达，比如《荷叶圆圆》《找春天》《四季》《金色的草地》《秋天的雨》等课文，都充满着快乐和欢喜，《和时间赛跑》《长相思》《慈母情深》《穷人》《怀念母亲》等则充满着怀念与同情，《夸父追日》《女娲补天》《盘古开天地》《孔子拜师》《长城》等则充满着憧憬与赞美，《梅花魂》《圆明园的毁灭》《狼牙山五壮士》《难忘的一课》《最后一分钟》等则充满着爱国的情怀和报国的壮举，《玩出了名堂》《太阳》《月球之谜》《呼风唤雨的世纪》《飞向蓝天的恐龙》等则充满了探索的乐趣，《揠苗助长》《守株待兔》《题西林壁》等则充满着思想的智慧……但更多的文本，其情感基调并非是单一的，有的前后有变化，有的各种情感交织在一起，有的像《诗经·采薇》中所运用的“昔我往矣，杨柳依依”“今我来思，雨雪霏霏”似的以哀景写乐、以乐景写哀。这就需要教师仔细揣摩其情感基调之变化，明白这一基调与文本主旨立意之间的关系，并且借助语言文字本身，揣摩让我们获得这一情感基调的原因所在。

课文《跨越海峡的生命桥》讲述了一个感人的故事：大陆青年小钱患了严重的白血病，台湾同胞冒着生命危险，用爱心挽救了小钱的生命，架起了一座跨越海峡的生命桥。文章很感人，通过学习可以让学生体会到人与人之间纯真的感情，体会到互相关爱带来的快乐和幸福，以及台湾人民和大陆人民的骨肉亲情。文章描写了两个不同场景：杭州医院里静静躺着的虚弱的小钱、台湾地震中李政道博士不顾自身安危抽取骨髓并连夜奔波做移植手术。课文最后对这个感人故事的内涵进行了立意升华，呼应题目“跨越海峡的生命桥”。读这篇文章，我们会在“即将凋零、谈何容易、步履匆匆、突如其来、不得不、奔波、连夜”等语词中感到一种紧张与急促，但总体来说，我们始终处于一种宁静祥和的情绪之中，因为我们明白这故事最终的结局——小钱得救了。但这个结局并非要等到读完整个故事才知道，这种宁静祥和的情绪从读文章的一开始我们就拥有了，其原因何在？在于文章作者独特的叙述方式。文章在第一自然段即这样写道：

1999年9月22日，早晨7时30分，阳光洒满了美丽的杭州市，桂树还没有开花，晨风中已经飘来甜丝丝的香气。

这段话，除了点明事情发生的时间和地点外，更以一种比兴手法为全文打下了一种温暖的情感基调：“洒满、美丽、甜丝丝”等词语从视觉、嗅觉、触觉等角度唤起了人们心底最美好的感觉，“阳光、桂树、晨风、香气”等意象则以积淀于其中的热烈、舒畅、昂扬、怡人等象征内涵触动人们内心最柔软的那根神经。所以，当我们着眼于文本的情感基调，便会思考获得这种情感基调的原因所在，正如《乐记》中谈到音乐由来时所说“凡音之起，由人心生也。人心之动，物使之然也。感于物而动，故形于声”。就是说，人的感情波动，在很大程度上是由于外境的刺激而起。通过外在的情境描写来唤起人物的情感情绪，这是任何艺术的共有特色和追求。《跨越海峡的生命桥》一文正是以这种独特的开头比兴、篇章安排和叙述方式，使我们始终都带着一种温暖的感觉读完全文，并在这种温暖感觉中用心体会人与人之间的真情。若将此段删去，读来可能会陡增沉重之感，这就是作者基于温暖情感表达需要在篇章及其叙述方式上所作出的安排，也是读者沿着对情感基调的把握所作出的文本解读。

可见，文本的情感基调在很多时候不是单一的，也不是一成不变的，这就需要教师仔细地对其进行感受揣摩，并因此确定教学实施和课堂语言的基调。

十二、文体风格

文章可归属于不同的文体，各种文体的作品因内容不同、表现形式不同、社会功用不同等形成了不同风格。了解各种文体特点，把握各种文体风格，是文本解读过程中不可或缺的内容。我们不妨通过《桂林山水》一文来作个说明。

《桂林山水》一文在描写漓江的水与桂林的山的时候，分别用了一组排比句：

漓江的水真静啊，静得让你感觉不到它在流动；漓江的水真清啊，清得可以看见江底的沙石；漓江的水真绿啊，绿得仿佛那是一块无瑕的翡翠。

桂林的山真奇啊，一座座拔地而起，各不相连，像老人，像巨象，像骆驼，奇峰罗列，形态万千；桂林的山真秀啊，像翠绿的屏障，像新生的竹笋，色彩明丽，倒映水中；桂林的山真险啊，危峰兀立，怪石嶙峋，好像一不小心就会栽倒下来。

在这两组排比句的教学中，很多教师会抓住排比、比喻等修辞方法的运用效果来引领学生感受文章的写作特色，这当然是很好的切入点。但是，如果我们能够重视文中的六个“啊”，将有没有“啊”与原文作比较或许能够更好地引领学生跟着作者的笔触走进山水，走进作者当时的心境，也更能感受到不同文体的风格。

首先，我们不妨先将六个“啊”去掉，来感受一下有“啊”和没“啊”的区别。

“漓江的水真静……漓江的水真清……漓江的水真绿……”

“漓江的水真静啊……漓江的水真清啊……漓江的水真绿啊……”

“桂林的山真奇……桂林的山真秀……桂林的山真险……”

“桂林的山真奇啊……桂林的山真秀啊……桂林的山真险啊……”

这一对比，我们可以很清楚地感觉出，少了“啊”的语句是一种陈述句，它传递的更多的信息是对桂林山水的客观陈述，作者好像带着与自己关系不是特别密切的角色与态度在观照桂林山水；而带着“啊”的语句则分明让我们感觉到了作者身临其境的赞叹、沉醉的神情和心境，这是一种面对美丽景色不可抑制的赞美与感慨。而正是因为这种赞叹与沉醉，才让作者拥有“桂林山水甲天下”的体验，并在课文最后情不自禁地发出“舟行碧波上，人在画中游”的感慨。这就使文章的情感脉络从开头到结尾都得以理顺了。所以对于一篇游记或者抒情散文而言，连用“啊”以表达身临其境的赞叹，这是最好不过的了。但是，假设我们要写的是一则关于桂林山水的广告，那就不用“啊”更好，为什么？因为用了“啊”，显得投入了太多的情感，这对于广告词要求的客观呈现来说是不合适的。所以，文体不同，所用的语词句子就会有不同，哪怕是像“啊”这样的虚词，也对不同文体的表达具有重要意义。从另外一个角度看，正是因为它的“虚”，才给读者提供了更多的意义生发可能性，成为语文教学中帮助学生感受作者心境的重要载体。

基于文体特点解读文本，这是文本解读的重要角度。如根据说明文特点解读语言的科学准确以及各种说明方法的使用，根据诗歌特点解读意象、押韵、节奏、跳跃、反复等方法的使用，根据童话特点解读突出的想象和各种童话形象与实际形象的相关性，等等。

我们再来看一下叶圣陶先生为语文教材编写而创作的儿童诗《小小的船》。这首诗一共四句，如下：

弯弯的月儿小小的船，
小小的船儿两头尖。
我在小小的船里坐，
只看见闪闪的星星蓝蓝的天。

作为诗歌文体，对这首诗的解读至少可以包括以下几个方面：从整体风格看，诗歌将“我”想象成坐在弯弯的月亮上，充满童趣。从内容逻辑看，先是把月儿想象成了小小的船，才能想象“我”坐在小船上，并且看见闪闪的星星蓝蓝的天，其中的逻辑很顺畅，而且前两句和后两句之间用“小小的船”的反复进行顶真连缀，非常自然。从音韵节奏看，诗歌采用了每句一停顿的方式，也符合人们日常诵读诗歌时的心理节奏；前两句停顿节奏一致，后两句则在“在”和“见”的后面停顿，统一中有变化，诗歌节奏明快活泼。从意象运用看，诗歌运用了事实意象“弯弯的月儿”“闪闪的星星”“蓝蓝的天”和想象意象“小小的船”，具有虚实相间的表达效果，符合儿童的心理特点。从意象关系看，首句“弯弯的月儿”“小小的船”这两个意象叠加使用，但两者之间并非并列关系，而是一种比喻关系，作者将“弯弯的月儿”比喻成了“小小的船”，省略了比喻词，所以在朗读过程中，可以在读完“弯弯的月儿”后作音断气不断的较长时间的停顿，以体现一种思考与想象的神情状态，呈现一种美好与欢喜的感情。从语词特点看，在各意象前都运用了叠音词，如“弯弯的”“小小的”“闪闪的”“蓝蓝的”，使意象表现程度更深，也更具活泼可爱之特征，也使朗读时的情感发挥空间更大。从韵脚使用看，诗歌采用了“an”韵，分别是“uan”和“ian”，这一韵在发音时具有较长的动程，具有婉转悠扬的效果。从意境表达看，诗歌具有很强的画面感，阔大的夜空一弯月儿，蓝色的背景中点缀着亮色调的月亮和星星，宁静的夜空中也有“闪闪的星星”的动感间杂其中，给人一种祥和宁静又充满生机活力之感。从文化溯源看，月亮一直是中国文人在文学作品中尤其喜欢的意象，《诗经·陈风·月出》中的“月出皎兮……月出皓兮……月出照兮”，张若虚的“春江潮水连海平，海上明月共潮生”，李白的“床前明月光，疑是地上霜”，苏轼的“明月几时有，把酒问青天”，等等，都显示出了中国人对月亮的喜好，并因其引发出丰富之想象。从朗读表现看，可以想象出多种情境进行朗读，如以小朋友口吻作活泼基调的朗读，以成年人口吻作深情基调的朗读，以教师口吻作范读式朗读，等等。

从上可见，对任何文本的分析，都应从文体特点和文体风格出发，只有这样，才能使解读更加准确到位、翔实具体，而且富有逻辑的力量和文化的支撑。

十三、文本题目

如何拟题是每一个作者都会郑重面对并着力思考的问题。所以，在解读文本的过程中，我们需要通过关注文章拟题艺术，来增强学生的文学感受力。

《走遍天下书为侣》一文，题目中的“侣”字往往不太容易引起教师的关注，因其意为“伴”，题目的表面意思很明白，即走遍天下以书为伙伴、陪伴等等。但是汉语言真的很有意思，如果我们把题目改成“走遍天下书为伴”，就显得拗口不顺，虽然“伴”和“侣”意思一样，但就是没有“侣”字来得有味道。那么其中的“味道”究竟是什么呢？从这样的析题切入，便容易根据外在内容咀嚼出内在深意来。与书为侣，就像与好友相处，能在思想的交流碰撞中不断产生新的火花；就像对故土的情愫那般亲密那般依恋。“侣”不仅是外在的如影随形，更是内在的心灵相吸、精神相会。所以，我们说“情侣”而不说“情伴”，说“诗侣”而不说“诗伴”，说“神仙佳侣”而不说“神仙佳伴”。所以，“伴”“侣”虽同义，组合在一起使用成了一个固定词语，但两字有内涵与语意上的明显区别，该题用“侣”，不仅顺口顺心，也顺文意。

《生命 生命》一文，作者杏林子为何以两个“生命”的反复使用为题？既然是两个“生命”反复使用，作者所表达的对生命的认知与感受和常人的思考又有怎样的区别？沿着这样的疑惑，我们可作进一步探究：作者为什么在课文开头直接发问：“我常常想，生命是什么？”因为事实上，平常人不会太多地思考“生命”的本质问题，更不会“常常想”。是什么原因致使作者“常常”思考生命这一问题呢？从“飞蛾”“香瓜子”“听自己心跳”的故事中，作者感悟到了什么？既然是赞美“飞蛾”，又为何用“骚扰”这一带着明显厌恶感的语词来写它？为何用“擎天撼地”形容香瓜子的生命力？作者何以能从这三个故事中获得对生命的感悟？通过对这些问题的解读，我们还可以将阅读的视野扩展到文外，从作者的人生轨迹、生命历程中寻找答案，并真切体味出题目两个“生命”反复使用的语气与分量。

《窃读记》一文，林海音记录了小时候偷偷读书的经历和“很快乐，也很惧怕”的“窃读滋味”。题中的“窃”字，当然是偷的意思，但是说成"偷读记"，味道和意思就完全不同了："偷"带着明显的贬义，而"窃"在此语境中，显然没有贬义色彩，相反，是表达出了显而易见的褒义味。但是，此处之"窃"与"窃书不能算偷"中孔乙己之"窃"又不同，孔乙己之"窃"，其行为结果与"偷"是一样的，是对"书"这一实物的占为己有，此处则是对书中无形的精神食粮的吸取，性质完全不同。所以，此题中的"窃"，对其解释以"偷偷地"为好，并非一个动词，而是一个形容词，表现的是作者在书肆阅读时的一种状态，一种对阅读的追求。

可见，对题目的关注与咀嚼，不仅能帮助学生敏锐感受语词之间的细微差别，引领学生咀嚼课文的题目以还原作者拟写初衷，更能以之为线，拎起全文的精神内涵，从而增强学生的文学感受力。

十四、逻辑演绎

关注文本的逻辑演绎，是把握文意的重要方面，更是理清写作思路和阅读思路的重要方面。教师关注逻辑演绎，既要关注文本整体的逻辑演绎，也要关注文本局部语言的逻辑演绎。

《梅花魂》一文中有这样一段话：

是啊，莺儿，你要好好保存！这梅花，是我们中国最有名的花。旁的花，大抵是春暖才开花。她却不一样，愈是寒冷，愈是风欺雪压，花开得愈精神，愈秀气。她是最有品格、最有灵魂、最有骨气的！几千年来，我们中华民族出了许多有气节的人物，他们不管历经多少磨难，不管受到怎样的欺凌，从来都是顶天立地，不肯低头折节。他们就像这梅花一样。一个中国人，无论在怎样的境遇里，总要有梅花的秉性才好！

这段文字对于全文来说是个局部，其逻辑之美在于外祖父所着眼的梅花内涵的变化，即对梅花的赞美是由表及里的。"寒冷"是客观的天气情况，"风欺雪压"之"欺"与"压"则明显带着施与欺压动作的主观性，因此其中“风”与“雪”自然也就不再是客观的风雪天气了，它将人们的视线带向历史中的风风雨雨；“精神”指向内在，“秀气”指向外观，是内在精神的一种外在显现，由此我们可以读出，外祖父之所以要“我”学习梅花的精神，不仅要学梅花内在的气节，更要学会将内在气节外显为一种形象，即将内在的气节转化为坚强不屈、顶天立地的大丈夫形象，只有这样，才是真正的具有梅花的秉性。外祖父所着眼的梅花外延的变化，即由眼前的墨梅图扩及中华民族又回及外祖父对莺儿的勉励。“你要好好保存”的是眼前这一“实”的梅花图；“这梅花”三字，则由眼前“实”的梅花转为虚指；“愈是寒冷，愈是风欺雪压，花开得愈精神，愈秀气”是实指，而“几千年来，我们中华民族出了许多有气节的人物，他们不管历经多少磨难，不管受到怎样的欺凌，从来都是顶天立地，不肯低头折节”是梅花精神的一种扩展与升华。所以，外祖父是在对梅花的或实或虚的陈述转换中实现了梅花内涵与外延的变化。由表及里的内涵深入与由眼前到中华民族又回到现实的外延扩展的逻辑思路之所以能够自如呈现，起关键作用的是文中“她是最有品格、最有灵魂、最有骨气的”一语的过渡。这句话，既是对前语的提升，又是对后语的开启，起着重要的承上启下作用。这句承上启下的话语，恰恰是课题“梅花魂”的核心内涵。可见，领会了该段语言的逻辑关系，就把握住了课文之文眼“魂”的意义了。

我们不妨再举个课文片段作一说明。《花的勇气》中有这样一段话：

我用手拨开草一看，原来青草下边藏着满满一层小花，白的、黄的、紫的；纯洁、娇小、鲜亮；这么多、这么密、这么辽阔！它们比青草只矮几厘米，躲在草下边，好像只要一使劲儿，就会齐刷刷地冒出来……

读这段话，学生们能够感受到作者用了排比、拟人等修辞手法，感受到作者写了花的多、色彩的鲜艳和它们的勃勃生机，但是学生们往往容易忽视作者看花的过程及看花心态的表达：作者扒开草看到的，首先是“满满一层”与“白的、黄的、紫的”各色小花，这是首先跃入作者眼帘的，是一种最直接的视觉冲击，所以写在该段的最前面。接着作者将自己对眼前之花的感觉诉诸文字，“纯洁、娇小、鲜亮”。“纯洁”意为纯净没有污点，侧重其质地；“娇小”意为娇柔细小，侧重其情态；“鲜亮”意为鲜明漂亮，侧重其光彩。这三者，是这“满满一层小花”带给作者多层面的内心感受。在作者获得上述内心感受后，我们能清楚地看到作者视线发生的变化。如果说“多”与“密”侧重写眼前，那么“辽阔”则明显已经将目光扩及整片“开阔的草地”了。而在写“多、密、辽阔”时，作者用了“这么”作修饰，将自己与花融合在一起，使距离由近及远的变化过程明显而自然，若将之改为表达距离较远的“那么”一词，则目光之变化会显得突兀许多，也不符合看的情状。所以，这段话并非写作者的静态观察，而是写出了作者动态的观察过程与内心变化，即从表层视觉冲击到内在情绪感受，从质地到情态到光彩，从关注眼前到放眼整片草地。只有体会到了这些变化，我们才能感应到作者看到这番完全出乎他意料的景象时的惊叹与感慨。

通过这样的逻辑分析与层次把握，我们便能引领学生去关注作者的写作意图，也才能体会出作者在其中寄予的某种思想境界和情感态度，也才能与后文所写的“迎着吹在脸上的细密的、凉凉的雨点，我看到的竟是一片花的原野。这正是前几天那片千万朵小花藏身的草地。此刻那些花儿一下子全冒了出来，顿时改天换地，整个世界铺满了全新的色彩。虽然远处大片大片的花与蒙蒙细雨融在一起，低头却能清晰地看到，在冷雨中，每一朵小花都傲然挺立，明亮夺目，神气十足”形成呼应，也才能明白作者与编者将从《维也纳春天的三个画面》一文中节选与改编的本部分内容提炼为“花的勇气”并以之为题的深意。

所以，对文本逻辑的把握，不仅仅是思路的厘清，更是对语词运用、修辞运用等的品析，这也是学生在未来语言习得与应用，以及在工作中都必须具备的一种能力，因此更应成为语文教学的一个重要任务。

十五、解读《触摸春天》

笔者曾在主持浙江省中小学教师专业成长培训项目过程中，应学员们要求上过一次示范课，课文是《触摸春天》。关于该文，在前面“三言之互释”一节中已有部分解读，下面将从普通读者、学生和教师立场再作深入阐述。

1. 站在普通读者立场进行解读

当我作为普通读者阅读该文时，我所获得的感受和思考主要为以下几点。

（1）宁静：文章带给我的深切感受

“宁静”感觉的获得或许是因为以下四方面原因：一是文章所述故事的主人公“安静”这一名字本身带给我一种宁静的感觉，这种宁静的感觉使我在读第一遍时甚至觉得这不像是一个人的名字，而像是作者为了表达自己的某种思绪而拟的一个虚名，难怪有小学生在写预习感受时曾发出这样的质疑：“‘邻居的小孩安静，是个盲童。’这句话我读不通。‘我静静地站在一旁看着安静’，安静又不是一个人，怎么看啊？”可见，这个名字本身带着某种特殊效果，而这种效果与课文所营造的“宁静”的氛围是吻合的。二是行文之中，安静动作之流畅、文中“慢慢、悄然、静静、深深、细细、袅袅”等语词的运用，以及作者“我”对安静“拢住蝴蝶”这一充满灵性的事件的态度与处理方式，都同样带给读者宁静祥和之感。三是文章所讲述的故事发生在一个春天的早晨，因此，文章着力所写的春天之“美”（既有视觉上的“花繁叶茂”，也有嗅觉层面的“浓郁花香”；既有作为背景的“小区绿地”，又有特写镜头“沾着露珠的月季花”；既有具象层面的“花香中流连”，又有抽象层面的“感受着春光”……）和语言表达之“美”，都将我带入文章所呈现的美丽春天和春天里发生的这个美丽故事之中，使我获得一种阅读的愉悦感，并由此衍生出宁静祥和之阅读心态。四是文章表达之“理”同样带给我宁静祥和之感。文章借助这个故事，表达了一种生活哲理即“谁都有生活的权利，谁都可以创造一个属于自己的缤纷世界”。这一哲理的表达，是作者在看安静拢住蝴蝶、仿佛看到安静的内心世界并由此带来深深感动，以及想象安静“人生划过一道极其优美的曲线”之后运用富有诗意的语言在文章最后揭示的，这使读者的心理也和文中的“我”一样，获得了一种对生命意义认识的提升，进而获得了一种宁静之感。

事实上，宁静是安静之所以能够“整天在花香中流连”“在花丛中穿梭”“很流畅”“没有一点儿磕磕绊绊”“极其准确地伸向一朵沾着露珠的月季花”“竟然拢住了那只蝴蝶”的内在原因，虽然她眼睛看不见，但她的内心并没有因此而烦躁，相反，她的从容、她的宁静使她拥有了“神奇的灵性”，使她拥有了触摸春天、感受生命的能力和能量。

（2）扑腾：触摸春天的关键之笔

虽然文章写得很美，读的时候真被安静的“灵性”吸引住了，但带给我长时间心灵震动的是文中所写的“蝴蝶在她的手指间扑腾”一语中的“扑腾”一词。而且在我看来，这是安静之所以能够触摸到春天的关键所在，也是作者为安静“触摸春天”所搭建的必由路径。

我的此种感受和思考源自三十多年前阅读海伦·凯勒的传记——《与拿破仑齐名的女人》一书的心得。海伦·凯勒（Helen Keller, 1880年6月27日—1968年6月1日），是美国盲聋女作家、教育家、慈善家、社会活动家。她以自强不息的顽强毅力，在安妮·莎莉文老师的帮助下，掌握了英、法、德等五国语言，完成了一系列著作，并致力于为残疾人造福、建立慈善机构，被美国《时代周刊》评为美国十大英雄偶像，荣获“总统自由勋章”等奖项。

海伦·凯勒之所以能够获得如此成就，她的老师安妮·莎莉文的引导帮助具有极其重要的作用。当海伦在19个月时因为一次猩红热被迫失去视力和听力后，她便在黑暗而又寂寞的世界里自暴自弃，她脾气暴躁，摔东西，与人争吵……直到老师的出现，直到一个重要契机的出现：有一天，老师在海伦·凯勒的手心写了“water”这个单词，但海伦·凯勒总是把“杯”和“水”混为一谈。到后来，她不耐烦了，把老师给她的新布娃娃摔坏了。莎莉文又把她带到喷水池边，把海伦·凯勒的小手放在喷水孔下，让清凉的泉水溅溢在她的手上，同时莎莉文老师在她的手心写下water这个单词。——就在这一刹那，整个世界好像在海伦的脑海中打通了，从此开始懂得世间万物都有各自的名字，开始知道自己的名字叫“Helen Keller”。她后来回忆说：“不知怎的，语言的秘密突然被揭开了，我终于知道水就是流过我手心的一种物质。”她的生命与外在世界真正地打通了，她感受到了外在世界的色彩、气味和形态，她真正知道了什么是生命并因此使自己的生命也丰富了起来。从此她的性格变得温和，她开始变得热爱世界，用执着和热情与他人沟通，并最终成就了辉煌的人生。

就是这么一个契机，使海伦·凯勒完全改变了。同样道理，《触摸春天》一文中，正是蝴蝶的“扑腾”，才真正使文中的安静拥有了对春天的触摸、对生命的感知。也正因为如此，才使文章后面有“安静的脸上充满了惊讶”“这是一次全新的经历，安静的心灵来到了一个她完全没有体验过的地方”“我仿佛看见了她多姿多彩的内心世界”“安静细细地感受着春光”“安静仰起头来张望”“此时安静的心上，一定划过一条美丽的弧线，蝴蝶在她八岁的人生划过一道极其优美的曲线，述说着飞翔的概念”等语言存在的合理性，也才有了作者在最后所提炼的“谁都可以创造一个属于自己的缤纷世界”的深意：这个“缤纷世界”并非仅指外在色彩的缤纷，更是内在生命感知的缤纷；不仅是外在物质的缤纷，更是内在心灵的缤纷。“扑腾”之前，春天对于安静来说只是一种外在于她的存在；“扑腾”之后，春天对于安静来说就是一个个跃动着的活泼泼的生命存在，这种真实的、洋溢着生命活力的体验将安静的内心与各种生命联系在了一起，正如海伦·凯勒将一个个抽象的单词和外部灵动的具象的万物联系在一起一样，她们都打开了自己和外部世界的通道并因此获得了一种力量和超越——这是真正意义上的“触摸春天”啊！因此，“扑腾”一词是解释文中所呈现的“灵性”，解答很多读者对文中所述故事是真是假这一疑问的关键所在。

(3) 尊重：文章带给读者的深刻思考

当我阅读该文时，我感动于盲童安静的宁静祥和以及蝴蝶的“扑腾”带给安静的神奇体验，我感受到了安静并没有因自己看不见世界的精彩而显出丝毫的不悦与退缩，相反，她依然拥有对生命的热爱和热情。这些都可以在文中找到支撑，在安静捉住蝴蝶和蝴蝶扑腾之前，作者写道：“安静在花丛中穿梭”“她走得很流畅，没有一点儿磕磕绊绊”“在花香的引导下，极其准确地伸向一朵沾着露珠的月季花”“安静的手指悄然合拢，竟然拢住了那只蝴蝶”“睁着眼睛的蝴蝶被这个盲女孩神奇的灵性抓住了”——“穿梭、流畅、没有一点儿、极其准确、竟然、睁着眼睛、神奇、灵性”等词语究竟传达了什么？不仅仅传达了“盲女孩抓住了蝴蝶”这个信息，更重要的是传递了生命的热情、生命的从容。而在蝴蝶“扑腾”之后安静内心产生的对生命、对生命力的直接的“触摸”，更表达出了这个盲女孩对生命的热爱与热情，这在前文已有阐述。

但我的感动还不止于此，我更感动于文中“我”在面对安静时的表现。我们不妨摘出文中写“我”的相关语句作一品析。文中多处明确写到了“我”，如：“早晨，我在绿地里面的小径上做操……”“我几乎要喊出声来了……”“我静静地站在一旁，看着安静。我仿佛看见了她多姿多彩的内心世界，一瞬间，我深深地感动了。”“我没有惊动安静……”从这些话语中，我们可以感受到文中的“我”同样是一个热爱生命的人，而且还是一个理解生命、能够抱着平等姿态尊重生命的人。

之所以产生这样的思考，是因为在我们的生活中有着太多的伪尊重。比如，当我们去帮助一些弱者的时候，大多会选择在纪念日，而忽视了他们平时是否需要帮助；在我们前往的时候，往往是跟随着各路媒体记者，但我们没有问过这些弱者，他们是否愿意在镜头前、在报纸上出现？如果我们没有征求过他们的意见而单方面地采取了这样的方式，这帮助的动机和出发点是否值得质疑？

对生命的真正理解和尊重应该以平等为基础和底线，任何人，不管他的处境如何，当他得到别人帮助时，必须以尊重他的人格、尊严为基础和底线。而最能体现理解与尊重的行为，莫过于将他当作一个与自己一样的人、当作一个平常之人，只需默默地呵护、默默地在他需要帮助的时候提供适当的帮助。文中的安静和平常人一样，她不仅以她特有的方式创造着生命的精彩，甚至还能给平常人带来生命的启示。因此，面对安静，文中“我”的态度与行为是“静静地站在一旁”“深深地感动着”却“没有惊动安静”，这便是尊重、理解，基于平等的尊重、理解。

2. 站在学生立场进行解读

但是，上述我站在普通读者立场所获得的解读要让学习该文的四年级学生感受到是有一定困难的，所以我们需要站在四年级学生的立场思考他们的阅读感受、质疑及建议，让学生学习过程中遇到的困惑等成为设置冲突情境、开展语文课堂对话的重要资源。比如按照学生的理解，盲人的眼前应该是一片昏暗，主人公或许应该有人搀扶，或许应该摸索着走路。但文中所写的情景完全不是这样。当学生怀着诧异或惊喜读着文章时，这些语句引起了学生强烈的认知冲突。因为冲突，学生的视野才真正从对故事本身的关注转向对盲女孩生命力量、对特殊人群生命存在的关注。

那么，在这一总认知冲突之下，学生会有哪些具体的感受、质疑或建议呢？我们不妨看一下摘录的部分学生的初始阅读体验。

（1）预习后的感受

①安静的故事，真的令人感动！在自己有缺陷的身体上，没有阴影，并且不感到悲伤，她在创造一个属于自己的缤纷世界。

②我知道了盲童是有灵性的，她们是有爱心的。

③我觉得写得很生动，一个盲童竟然能抓住一只花斑蝴蝶，说明她的手很有灵性，而且她是个盲童，还出来锻炼，说明她很坚强。

④作为一个盲童，能用自己的双手去触摸大自然，给自己调节心情，这是一种很好的调节心理的做法。让自己感觉到她自己也跟别人一样，能做事情，不让自己感到自卑。而且她那多彩的内心世界也让我感到很美的。

⑤“触摸春天”这生动的题目就使人陶醉了，文章的内容更使人陶醉其中。文章大概描写了这样一件事，文中的小女孩安静是一名机灵的小女孩，可她是一个盲童，一次她在做早操，竟然准确地将一只蝴蝶抓住后来又放生了。她真是一名机灵的女孩。

⑥安静抓蝴蝶的经过作者描写得很具体，说明安静留给作者的印象很深。安静是个善良的女孩，如果不是善良的安静，可能一不小心蝴蝶就会死掉，而她没有这样。“安静的心来到了一个她完全没有体验过的地方”，这句话使我觉得她的眼睛复明了。

⑦我觉得这个盲童非常不幸，但她能够完全准确地握住停在花上的花蝴蝶，我为她高兴，因为她是个盲童也能触摸到春天。如果我遇到这么一个盲童，我一定会给她介绍春天的景物，为她唱春天的歌……

⑧安静是个盲童，她都能珍惜生命，我们是一个健康的人，就更要珍惜自己的生命。“每个人都可以创造一个属于自己的缤纷世界，每个人都有生活的权利，不要轻易放弃生命，它只有一次！我们要让生命变得

更美好，更快乐!”

⑨读了《触摸春天》一文，我感受很深。我深深地为盲童安静的心灵震撼了。她是一个不幸的女孩，双目失明，看不见五彩缤纷的世界，也许她看到的是一片漆黑。但她并没有被困难吓倒，她是那么热爱生活，热爱美好的大千世界，要不然她就感受不到月季花和蝴蝶，她是如此的机灵，如此的聪明，这缘于她对美好事物的爱，这也使她的心灵得以升华，这一点讲，女盲童又是幸运的，因为上天给了她一个机灵的头脑和纯洁的心灵。

⑩我非常欣赏最后一段，不仅仅因为她如诗一样美妙，包含了一个深奥的道理，更重要的是，它是作者用心写的，必须用心去体会其中的奥妙。

（2）预习后的质疑与建议

①关于字词理解的。比如:“磕磕绊绊”是什么意思?“弧线”是什么意思?“清香袅袅”是什么意思?

②关于字词句中包含的深意的。比如：课文中“磕磕绊绊”难道是指她人生的道路?作者最后说:“这是一个清香袅袅的早晨，安静告诉我一个这样的道理”，这究竟是什么道理?第六自然段最后一句话“述说着飞翔的概念”是什么意思?“一条美丽的弧线”是指什么?为什么要说“在春天的深处”，这样说有什么好处吗?

③关于文章内涵的。比如：春天能触摸吗?为什么说安静心上划过一道弧线?为什么安静能够抓住蝴蝶?为什么作者会深深感动?安静告诉我们什么道理?安静是怎样触摸春天的?为什么说这是一次全新的经历?安静是个盲童，但她走路为什么一点都没有磕磕绊绊?她的手怎么有灵性了，就因为她捉住了一只蝴蝶吗?安静完全没有体验过的地方是什么地方?“我”为什么不惊动安静?为什么盲童的心灵能跟万物沟通?

④关于阅读中需要读者补充的空白点的。比如：为什么安静会整天

地在花香中流连？是不是她在想以后的路？

⑤关于题目的。比如：这篇文章的题目我觉得不太概括主题，干脆取“盲童的世界”吧？文章的题目为什么要取为“触摸春天”？

⑥关于写作缘由的。比如：作者为什么要写这篇文章？

⑦关于文章技巧的。比如：为什么作者不直接告诉我们安静告诉“我”什么道理？

对学生的初始阅读体验进行整理后发现，绝大多数学生能感受到文章“谁都有生活的权利，谁都可以创造一个属于自己的缤纷世界”一句所传递的盲人可以有自己的精彩生活的内涵，只是没能用语言提炼出“平等”之意；很多学生对安静“拢住蝴蝶”这一事情觉得不可思议，但没有纠缠于该疑问；很多学生关注了文本中含义深刻的句子，并明确提出了自己的困惑；还有学生提出了“我”为什么不惊动安静的问题；同时，多位同学对文章的题目进行了质疑思考并提出了修改建议。那么在这些问题中，最能提纲挈领、牵一发而动全身的问题是什么呢？这时的我们，就需要换一个角色，站在教师的立场进行思考了。

3. 站在语文教师立场进行解读

在把握普通读者阅读感受和学生初始阅读体验的基础上，我们需要站在小学语文教师的立场作一统筹思考。“教师”的作用是组织、引领学生学习，为学生学习提供必要适当的支持与帮助，而要很好地引领学生，教师首先要有一个准确的逻辑起点和清晰的逻辑推进；同时，作为语文教师，还须将关注点作一些具有语文学科特色的设定，比如作者的写作意图、文章的写作形式等；而作为小学语文教师，我们又必须明确哪些内容是在这个年龄段可以学习的，哪些内容是需要等待，让学生在时间的推进、生命的成长中逐渐获得的，对于应该学习的内容，又该采用哪些合适的方式方法开展学习活动等。当我们对“教师”“语文教师”“小学语文教师”的身份内涵有了明确的思考，我们便可以较好地站在

“小学语文教师”的立场解读文本了。

正如前面所说，《触摸春天》一文主要是对学生进行生命教育，但从学生的初始阅读体验看，学生在自主阅读《触摸春天》一文时就已经对这一主题有了丰富的感受，教师的关注点应该更多地集中在通过文章的关键词、关键句，借助学生的疑问、感受去诠释这一主题，以提升学生对生命的感悟。

（1）确定对话核心主题并梳理内涵之逻辑关系

有多位学生在“建议”中提出课文的题目不好理解、与文章的意思不一致、应该把课文的题目改成“盲童的世界”“盲童的故事”等观点。

从孩子的视角看，这些建议都很合理。因为在平常人的生活中，“春天”更多的是看到的，而非“触摸”到的，而且“春天”一词的内在深意和表达效果也是小学四年级的学生很难一下子感受到的。但从文学视角看，《触摸春天》一文题目拟得很是巧妙，很切合文意，而且很具艺术性，是一个可以引领学生感受拟题艺术的好例子。于是我将文本解读及教学的对话核心主题确定为“‘触摸春天’这一题目究竟好在哪里”，并对其多方面好处及之间的逻辑关系进行了思考。课堂实践显示，在我引领学生一起去理解题目内涵之后，学生的观点大多发生了改变。那么，引起他们观点改变的原因都包括哪些呢？

第一，“触摸”一词与文中主人公的身份及所述故事吻合。主人公安静是个盲童，她感受春天的途径不是眼睛，而是手，是运用触觉，“触摸”一词符合人物身份特点；文章所写的正是安静在一个清晨，用她的手捕捉住一只停在月季花上的蝴蝶，蝴蝶在她的手心里扑腾，“许久，她张开手指，蝴蝶扑闪着翅膀飞走了”的故事。这个事件与细节，使安静感受到了春天，感受到了生命的力量，正如文中所写“安静的脸上充满了惊讶。这是一次全新的经历，安静的心灵来到了一个她完全没有体验过的地方”。而她的“经历”“体验”，全凭“触摸”蝴蝶后获得。

第二，触摸的宾语“春天”一词形象生动且具深意，使人感受到五彩缤纷、生机勃勃的景象。其一，由蝴蝶引出春天，具有主题上的升华作用，若直接拟成“触摸蝴蝶”，显然就缺少了很多神形兼备的意义；其二，“春天”可以使读者获得丰富的感受，如姹紫嫣红的视觉感受、百鸟争鸣的听觉感受、温煦和暖的触觉感受等，使读者在不知不觉中调动了全部身心投入阅读；其三，“春天”意象本身蕴涵着生命勃发之意，使文中安静“触摸春天”其实就是“感受生命”“热爱生命”的深刻内涵得到含蓄体现。因此，从不同角度看“春天”一词，可获得不同的感受与认知。

第三，“触摸春天”的动作发出者事实上不仅仅是安静，也可以是作者“我”。文章作者以第一人称的形式写了“我”在一旁对这个早晨故事的关注。文中不止一次地写道：“我几乎要喊出声来了”“我静静地站在一旁，看着安静”“我仿佛看见了她多姿多彩的内心世界，一瞬间，我深深地感动了”“在这个清香袅袅的早晨，安静告诉我这样的道理”，并不止一次地用上了“竟然”“奇迹”“全新”“感动”等语词。所以，文中对安静心理的描写，其实都是通过“我”的眼睛与想象来完成的，换言之，在安静触摸春天的同时，“我”也在触摸着安静这个盲童热爱生命的内心世界，感受着她感受生命的真实状况。所以，“触摸春天”既关乎故事主人公安静，又关乎作者“我”，这才使课文最后“谁都有生活的权利，谁都可以创造一个属于自己的缤纷世界”一语的得出成为可能并且水到渠成。

第四，“触摸春天”一题具有诗意特征，与文章的言语风格、叙述风格、散文笔调一致，具有突出的诗意美。本文虽是叙事文，是对故事的记录，但作者用以记录和表达这个故事的语言是自然清新、富有诗意的。小区绿地的景色，“流连、穿梭、流畅、慢慢、引导、沾着露珠、悄然、拢住、灵性、惊讶、细细地、扑闪、张望、弧线、曲线、飞翔、清香袅袅”等诗意语词，安静的举动与“我”的感受交错表达的方式，甚至包括“安静”这一人名，都具有诗一般的韵味。这份诗的韵味，使文章不仅具有了生命力量带来的热情与感动，也具有了感受生命活力之后的宁静感与平和感，而其达成的效果，是不仅具有了促人奋发的激励作用，更具有了促人思考的空间与力度。

第五，读完全文，我们可以清楚地知道，安静对生命的感受是在“抓住蝴蝶、蝴蝶扑腾、放走蝴蝶”的刹那间实现的，读到这段文字，我们的内心会洋溢一种因生命力的强烈与生动而引发的温暖感，也会因安静的刹那间的感悟而感到激动，“触摸春天”四字，在一开始就营造了一种很温暖、积极向上的氛围。

综上所述，一个好的作品，其拟题艺术是很值得品味的，品味可以涉及多方面，如题目与文章主人公的身份与特征的联系、题目语词固有的意象内涵与张力、题目与文章具体内容的关联、题目艺术特色与文章叙述风格的关联、题目带给读者的心理感受等。所以，当我们引领学生就这一题目进行分析讨论并得出上述观点时，该题目的好处就能使学生感受到。而在之后的教学中，借助圆合、照应和提升“触摸春天”来感受文本内涵和情感便成为一件顺其自然的事情了。图4-3就是依据这几方面的解读而作出的逻辑框架图，可以作为课堂板书和对话方案。当然，以上五点还仅仅是其中部分的理解，但从小学学习的角度来说，学生如果能够从这五方面进行自觉思考，便也已经很好了，更多的内涵就让他们在成长的道路上慢慢体会和积累吧。

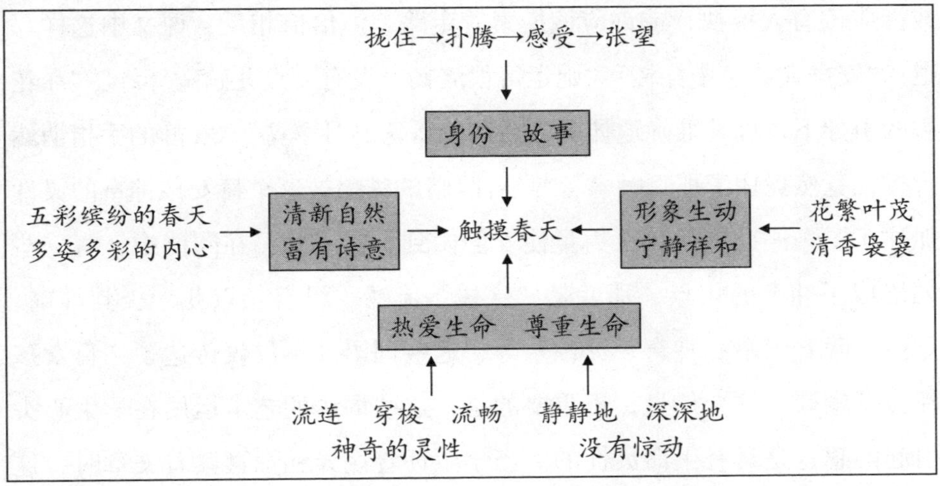

图4–3 教学设计逻辑框架图

（2）创设对话冲突情境并丰富学生认知体验

对文本的阅读体验包括同化、顺应等多种表现，这是一个“冲突—平缓冲突—冲突”的反复过程。这些表现的形成借助的是学生认知能力、生活阅历等方方面面的基础。随着阅读的进程，学生会唤起许多感受性回忆，这是作品阅读的重要环节和基础，也正是由于这些个性化的感受性回忆，促成了在感受同一部作品时审美经验上的个体差异，其中也存在许多阅读冲突，包括阅读时的疑惑和不同理解，这些冲突无法回避也无须回避。而且从本质上说，“对话”本身就是在不断的冲突中进行的，因此教师要善于根据学生的初始阅读体验，积极地、创造性地创设对话冲突情境。

整合学生对《触摸春天》一文的感受和质疑即学生的初始阅读体验，在该文学习中，至少可以有如下几种冲突情境的创设方式：

第一种方式：利用与学生的认知矛盾创设冲突情境。正如前面所说，《触摸春天》一文写得很美，很有诗意，也很有深度，基于学生的生活阅历，阅读起来有一定的难度。但恰恰是这一难度，成了对话冲突情境创设的重要资源。比如，在学生心中，盲人的眼前是一片昏暗，安静或许应该有人搀扶，或许应该摸索着走路。但恰恰相反，课文中这样写道："安静在花丛中穿梭""她走得很流畅，没有一点儿磕磕绊绊""在花香的引导下，极其准确地伸向一朵沾着露珠的月季花""安静的手指悄然合拢，竟然拢住了那只蝴蝶""睁着眼睛的蝴蝶被这个盲女孩神奇的灵性抓住了"……究竟是什么力量使安静做到了这一些？在阅读中，有一些词语成了冲突的焦点，那就是"穿梭、流畅、没有一点儿、极其准确、竟然、睁着眼睛、神奇、灵性"等，这些词语并不仅仅传达了"盲女孩抓住了蝴蝶"这个信息，更重要的是，这些词语的艺术运用在学生心头引起的感觉是具有生命灵性的。当学生怀着诧异和惊喜读着文章时，这些词语引起了学生极其强烈的原有认知与盲女孩举动之间的冲突，因为有这样的冲突，这些词语具有了特殊的魅力；因为冲突，学生的视野才真正从对故事本身的关注转向对文学语言的关注，而这种关注点的转化是因为这些词语中洋溢着盲女孩的生命力量。也就是说，在冲突情境中，学生的关注点不再仅仅是表层叙述的故事，更是对生命存在的一种感受——这是文学阅读的根本。在这过程中，学生体会到了文学语言的魅力，语文教育也达到了"润物细无声"的效果。

第二种方式：利用文章留白创设冲突情境。正如前文所说，优秀的文章都能够给读者留下想象的空间，都是"空，然后有生气"，文学作品正是因为有"留白"，才具有了让读者观照自我生命的空间。在《触摸春天》一文中，就有很多"剩余部分"可以挖掘和感受："这是一次全新的经历，安静的心灵来到了一个她完全没有体验过的地方""我仿佛看见了她多姿多彩的内心世界""此刻安静的心上，一定划过一条美丽的弧线""述说着飞翔的概念"……这些"剩余部分"所表现的，恰恰是作者想要表达的一种对生命的体验，如果我们忽视了这种留白资源，那么阅读就会是苍白的。相反，当我们通过这些语言，通过冲突情境的创设，就帮助学生唤醒了他们的感受性回忆，就使他们在对话中获得了一种对生命的重新认识。

第三种方式：借助情感升华创设冲突情境。语文学习对于人的成长的最大好处在于她能够使人的情感得到升华，即通过文学的熏陶获得一种情感教育、审美教育。因此，借助情感升华创设冲突情境也是一个重要的渠道。就《触摸春天》而言，我们可以运用文章末尾“谁都有生活的权利，谁都可以创造一个属于自己的缤纷世界”这一充满情感升华意味的语句作为载体进行创设。这句话很具哲理，也较抽象，在创设这一冲突时，需要引导学生将之化为具体的人和事，如“谁”可能是什么人？如何“创造”？是一个怎样的“缤纷世界”？只有当这些词语唤起了具象化的感受，学生的内心世界才能够丰满起来，才能够将前面冲突中获得的生命体验和自我观照联系于实际生活之中，进而实现对生命的正确理解。

第五章

高效对话之素养提升

“语文对话式阅读教学模式”能使语文课堂对话的理念得到落实，也能使语文教学达成轻负高质的效果。

首先是基于语文教学是母语教学这一特性，充分尊重了每一个学生所具备的语言习得基础、学生对母语的理解感受和应用能力以及初始阅读体验，消除了语文课堂的浪费现象。

其次是让学生在语文学习中获得了成就感。成就感不可能在已知内容的重复中获得，而须建立在对具有挑战性问题的思考基础上，也就是说，只有在对具有一定挑战性的问题的分析思考而拥有豁然开朗感觉的过程中才能真正获得学习的成就感。对话课堂中师生开展对话的核心主题具有挑战性、开放性和多元性，使成就感的获得成为常态。

最后是学生在学习过程中感知到了自己的本质力量。任何人都是在观照出自己本质力量的过程中获得美感并对某事某物产生兴趣的。如作画者因某种思想情感而作画并通过自己的画读懂了自己的思想感情，于是其本质力量就对象化为这幅绘画作品，通过绘画感受到自己的本质力量并开始喜欢用绘画的语言表达自己。在语文对话课堂中，学生围绕对话核心主题表达自己的分主题和依托点，就是呈现和感受自己的本质力量的过程。这种本质力量对象化的体验，若换作教育学心理学的概念，便是元认知，即本质力量对象化的过程就是学生对自我认知的认知过程。研究表明，元认知水平将极其重要地影响一个人的发展，元认知水平越高，发展潜力越大。因此，课堂中学生对自身本质力量感受力越强，课堂状态越好，学习效果越明显。这是语文课堂对话模式很显著的优势。

上一章中我们呈现了语文课堂对话得以高效实施的关键，即文本解读能力，但除此之外，教师其他方面的素养也深刻地影响着课堂的对话。比如，教师对教育教学理念、师生关系、课堂规律、语文学科规律、自身语感、朗读指导等方面是否拥有正确和充分的认知并能化为具体的课堂对话策略等。

本章，笔者将围绕上述促使语文课堂高效对话得以实现的教师各方面素养的提升策略，来阐述自己的观点。

一、提升教师形象

关于教师形象，有许多生动的语言表达，最为人所传颂的是“太阳底下最光辉的职业”“传道授业解惑”“人类灵魂的工程师”“春蚕到死丝方尽，蜡炬成灰泪始干”等。这些表述，激励了无数人民教师投身于教育事业。但随着时代发展，行业分工日益精细化及人们对行业协作重要性的认知不断明确，可以看出上述表述已不仅仅属于教师职业，而是适用于更多行业的职业要求；另外，这些表述大多为比较宏大的理想层面，没有表述出如何落地这层意思。而教师像春蚕蜡炬一喻的情绪基调又过于悲壮和沉重，不利于引领学生阳光快乐地成长。

若基于教师职业特点找到一种最合适、贴切的形象表达，并给广大教师带来能够落地的策略指导，那么和前述课程定位一样，“教师是一棵树”“一棵实现和谐共生的树”的表述无疑是十分贴切的。

图5-1 教师是一棵实现和谐共生的树

这棵树枝繁叶茂，充满生机与活力，正如巴金先生在《鸟的天堂》里所描写的："现在正是枝叶繁茂的时节，这棵榕树好像在把它的全部生命力展示给我们看。那么多的绿叶，一簇堆在另一簇上面，不留一点缝隙。翠绿的颜色明亮地在我们的眼前闪耀，似乎每一片树叶上都有一个新的生命在颤动，这美丽的南国的树！"更重要的是，这种活力不仅是树本身的活力，也是这棵树上另外很多生命的活力。"到处都是鸟声，到处都是鸟影。大的，小的，花的，黑的，有的站在枝上叫，有的飞起来，有的在扑翅膀。"鸟儿们在这棵树上多么自由自在！大树带给它们欢乐、平和与宁静，因为大树总能包容它们的各种姿态，给予它们无言的支持和帮助，而鸟儿们的欢乐同样也给大树带来了无限生机。

这棵枝叶繁茂的大树，之所以能够包容悦纳每一只具有不同个性、不同行为的小鸟，是因为她自身非常强大，她不仅相信自己，也相信每一只小鸟，相信只要顺应和发挥它们欢乐的个性，那么它们终将拥有幸福快乐。这就像课堂中，本着共同的学习目标和愿景，教师能够用足够的智慧去营造一种温暖自由的课堂文化、班级文化、学习文化、成长文化，一种绿色的、没有压抑感和约束感的、自由自在的教育教学文化。在这种文化中，每个人的思维都能处于活跃状态，每个人都能体验到被尊重的感觉，每个人也都能与班级中其他成员以及与自己的内心和谐相处，从而感受到自己的获得感和存在价值与意义。

当然，作为一棵能够持续呵护鸟儿以让它们自由歌唱、自由飞翔的大树，必须以深厚的情怀实现自己的不断壮大，即教师必须不断促进自己的专业成长。虽然在现代技术和手段不断发展的今天，教师专业成长的路径和平台非常丰富多样，但最好的专业发展路径和平台是平常的课堂，因为要使一个人的认知和体验得到质的飞跃，必须满足几个条件：一是要基于一定的困扰困惑，集中培训时，很多教师因为暂时脱离了课堂，其困扰困惑也就容易被淡忘，如果没有一种强大力量去激发和唤醒其内心困惑，那么培训将较难触动其成长需求；二是由于教师教学困惑的分析和解决而获得的意义需要在课堂实践中实现，在脱离课堂的培训中，这种立即实现的可能变小，因此困惑解决的意义较难在第一时间得到验证，教师也较难在第一时间感受到其中的价值感、满足感和喜悦感。可见，“教师专业成长中的教学困惑”这一存在基础很重要，“基于分析和解决困扰困惑所带来的应用价值和内在满足感的体验”很重要。而这些困扰困惑大多是源于课堂上学生的提问和由此带给教师的挑战。教师持续成长的奥秘，就在于尊重和鼓励学生发出的挑战，在于积极面对和思考学生带来的挑战，在于向学生借智慧，在于教学相长。

所以，教师应是一棵实现和谐共生的树，枝繁叶茂，充满朝气，是学生学习的乐园、成长的平台。而教师在助学生成长的过程中，也在不断向学生学习，让自己成长，从而实现师生共同成长，和谐共生。这是实现对话的语文课堂对教师形象的新定义。

二、转变教育观念

很多事情，随着时间的推移、形势的改变、资源背景的不同，其采用的形式、价值的取向、对错的判断标准等都会发生改变，甚至会形成180度的转弯。教育观念也是如此。而教育观念将会直接影响教育行为，可见其重要。举几个例子作阐释。

30年前，我刚参加工作，来到师范学校任教。那时我们每周都会到小学听小学教师上课，之后的评课环节，老教师们总会提到课堂上时间的安排问题，比如，这个环节用了5分钟，符合教案中的规定时间；或者，这个环节比预定时间多了3分钟，看看这3分钟可以从什么地方节省下来，等等。因此，当时我就认定这种教学时间规定上的评价维度极为重要，也一直觉得课堂就应该这样严格按照教案预设的进程走，当时很多教师还会在教案中标注每个环节具体的时间安排。但是今天，当我们从对课堂预设的关注更多地转向对课堂生成的关注时，才发现课堂上各环节的时间规定实在是没有必要像之前那样，因为课堂进程应该根据课堂生成的不同而作出调整，怎么可能按照预先的时间规定严格执行呢？所以，课堂时间观念的不同，会产生完全不同的教学实施行为。

我们再来看，很多教师一直要求学生上课时坐得端端正正，不允许做小动作等，但在成人世界中，有谁能够在40分钟时间里端正坐着和不做任何动作？这就有了“坐端正”“不做小动作”“可以自由姿势”之间的观念转变。

再如，很多人认为课堂上学生的主要任务是回答问题，所以就形成了“教师问学生答”的课堂局面；而我们认为课堂上学生要主动提问，课堂就是对话分享的过程，所以就形成了“师生对话”的课堂局面，这是“问答”和“对话”之间的观念转变。

这样的例子太多。“追求苦读”还是“追求乐读”？“学生应该回答问题”还是“应该提出问题”？孩子可不可以在大人说话时插嘴？等等。

一个教师的心中，其所执观念如何，会直接影响其教学行为。但人的观念总是会在形势变化和思想成长过程中改变的，对一些内在规律的把握，也是需要时间、经验和学识的不断积累的。但在这个积累的过程中，对于接受教育的学生来说，或许已经错过了某个黄金期，或许已经因为观念不当、行为不当造成了不可挽回的损失。所以，作为教师，要发自内心地拥有“爱学生、为学生”的教育情怀，理性地、深入地、不断地学习各种教育教学理念，使自己拥有科学的观念，把握住正确的方向。

当然，很多时候，事物的合理性会随着历史发展而改变。一个事物，基于某个历史时期特殊的发展需要，在作出某种决定和改变时会充分发挥其积极作用并推动社会向更好的方向发展。但随着社会进程，同样的一个事物，会慢慢呈现出一些事先无法预料的新情况。当这种新情况出现，我们就需要因时制宜、因地制宜、因人制宜地作出合理分析，形成与时俱进的观念。举个例子，前几年，笔者参加国家语言文字评估工作，对其中的“简化字”与“繁体字”、“普通话”与“方言”之间关系该如何把握心存疑惑，因为我深刻地体会到繁体字和方言在中华文化传承与弘扬过程中的重要意义，而现在，人们基本不读繁体字刊印的书籍，很多孩子不会说方言，这些对中华文化具有极大意义的语言文字的呈现方式正在慢慢退出人们的视线，我们该如何面对这种新情况？其实，这些情况已经得到相关领域工作者的重视，也得到了媒体的关注，在报刊上，我们也看到了一些争鸣文章，就“繁体字”和“简化字”、“普通话”与“方言”的关系展开了讨论。但如果我们结合历史发展来看就会发现，现行简化字的推出是出于新中国刚刚成立时文化普及的需要，因为繁体字笔画多，给文化普及工作增加了难度，而在那个百废待兴的历史时期，文化普及成为国家发展中最为重要的事情之一，所以进行了汉字简化，可见，这在当时是国家发展、国民素质提升的重要手段。同样的，在过去媒体不发达的时代，普及普通话成为各区域人们之间交流的必须要求，也是国家经济文化发展的必须要求。但随着时间推移，随着媒体发达，随着中华传统文化的振兴成为新时期更重要的使命时，我们的观念发生了改变，简化汉字、推广普通话这些曾经发挥过重要意义的举措所慢慢累积而出现的繁体字认知能力弱、方言不会说等情况，又在一个新的历史时期引起了大家的关注，并将带动新一轮的文化思考和观念转变。

所以，生活中，面对同一问题，会存在不同观念有时甚至是180度的反向观念。作为教师，只有深入研究、把握真理和规律，才能更好地引领学生成长。

三、放低教师姿态

在走上工作岗位初任班主任时，我和几位学生聊天，发现他们比较拘谨，便问他们原因，他们说："老师，您在我们心目中非常完美，看不到您的任何缺点，所以，我们担心在您面前说错话做错事。"这让我大吃一惊。说来也巧，也就是在那段时间，我和一位老教师聊到她的孩子，她说她的孩子在高中读书，最喜欢一位数学老师，因为这位数学老师经常把自己不会做的数学题目让学生做，每当学生做出来了，同学们就会特别高兴，因为他们超越了老师。我问："这位数学老师是真的不会做吗？"老教师回答我："不知道，可能是真的不会做，也可能是假装不会做，反正学生认为老师不会做，他们比老师厉害，所以很高兴，也就很喜欢这位老师。"听了老教师的话，我豁然开朗，原来真正优秀的教师，是愿意且能够在学生面前放低姿态的教师。

很多时候，教师都是端着架子在工作的，虽然显示了榜样的力量，但也给学生带来了压力和紧张感。这种始终要表现出完美一面的意识，和我们对"师者，所以传道授业解惑也""学高为师，身正为范"等名言名句的理解偏差有关。因为在"教师本身的高水平"和"促进学生成长"之间，还有一个很重要的环节，那就是"教育教学智慧"。我们可以将教师自身的高水平直接显示于学生面前，也可以不加流露而换之一种巧妙的方式让学生自己领悟得出，或许后者效果更好。当然，选择哪种方式更合理有效，要看具体的情况和具体的学生。因为，从学习心理角度看，学生自己得出比教师直接呈现更能使其充满发现感、成就感、价值感，并能在这些感觉引领下唤起更为饱满的学习热情。

教师放低姿态并不是一件容易的事，这种放低是一种从容的姿态，不慌不忙、不急不躁，对学生的各种学习行为都能包容，而又能作出关键指点，这种放低姿态的勇气来自其内心的自信和对教育教学本质的理解。当一个教师内心不自信，就会让“教师”这一客观存在的“身份”强势左右师生关系。相反，只有内心自信，才会放下身份的优势，而以真正的学问让学生信服，且愿意和学生分享自己获得某一知识、某种体验的过程，包括这个过程中自己心绪的起伏变化，例如遇到挫折时的沮丧、请教他人时的胆怯、面对老师时的敬畏、获得提高时的欣喜，以及对自己目前工作的影响等。因为他知道，这样的分享，这样的放低姿态，并不影响其内在的高水平对于学生的影响力，他不需要借助教师这一客观身份来将自己扮演成很有学问的样子，他只要真实地表达自己就可以了。

所以，放低教师的姿态，其实是对教师提出了更高的要求。其一，教师要不断学习，不断充实自己，使自己真正达到“学高为师，身正为范”；其二，要对教师身份有一个正确定位，即教师是学生成长过程中的引领者、同行者、支持者、鼓励者，教师比学生多的仅仅是所经历过的时间和体验，其他很多方面，教师和学生其实不相上下，甚至很多优势学生拥有而教师其实并不具备；第三，我们一定要有教育教学的智慧，要让学生拥有发现的快乐，有超越你的成就感，有不断往前进取的动力。

所以，老师，请放低您的姿态吧，这样，课堂才会有趣得多、轻松得多，学生才会灵动得多，教育教学生活才会变得更为充实和有意义。

四、开展逆向思维

有一个有关《动物学校》的教育案例分析题，内容如下：

动物学校要招生啦！动物园的动物们奔走相告，踊跃报名。泥鳅、松鼠、老鹰有幸成为首期学员。学校开设了游泳、跳跃、跑步、飞行等课程。

开学第一天的第一堂是游泳课。松鼠、老鹰首先遭遇尴尬，由于它们是“旱鸭子”，迟迟不敢下水，遭到了老师的训斥和嘲笑。而泥鳅却在这堂课上出尽了风头，它以舒展自如的泳姿得到了老师的赞赏和同学们的喝彩。但接下来的课程训练却让松鼠、老鹰扬眉吐气，跳跃是松鼠的强项，飞行是老鹰的看家本领，跑步项目对它俩来说更不成问题。但这些训练却让泥鳅吃尽了苦头，尤其是跳跃和飞行，是它的弱势项目。为了提高成绩，它把主要精力放在这两个项目上。一学期过去了，泥鳅被摔得伤痕累累，苦不堪言，虽然在这期间它想放弃这两个项目的训练，在游泳这个优势项目上得到进一步的发展，但碍于校方的规定和校长、教练的威严，打消了这个念头。

在期末的汇报课上，泥鳅训练刻苦，跳跃、跑步虽有所长进，但也只得了“C”等，飞行项目最终没有学会。原本的优势项目——游泳，因为长期没有训练，泳技大不如前，由期初的“A”等降到现在的“B”等。老鹰在飞行项目上以绝对优势得到了“A”等，但在跳跃与跑步项目上只得到了“B”等，游泳不及格。松鼠在飞行项目上得到了“B”等，跑步得“C”等，游泳没有通过，在跳跃项目上破动物界的最高纪录，但也只得到“B”等，因为它是在树顶上起跳，而没有按照学校规定在地上起跳的要求。

要求根据这一案例，就该校的课程设置及教学评价作一评析。

看过很多资料，也请一线教师作过分析，教师们得出的分析要点多集中于“课程的设置要‘以人为本’，应能有效促进各种动物的个性发展，而不能让动物去适应课程”“课程设置应关注各种动物的选择与需求”“考核评价的内容和方法要科学，要重视过程，重视发展性评价，重视态度和能力，重视期望与激励，让教育成为动态的管理过程”等。

这些当然是对的。但是当我们从相反的方向审视这一案例，就会发现以这个案例中的动物学校直接推断人类的学校，是简单而粗暴的。因为动物与人类有着本质的区别。

首先，人与动物的潜能具有本质区别。人是具有智慧的高等动物，人的素质往往以综合素质的形式呈现，而并非动物那样单一，松鼠可能永远学不会游泳，但在人类，哪怕是四肢存在缺陷者，也可以凭借智慧和毅力掌握游泳技巧从而学会游泳。其次，动物的能力具有更大的确定性和稳定性，而人类的能力具有更大的复杂性和未知性，也因此具有更大的发展性，许多潜能是在成长过程中不断被发现并得以进一步发展的，一开始就定论性地要求某人学什么、无须学什么是不科学的，也是对个体的极大不尊重和极大不公平，人类的教育应该给每一个生命个体提供更多的机遇和平台供其选择和尝试。人类学校课程的开设，应该更加突出多样性和丰富性，也完全可以用有效的考核方式对每一种课程进行考核以保证课程实施的质量。

霍华德·加德纳提出的多元智能理论也认为人类的智能不仅包括“语言智能、逻辑数学智能、空间智能、肢体运作智能、音乐智能、人际智能、内省智能、自然探索智能”等八方面，而且不同的人会有不同的智能组合。多元智能理论为我们预示了这样一种可能，人在某一个阶段呈现出的能力，只是其多元智能中很小的一部分，其天赋将不断地在不同领域的学习中得以激发、外显并支撑其优势智能发展到顶峰。我想，很多人都有这样的切身体会，在某一刹那，突然找到了自己感兴趣的、自己擅长的方面（而在这之前，往往对此没有感觉），于是在大量的学习积累后开始形成自己的专业方向。只是这一时间，有的人早，有的人晚，所谓“少年得志”或“大器晚成”，说的就是这样的事实。因此，人类学校多种课程的设置是必需的而且可行的，这是对人类自身的科学认知和公平尊重。基于这样的理解，我们所要思考的就不是要不要设置这么多并不见得能体现每一个个体特征的课程，而是将思考点转移到各课程的特点、课程之间的关联、整合课程力量的方法，以及有效的课程实施与考核方式，以达到课程教学的最优化效果等方面。这样的思考才是具体、深入且有效的。

通过上述例子可以看出，作为语文教师，学会发散思维，甚至逆向思维将帮助我们获得更全面、更辩证、更科学的结论，并在正确的道路上寻找理论的依托和实践的策略，提高思维的广度、深度和关联度。同时，它将帮助我们形成尊重多元认知、包容多元理解的气度和胸襟，也因此帮助我们获得批判性阅读的能力和习惯，并以此面对各类主题的文学作品。

五、学会三心并举

面对每一级的师范学生，笔者都会问一个问题：“作为一名教师，需要有三颗心，你觉得是哪三颗心？”笔者可爱的学生们总会不约而同地脱口而出：“爱心，耐心，责任心。”的确，对于一个教师来说，爱心、耐心、责任心实在是非常重要，这不仅是一种师德要求，更应是发自内心的一种情怀。但在这篇短文中，笔者想通过分享自己经历的一个教育故事，和大家交流在这三颗心基础上的、具有操作意义的、体现教育智慧的三颗心（以下叙述中，将用“我”代替“笔者”自己）。

那时我所在的学院刚刚招收学前教育专业学生，我执教其中的“教师口语”“大学语文”等课程。有一天，我还没走进办公室，就听到了一阵激烈的争吵声，走进办公室，看到我执教的“教师口语”课所在班级的一个男生和他的班主任正在激烈争吵。我朝他们点点头，坐到自己的位置上。没想到，他俩越吵越激动，谁也说服不了谁。那是个年轻班主任，刚工作两年，与学生的年纪相差不大，可能在说服学生这点上比老教师要困难一些，因为学生对教师的态度会因教师的年纪而有变化。看他们停不下来的样子，我主动对他俩说："要不我来聊聊？"班主任走出办公室后，我和学生之间有了一段对话。以下是我根据回忆整理出来的内容和过程。

我：到底是什么事情，你和老师都这么激动？

生：老师说我旷课，态度不好，我不服气。

我：那你旷课了吗？

生：旷课了。但不能说我态度不好。

我：哦，我也觉得你在口语课上挺认真的。听得认真，练习也很认真啊，进步也很大。那如果不是态度问题，会是什么问题呢？

生：我不想读这个专业。

我：你不想读，那怎么选择了这个专业？

生：我爸爸妈妈要我来读的。

我：哦，我明白了。不想读却不得不坐在教室里坚持着，这的确是一件很苦恼的事情。

我们不妨先停一下，想一想，当他听我说"我也觉得你在口语课上挺认真的""不想读却不得不坐在教室里坚持着，这的确是一件很苦恼的事情"时，他的心理感受是什么？是不是可以从原先的激动状态中走出来，让心情有所平复？是不是也对我所说的内容感到有些吃惊？因为，在一般学生看来，教师总是试图教育学生，因此总会站在教师自己的立场和角度去试图说服学生，比如说"既来之，则安之""不管怎么说，不来上课总是不好的"等之类的话语。但我并没有这么说，而是采取了肯定他、理解他的话语内容。而且就我当时而言，我真心觉得学生的感受很有道理，所以给予了理解。我觉得，这是我们走进学生心灵世界的第一颗心——同理心，即真正地理解学生。

我：你不想做幼儿园老师，那想做什么呢？

生：我想做生意。

我：做生意好啊！能为国家创税，很好的选择呢。而且生意做得好，还可能成立品牌呢。

说到这儿，学生用带着惊喜但马上转为有些无奈的眼神看着我。惊喜是因为得到了老师的认可和支持，因为很多教师面对这样的内容，往往试图将学生拉回到自己想要达成的谈话目的上来（比如要求他按时到课、认真听讲等），更何况做生意和做幼儿教师是两个完全不同的职业。无奈是因为虽然得到了教师的认可，但现实告诉他做不到。但不管怎样，他在原本认为教师总是试图说服他、很容易产生冲突的师生谈话中得到了认可、肯定与支持。这是我们走进学生心灵世界的第二颗心——悦纳心，即喜悦地接纳学生的观点。

我：那你有没有想过做生意需要哪些要求和条件？

生：做生意嘛，只要有货，卖出去就可以了。

我：这么简单吗？

生：是啊，我旁边的人都是这么做生意的。

我：那你如果要卖一样物品，你怎么介绍物品？你推销产品，凭什么让别人相信？你了解不同年龄段人们的需求吗？如果有一天，你的生意做大了，办了一个工厂或企业，你怎么管理一个团队？不同的员工有不同的诉求，你是否需要建设企业的文化？企业的文化又怎样通过语言文字的方式提炼出来并成为你们的墙体文化？这些问题你想过吗？

生：老师，我没想过这些，但这些可能真的挺重要的。

我：当然，每一个行业都有自身的规律和学问，不知道是不行的。我建议你到书店看看，现在这方面的书很多，而且都放在很醒目的位置，你一去便能看到。

生：好的好的，谢谢老师啊！

我：但是你现在学的这个专业怎么办？

生：我也不知道，很苦恼。

我：现在摆在你面前的有两种选择。第一种是放弃学前教育专业的学习。

生：那我不愿意，我都学了两年了，现在放弃很可惜，我父母也不会同意的。

我：那就只有第二种选择，继续学习下去。

生：也只能这样了。

我：但这样很容易停滞在目前的心理状态之中。

生：就是，依然很痛苦的。

我：我给你一个建议，你看是否可以。我们学习很强调将所学内容与生活、未来的职业进行联系思考，这样的学习会事半功倍。当别的同学把学习内容与幼儿教师职业联系思考的时候，你就和做生意这件事情进行联系思考。比如心理学课，你就和不同年龄段、不同性别、不同职业、不同区域、不同教育背景的顾客群体分别有怎样的心理进行联系思考；口语课，你就和怎样更好地运用合适的语气语调和顾客、员工、合作伙伴交流进行联系思考；幼儿园活动设计课，你就和在企业里组织一次活动、策划一个方案等进行联系思考。这样，既不耽误课程学习，而且能够更加贴近生活进行举一反三的学习，学习效果会更好呢！

学生听了我的建议，非常高兴，欣然接受，并在后来学习中积极采纳。毕业后他果然做了生意，还挺不错。在上面的这个片段中，教师就在他遇到现实与理想的冲突而无法自行克服的情况下为其指出了一条可选择的路径来，这就是走进学生心灵世界的第三颗心——引领心，即提出新的思维引领学生解决困难。

从上述对话可看出，“同理心、悦纳心、引领心”是教师和学生对话高质有效的保证，因为其中不仅包含了爱心、耐心、责任心等各种属于理论层面的师德要求，更体现了操作层面上的教育教学智慧，也是对以生为本、平等尊重等教育教学理念的有效践行。而且，“三心并举”的对话方式，能使教师和学生都收获温暖、宁静、喜悦的情感体验，这对于校园文化、班级文化、课堂文化的建设都具有极为重要的推动作用。

所以，请将爱心、耐心、细心、恒心、责任心等作为教师必须具备的美好品质具体化，使其成为可以实际操作的“同理心、悦纳心、引领心”，让善良、温和的思维习惯和说话习惯围绕教师和学生，让我们的心和学生的心紧紧相连，这样，我们的校园生活该有多么美好与动人啊！

六、重视问题分析

一天晚上，师范学院进行了一场很精彩的教工文艺专场演出活动。第二天上午，我走进教室，学生就喊了起来：“老师，昨天演出太精彩了！”原来有很多学生观看了演出。于是我问：“你们也去看演出了？多少人去看了？”他们告诉我10个人。我说你们班有40个同学，这10个人是怎么确定的？他们告诉我是“抢来的”。怎么抢的呢？首先是班长在群里发了通知，告知大家有10个名额，然后大家报名，报名处于前10位的同学就是去观看的人员。我听了，一方面觉得现代工具的确为我们解决问题提供了很大便利，但又感觉在这“问题”和“结果”之间，似乎缺失了什么。进一步又联想到，如果我们为了追求问题解决的速度而总是习惯于借助现代手段，那么会不会有一天，这会导致我们作为人自身的解决问题的能力减弱退化？于是，我调整了一下原来的教学思路，就这个问题用了10分钟左右时间与同学们作了交流和讨论。

“同学们，假如我们现在没有手机，也没有微信群中的通知发布，但我们又要解决这个问题，你认为可以怎么做？”这是我首先问学生的问题。学生说，那一般是在同学们都在的时候发布通知。"那么，在这个情境中，有没有可能有20个同学同时举手？而作为班长，你可能根本就看不出举手的先后顺序，这时候，你怎么办呢？"学生表示这种情况出现的可能性很大。"那么在这20个同学中，你怎么确定10个人选呢？"有反应快的同学马上说"抽签"。我点点头，没有反对，但继续追问："为什么想到这个方法？"学生答："因为比较公平。"我又点点头，因为在日常生活中，在很多时候，"抽签"的确是解决问题的一种快捷也显得比较公平的方式方法，但我认为在这个事情中并不见得。出于一直以来对培养学生思维能力的关注，我继续追问："你们觉得抽签是最公平的方法，是吗？"几乎所有的同学都点头了，当然，我也看到了一些同学有些犹豫的神情，可以看出他们在期待着我进一步的话语。我说："很多时候，我们觉得这是最公平的。但有的时候，表面上看很公平的事情，其背后或许隐含着最不公平的因素。我举个例子，比如期末成绩，我给大家都打85分，你们认为公平吗？"学生当然觉得不公平，因为对于在这门课程中学习好的同学来说，没有呈现出他的水平优势来，而对于这门课程中学习差的同学而言，会让他误以为自己和大家一样好而放弃了努力，这是对他未来发展的不负责任。其实，对于给学生打分这件事，我一直抱着比较宽松的态度，但我非常重视在考试过程中给予每个学生基于他们发展的点评（我所执教的课程"教师语言技能""小学语文教学法"都采用一个个学生轮流面试的方式），我一直要求自己在学生考试中至少提炼出两点建议，为其未来学习明确方向，而这两点建议又必须具有以一带十的作用，可以带动其内在修养、艺术语言素养和教育教学能力的全面提升。我也和学生坦言我的观点："成绩有区分，你在假期中便可以看到班级所有同学这门课的分数，你可以根据班级整体情况来判断自己的学习情况，但成绩本身并不重要，我给你提出的建议才是最重要的，因为分数只代表过去，而建议却代表未来，对你来说，过去已过去，未来如何，取决于你现在和之后能否按照我认真思考后为你提出的基于你个人情况的两点个性化建议去努力练习。”因为学生在分数的观念上与我达成了共识，所以当我提出“都打85分是否公平”这个问题时，他们都明确且坚决地表示不公平。接着，我引导学生回到眼前这个事情：“抽签公平吗?”我让学生充分讨论然后发表观点，最后和学生一起得出了抽签在决定谁去看演出这个事情上并不公平的结论，并且还形成了以下很有价值的观点：面对这样一个问题，首先要确定一个依据，比如是让有文艺特长的同学去，还是让比较欠缺文艺才能但想借助这个观看机会有所提升的同学去；要考虑各个学生在当下这个时间段的相关情况，比如有的同学比较忙，有的同学比较空；要明确前去观看的同学观看后和班级其他同学的交流任务，比如有的同学比较擅长文艺类内容的反馈交流，而有的只是看一下便过去了；要站在一个学期或一个学年内学生可能参加的相关活动的统筹中去思考，比如有的同学更适合去看这个节目，有的同学更适合去看美术展等，以在名额有限的情况下尽量做到同学们参与频次的均等平衡；而在大家都很想参加但名额有限有些同学不得不放弃的情况下，我们需要学会在心理上接受并学会彼此之间的退让和谅解；等等。

这个引领同学们思考的过程，其实就是一个分析问题的过程，看得出它很重要，因为它要求学生必须作出“标准的确定、实际的情况、效果的优化、统筹的安排”等多方面的思考，同时帮助学生学会退让并拥有一颗彼此谅解的心。它的必要性则体现在当学生走向社会，与此类似的问题会不断出现，而解决这些问题的过程却并不会像在微信上按报名先后顺序确定这么简单，这是学生在走出校门、走上社会之前必须学习的一种多元多向而又综合统一的分析问题的方法、能力和习惯。

所以，面对现代科技为我们的学习、生活和工作带来的便捷，我们也必须作出冷静的思考：借助现代工具从“问题提出”到“结论得出”

极为快捷，有时甚至只要几分钟便能完成，但在这个短暂的过程中，我们缺失了什么？这短短几分钟的按顺序报名和需要十几分钟甚至更长时间的面对面讨论报名中，对学生成长来说哪个更为重要？

而且，另外一个现象也需引起我们的注意和重视，即现在的学生，在手机上的交流反应是极快的，交流的方式也是很丰富的，但他们在课堂上的交流却常常比较被动，这和他们平日的交流习惯密切相关。

现代科技对世界文明发展的引领作用毫无疑问是极其巨大的，但其极强的快捷性在加快我们解决问题的速度并取得更大效益的过程中，作为教师，我们需要明确，我们面对的是一群成长中的学生，他们的主要任务不在于为社会作出政治、经济、文化等各方面具体的贡献，而在于为作出这些贡献做好准备，这种准备更多地体现为思考能力的发展，而思考能力的发展又源于面对需要解决的真实问题时分析能力的发展。所以，我们不妨放弃其中部分问题快捷的解决路径，比如上面所说的报名方式，而让其还原到面对面的交流场中，让学生在“问题”和“结果”之间，寻找回分析的过程，并真正领悟到分析环节所包含的深远意义。

七、提升课堂审美

提到《再别康桥》，人们往往会脱口而出地诵道：“轻轻的我走了，正如我轻轻的来”和“悄悄的我走了，正如我悄悄的来”。这遥相呼应的首尾两句诗，写出了徐志摩多少的惆怅与失落，唤起了读者多少的共鸣与思绪。这“轻轻”与“悄悄”的转换，又岂是简单的重复？“轻轻”，是一种走的“状态”，那是诗人在剑桥徘徊的身影；“悄悄”，是一种走的“心态”，那是诗人对剑桥无法排遣的依恋和离愁。在这“轻轻”与“悄悄”的自如转换中，在这“状态”与“心态”悄无痕迹的内化中，读者走进了徐志摩的世界，走进了康桥的境与意。

提到《雨巷》，我们往往很自然地吟出：“撑着油纸伞，独自彷徨在悠长、悠长又寂寥的雨巷，我希望飘过一个丁香一样的结着愁怨的姑娘。”这几句诗，在《雨巷》中反复出现了三次，“油纸伞”“雨巷”“丁香”“姑娘”以朦胧缥缈的韵味成为该诗特有的形象，成为引领我们去追逐诗人心境的某种象征。诗歌末尾的“油纸伞”“雨巷”“丁香”“姑娘”是怎样丰富和延展了诗歌开头它们第一次出现时的意韵？那丁香一样的颜色、芬芳、忧愁，那哀怨、彷徨、寂寥、彳亍、冷漠、凄清、惆怅、静默、太息、凄婉、迷茫，都浓缩在末尾的几句诗歌中，深远悠长。

正因为这“轻轻”与“悄悄”、这首尾的反复吟咏、诗歌圆合之结构、前后照应之内容、层次提升之变化，使我们对之爱不释手，使我们的情绪跟着诗人、跟着诗意而起伏、升华，使我们感受到了自己由表及里的理解与赏析，并因此感受到了对诗歌审美能力的提升。我们在诗歌中读懂了自己，在与诗人的体悟交流中感受了自己，我们因为读懂诗歌和诗人而读出了自己的本质力量。

文学艺术需要如此照应圆合的结构，课堂也是如此。我至今记得自己工作第二年参加学校的一次赛课活动，内容是“现代汉语”课程中的“声调”。教学一开始，我说：“有一天，我走过一家商场，只见门口放着块黑板，上面用拼音写着物品的名称，其中有一样是‘lizi guàntou’（板书），你认为店家在卖什么罐头？”学生有的说是“栗子”罐头，有的说是“李子”罐头，有的说是“梨子”罐头，很是热闹。我随即问：“是什么原因让我们无法确定它到底是什么罐头呢？”由此导入声调的学习。通过调值、调类、调号、标调规则、汉语声调的作用等内容的学习，在课堂结束时，我们回应课堂开始的这一内容：“如果我们能够正确地拼写声调，也许就不会买错罐头了。”我清楚地记得，当时同学和听课的老师都笑了，这是一种会心的笑，传达着一份默契与理解。这份会心、默契与理解，正是在课堂圆合的结构、前后照应的内容、层次提升的变化中获得的。

实现“圆合、照应和提升”的课堂效果，教师需要提醒自己在平常生活中自觉将各种事物、事件联系在一起思考，实现联想、迁移与整合。

2010年5月20日，在金华师范附属小学开展了江浙沪三地教学联谊活动。上课之前，上海浦东新区竹园小学校长田荣俊先生作了一个简短开场，他出口成章，将本次活动与袁隆平院士培育的杂交水稻亩产达千斤、一亩经过杂交的荷花花期可长达六个月之久相联系，以说明在教育领域各地思想与实践交流的必要性与重要性。三节观摩课后，主办方叫我就三节课作一点评。我希望自己的点评能使本次活动的各个环节完全融合并形成思想碰撞的高潮，于是在发言的开头，首先承接了田校长的话：“我想承着田校长所说的亩产千斤的杂交水稻和花期长达六个月的一池莲荷，用八个字来概括今天这一活动的独特意义，那就是‘和而不同、击而生辉’。”紧接着，我谈了自己听课的感受，就每节课的共性与个性特点以及彼此可借鉴吸纳的优势进行了概括与分析，最后，我以这样一段话作结束语：“最后我想说，今天三节‘和而不同、击而生辉’的语文课，势必能使我们的课堂像亩产千余斤的杂交水稻一样让人惊喜，势必能使我们的课堂像连开六个月的荷花一样让人倾慕。而且我更相信，只要我们善于营造‘和而不同、击而生辉’的研讨文化，只要我们乐意让孩子们‘和而不同、击而生辉’地在课堂中度过他们最美丽最快乐的童年时光，那么这每一颗稻穗都将会无比饱满，这每一朵荷花都将会无比鲜艳！”当我说出这番话时，我感觉自己已完全投入其中，内心洋溢着激动与感动。我觉得自己是在从事一项很伟大很有意义的事业，而带来这种感觉的奥秘，便是做到了与前面环节的圆合、照应与提升。

2010年8月30日，学校举办本科班教学研讨会。我们聆听了学校领导以及浙江师范大学教师教育学院领导的精彩讲话，其中“在实践中产生冲突，在冲突中产生困惑，在困惑中切实找到解决问题的方式方法”“用自己赞成的方式开展教学”等话语让我产生了强烈共鸣。接着我们聆听了磐安墅安希望小学曹苏芬校长的感人报告，她平实的话语，道出了最美的教育真谛：“爱，引领爱”“个人的爱，班级的爱，乡村的爱，社会的爱”“受爱，自爱，施爱”“人之幸福，全在于心之幸福”“受爱的人是幸福的，施爱的人更幸福”“扩大了爱的范围，壮大了爱的力量，形成了爱的教育思想”。这是一次精神的洗礼，我感受颇多。紧接其后是四位教师针对自己的教学体会作的发言，我是第一个讲的。从前面的理性思想、感人事迹中转换为课堂教学汇报，如果不能实现一个很好的连接与转换，教师们就不容易从前面“听”的状态转移到现在“交流”的状态，于是，我将自己原先准备的“思考着、实践着、幸福着”的发言要点与之前各环节的内容作了如下承接：“今天，很荣幸认识了幸福的林处长和幸福的曹校长。林处长‘在矛盾冲突中解决问题’和曹校长‘教师对学生应有一种本能的爱’的话语都给我留下了极其深刻的印象。前者是用智慧的方式引领学生自主成长的理性力量，后者是用高尚的灵魂让学生感受爱的情感力量。我想，有了思想的力量和爱的情感的力量，我们就能把学生的成长放在首位，去思考，去行动，去付出，就能成为一个幸福的人，正如林处长的自信与从容、曹校长的平和与宁静。本科班的教学是辛苦，但苦中有乐：思想很辛苦，因为你必须走出一条与大专完全不同的路子；上课很幸福，因为你可以感受到课堂上师生思维的积极碰撞、师生生命的共同成长。所以，如果我们能够‘苦中作乐’，那么这份辛苦，便能转化为一种真正意义上的幸福了。”紧接其后，我以“长远规划，智慧引领，精讲多练，学用结合”为题就首届本科班“教师语言技能”课程实施策略与效果作了汇报。因为有了这一段迁移与铺垫，教师们听得特别认真。可见，圆合、照应与提升，意味着要首先放下自己的思想，去积极关注别人的思想，并善于提炼出别人观点与自己观点的契合之处，在此基础上表达想法并提升之前的认识。

如果我们善于在生活中进行积极的联想，我们在课堂上也就能作比较好的联想，就能将每位学生的观点进行连缀，较好地达成课堂圆合、照应、提升的状态，让学生们充分体会到语文的魅力。

八、建立全员关联

2010年，金华市红湖路小学以汉字文化为内容开展课题研究，当时的校长——数学特级教师郎建胜老师打电话给我，希望我能够帮助学校所有教师排一个朗诵节目，在全校汉字文化校园建设文艺展示中演出，我觉得这是一件极有意义的事情，于是就接下了这个邀请并为他们创作了诗歌《我爱你，汉字》。当我为教师们诠释这首诗的立意内涵及各诗节之间的逻辑关系时，他们一个个听得很认真，而且目光里充满了对中华汉字的热爱之情。我也指导得特别投入，因为是自己创作的诗歌，因为自己热爱汉字，因为长期从教“现代汉语”课程而使创作时思如泉涌，感觉特别好。后来这首诗的朗诵获得了金华市教师经典诵读比赛一等奖，后被推举到省里参加经典诵读比赛荣获二等奖，使红湖路小学在这一领域实现了零的突破。

因为这一好成绩，校长决定在那一年的六·一儿童节全校学生参与的班级朗诵比赛中，将这一朗诵节目放在最后作隆重呈现，并邀请我去作评委。那天很热，小朋友们的热情却很高，家长们也都到现场助阵。在比赛接近尾声的时候，校长突然邀请我为大家表演一个节目。先是婉拒，校长不允，盛情难却，我也只好答应了，就当是真正融入了这热情的节日吧。但想了很多诗歌，都没想出一首适合此时朗诵的；找来童话故事书，也没找到适合这个场合的。而且当时已近中午十二点，在场的学生、家长和教师又热又饿，此时再加一个节目，其受欢迎的程度肯定大打折扣。怎么办？看着手中的节目单，我突然灵机一动，想出了一个好主意，决定即兴再写一首不能算诗的诗，将所有参赛作品的题目嵌入诗中。因为对效果有所预期，所以我很从容。上场后，我首先说：“小朋友们，同学们，在老师要朗诵的这首诗中，藏着今天所有诗歌的题目哦，如果你听到了你们班朗诵的那首诗的题目，请你们对我招招手好吗？让我们看看小朋友们是不是都能找到。”在朗诵过程中，现场很安静，因为学生在静静地等待题目的出现；倏然间爆发出了欢呼声，因为某个班的学生听到了自己班的诗歌题目。节目效果很好，我真正地融入了这个充满阳光、充满热情的节日之中。

后来，我每每想起这段经历，都觉得特别自豪与激动。这件事也使我更加深信：教师在课堂中所讲授的内容、所传递的信息，必须是与学生相关的，必须是他们真正关心的，唯有如此，才有效果。这就要求教师始终将关注学生作为底线要求去实施教书育人工作。

当时即兴发挥的那首诗不知被我放到哪里去了。当然，为红湖路小学创作的那首《我爱你，汉字》一直保存着，而且后来不久，就在《教育信息报》上得以发表。之后，这首诗作为传承与弘扬祖国语言文字的载体被很多学校排练过，对此，我深感荣幸。

九、延伸认知冲突

一次，我观摩了全国著名特级教师贾志敏老师执教《给予树》一课的教学视频，贾老师对其中一个环节与一般教师的处理方式完全不同，给我留下了极其深刻的印象，并带给我很深的思考，这一思考过程及得出的结论带给我很大的影响。

这个环节是这样的：贾老师请一个学生朗读课文第一段，但这个学生刚读完第一句话“圣诞节快到了”，贾老师就打断了他，并问道：“是这样读的吗？”刚才那位学生是兴致勃勃、充满对圣诞节热爱的感情读的，看得出这位学生因贾老师突如其来的打断而懵住了。看着他发懵的样子，贾老师紧接着说：“不是这样读的。”接着请了第二位学生读。这位学生也非常有感情地朗读起来。但同样，刚读完第一句话，贾老师便打断了他并问:“是这样读的吗?”接着又请了第三位同学,结果依然是打断并问:“是这样读的吗?”当课堂出现了三位同学读得不对,一般老师会采取怎样的处理方式呢?有老师觉得应该告诉学生正确的朗读方式,有老师觉得应该让大家充分讨论正确的朗读方式,也有老师觉得可以自己示范朗读了。不管是哪种方式,有一点是共同的,那就是通过各种方式让学生知道该怎么读了。贾老师却没有这么做,当听到第三位同学没读对,便继续请第四位同学朗读,也是打断并问:“是这么读的吗?”这样的情况一直持续到了第十几位同学,就这一句话的朗读用时大概有5分钟,最后才揭示了答案。这样的处理方式可能会让很多教师感到不解,甚至认为没有必要,觉得完全可以采纳前面所谈及的“告诉正确读法”“讨论正确读法”“教师示范朗读”等各种方法,一是因为教师的角色要求使然,学生有错教师帮着纠正,这是我们一般所理解的作为教师的使命;二是因为接下来有其他教学环节需要实施,可不能在这儿继续耽搁时间了;三是因为让学生讨论体现了根据教学实际生成新的教学方式,这是以生为本的做法,而教师示范朗读也是朗读指导的一个重要方法。那么贾老师这样处理课堂,其道理在哪里呢?经过一段时间的思考,我终于明白了其中的深意,那便是基于“人只对与自己有关的以及自己感到困惑的事情感兴趣并且留下深刻印象”这一心理学基础,得出“要让一个人的关心演化为所有人的关注”的教育智慧。

当第一个、第二个学生读得不对时,“读得不对”这件事只与这一两个人有关,不会对其他学生产生太大影响;当第三个、第四个学生读得不对而被打断,学生会怎么想?其想法一般是“那应该怎么读”,当他有了这一疑惑,说明与他有一定关系了,但还不够迫切和深刻;可随着这种情况不断持续,教师认为读得不对的学生人数越来越多,学生对这个问题的困惑也会不断地得以强化,因为他认为:“我也是这么读的,难道我也错了?”“那到底该怎么读?”那么这件原本与他无关的事情就变得与他有关了、与全班同学有关了，即全班同学对“到底该怎么朗读”的困惑已经达到了迫切想得出结论的心理状态，已经从“关心”升级为“高度关注”了。可想而知，当学生高度关注这个他极其困惑的问题时，他们的学习状态该是怎样的积极主动！所以，这一教学片段中，虽然表面上看用了更多时间，但这些时间用得很值得。

当然，这样的处理方式得看面对什么问题，课堂中没必要也不可能面对学生的所有问题都这么做，那么，哪些内容可以并应该这么做？哪些内容无须这么做呢？这取决于教师对文本的理解和教学内容与价值的选择认定，这就需要教师内在语文素养的深厚积淀及对课堂规律的遵循与智慧运用了。

那么，贾老师为什么要在本课第一句话的朗读中花这么多时间“让一个人的关心演化为所有人的关注”呢？因为，课文开头“圣诞节快到了”这句话很重要。这篇文章是以文中的妈妈作为叙述者而写就的，这句话体现的是文中妈妈而非孩子们在圣诞节的心理和情绪，妈妈此时只有100美元，要分给5个孩子买圣诞礼物，圣诞节带给她的欢喜因为经济上的拮据而减弱并变得有些担心，文中这样写道：

圣诞节快到了。该选购圣诞礼物了。孩子们热烈地讨论这个话题，互相试探对方的心意，希望送出最诚挚的祝福，收到最甜蜜的笑容。让我担心的是，家里并不宽裕，我只攒了一百美元，却要由五个孩子来分享，他们怎么可能买到很多很好的礼物呢？

孩子们面对圣诞节是欢天喜地的，但是，因为文章是以妈妈的口吻写的，所以“圣诞节快到了”这句话中的感情自然就不是孩子们面对圣诞节的激动与欣喜了。所以读这句话，其语气语调应该是平静的，甚至可以有一点点的担忧渗透其中。将这句话的朗读和朗读指导环节放大，让所有学生因困惑而高度关注的作用不仅在于学会这句话的朗读本身，更在于传递并让他们真切体会到更多内涵：这篇文章是以妈妈的口吻写的，这是对作品叙述者的自觉关注；体会到了妈妈的心情，这是对人物心理的揣摩；课文的情感由担心到结尾的激动，而这一切都是因为给予和爱的力量所达成，这是对文章情感线索的自觉关注；朗读须建立在对文本意义的正确理解和把握的基础上进行，这是对朗读方法运用的自觉关注……综上原因，笔者认为，贾老师在这句看似简单的话语的朗读指导中愿意花这么多时间、让学生经历这个困扰的过程是极其值得的，这也是贾老师深厚的语文修养、深入的文本解读、深刻的课堂理解和深切的心理把握的自然体现。

十、关注语音之美

在目前的语文教学中，教师很重视引导学生感受语言文字的字形之美和字义之美，但对汉字重要组成部分的字音之美却一直未给予应有的重视，这从生字词教学环节学生读字词时念经式读法和比嗓门大小的状态中便可看出。教师对字音的要求往往只停留在读标准层面，所以比较重视平翘舌音、前后鼻音以及各方言区因受方言影响而导致的易混淆音的比较。这种现象导致学生对汉字学习过程中首先接触到的字音之美缺乏认知和体会，也因此导致了学生对字音之美所延伸出的诸多语音魅力感受的缺失，并在一定程度上影响学生对祖国语言文字热爱之情的培养。

语音之美在学生成长过程中的作用极为重要，以下事实便是有力证明：一是儿童对语言文字的接触首先是通过听语音的方式进行的，听的过程帮助其弥补了还未能识字所带来的认识世界的局限；二是儿童进入小学，当他听到老师的说话声音很美，就会很自然地喜欢上老师，并因而喜欢老师所上的课，喜欢班级和学校；三是如果一个班级的班主任或语文老师语音很美，那么这个班学生的语音自然就会美，而且其对语言文字的感受能力也自然就会得到提高。这些事实都说明语音之美对学生所产生的深远影响。通过听语音，帮助学生获得一种感官层面的语音美感，并习得语音基本规律，获得一种发自内心的对祖国语言文字的赞叹之感和热爱之情，使对语音美的感受从自发上升到自觉，应该是语文教学的责任和使命。而这，对于提高学生的语文能力和语言品质甚至文明修养都具有极为重要的意义，并因而实现语文教学事半功倍的效果。

1. 拼音教学，引领学生感受汉语语音的动程韵律之美

从一年级学生学习拼音开始，就不能仅以读得是否正确作为拼音掌握与否的唯一标准，而应在习得音准的整个过程中，让学生感受汉语拼音之美，使对于小学生来说极为抽象、极难理解的汉语拼音符号化为美好动听的声音，为汉语拼音更好地发挥“学习普通话”这一功能打好基础。在此首先要说明的是，小学用拼音和现代汉语语音系统有一定区别，如小学将y、w作为声母进行教学，省去三个对小学一年级学生来说比较复杂的单韵母ê和-i（舌尖前音）-i（舌尖后音）的学习，将部分含介音的韵母分析为“介音＋韵母”两个独立的单位等，使小学用汉语拼音形成了声母由21个增加到23个、韵母由39个减少到24个、整体认读音节16个的格局，减轻了学生学习这些抽象符号的负担，也保证了阅读和学习普通话过程中必需的拼音内容。但不管怎样变化，学习拼音过程中让学生感受语音之美却是同样重要的，而其关键是引导学生感受语音的动程之美、韵律之美。表5-1是笔者根据多年语音教学体会对小学拼音相关内容的组成情况、发音特点及音韵美的具体内容作出的整理。

表5-1　小学语文拼音内容及其发音特点与音韵之美

小学拼音内容	组成情况	发音特点与音韵美之关键词提示
声母（23个）	由辅音充当（小学声母中y、w为元音）	短促：气流在口腔或鼻腔受阻，不能延长 丰富：发音部位与发音方法多样 紧致：声母发音紧致至关重要，故有“咬字”之说
	大多为清音（m、n、l、r为浊音）	清晰：清音声带振动弱，故发音清晰，辨识性强 清脆：运用本音拼读音节，戛然而止，干脆利索

续表

小学拼音内容	组成情况	发音特点与音韵美之关键词提示
韵母（24个）	单韵母（a、o、e、i、u、ü，都是元音）	响亮：气流在口腔中不受阻碍，可无限延长 不变：舌位口型等始终不能改变
	复韵母（由两个或三个元音组成）	动程：发音时由前一元音向后一元音滑动 主次：发音时主要元音响亮，另外元音次之
	鼻韵母（元音加上前后鼻辅音n、ng）	动程：发音时由元音位置滑向鼻辅音位置 整合：发音时口音和鼻音的有机结合，共鸣充分 灵巧：舌位不同决定了前后鼻音，而非力量大小
声调	阴阳上去	相对：每个人高度不同，同个人高度一致 充分：四个声调涵盖了平升曲降各种调子趋向 婉转：五度标调实现最舒适区域内发音的最大可能
音变	轻声、儿化 “一、不”的变调 语气词“啊”的音变	轻盈：使语言具有轻重之变化 跳跃：使语言具有活泼跳跃之感 自然：实现语流中前后音素之相互影响与作用

从表5-1所列举的部分语音现象便可看出，现代汉语语音具有咬字紧致、清晰清脆、响亮充分、变化丰富、自然婉转、轻盈灵巧等诸多韵律特点。在拼音教学中，让学生领会这些特点，便可使枯燥的字母具有活力。比如可以自编音乐旋律配上a、o、e、i、u、ü进行自由延长的演唱来体会元音的响亮与可延长性，用由a滑向i的方式体会“爱（ài）”因为发音动程的到位而更具温暖的感觉，用an、ang舌位的不同来体会前后鼻音变化的巧妙，用“月亮（liàng）”和“月亮（liang）”的不同来体会语音的轻盈，用“小猫（māo）”和“小猫儿（māor）”的不同来体会语音的灵巧，用“一（yì）根、一（yì）同、一（yì）起、一（yí）个”“不（bù）说、不（bù）行、不（bù）走、不（bú）愿”的变化来呈现语流中音变之妙趣，用“你快过来啊（ya）、你可真好啊（wa）、你在游玩啊（na）、你认真听啊（nga）、你在写字啊（［za］）、

你在做事啊（rɑ）”来体会语气词“啊”受前一音节末尾音素影响而产生的语音变化进而感受汉语语音为方便发音自然而然作出的音变调整……帮助学生体会现代汉语语音的音韵之美，便可使抽象的符号变得形象，使枯燥的学习变得生动，并能在小学接触拼音之时便感受到祖国语言的语音之美，有利于培养热爱祖国语言的感情。

2. 字词教学，引领学生感受汉语语音的表意达情之美

汉字起源于图画，属于表意文字，这是大家的共识。但这一共识却也使大家容易忽视另外一个常识，即语音也具有表意与达情的功能，在人们日常交流中所涉及的语义，是必须通过语音才能得到传递并让交流者感知到的。语音的表意达情功能主要源于三个方面：一是很多汉字，在其造字之始，形起于图画，音则起于对自然界之音的模拟，这便是很多拟声词出现的原因。二是汉字语音所包含的声母、韵母以及声调等，也因其发音部位、发音方法、共鸣方式等的不同而体现出不同的情感与内涵。三是在汉语传承过程中，因为一些内涵与情感不断附着叠加到某个字词中，所以，当我们听到一个字词的音，便会很自然地联想到某种情感内涵或在眼前出现一幅画面；当我们开展字词教学时，引领学生感受语音背后所蕴含的意与情，既是对语音规律的一种呈现，也是让学生感知汉语语音魅力的必需方式。我们不妨综合上述三种情况作一举例说明。如汉语中有大量拟声词，对大自然的声音模拟极为细腻、丰富和多元，我们可以通过把握不同声韵特点来感受与理解其在情境、情感、内涵等方面的不同。下面我们以“滴滴嗒嗒”这个大多数时候用来模拟雨声的拟声词为例作一番分析与理解。

“滴滴嗒嗒”是模拟断断续续的雨点落下的声音，其情境往往可以有三种，其一是纯粹表现雨的小；其二是呈现寂静，因唯有寂静才能听见；其三还可表达落寞之情，因“梧桐更兼细雨，到黄昏，点点滴滴”等文化的渗入。该词中两个字声母都是d，从发音部位讲是舌尖中音，从发音方法讲属于不送气清塞音，其发音清脆短促，又处于最自然的发音区域；其韵母分别是单韵母i和a，其发音可短亦可延长，全凭情境需要；其声调均为平声，没有起伏变化，也适合体现宁静之境。所以，该词可以有多种读法，以表现不同的情与境：第一种是快读，能让人感觉出雨点落下间隔时间之短，若读得短且连读，则有一种凌乱之感；但若读得短且跳跃读，传达的却是一种愉悦之感。第二种是延长每个字的读音，“滴——滴——嗒——嗒——”，则能让人感觉到单调乏味之感，可以表达百无聊赖的情境。第三种是拉长第二个“滴”的读音，呈现“滴滴——嗒嗒”的节奏，则能让人感觉到一种韵律之感，若是微笑着读，则仿佛感觉到听雨者在用心和着雨滴之声，透着一种偏爱雨声的趣味；但若是蹙着眉头读，传递的又是一种对雨天颇为厌倦之感，却又用一种调皮诙谐的方式传达这种厌倦，也颇有一番味道。还有，若我们将其发音位置后移，或加强声带振动，将清音发成浊音，则可达到某种夸张之效果。

而其他模拟雨声的同类型拟声词，则同样由于上述三方面原因而使人感觉到其间细微的差别：如“沙沙沙沙”往往表现春天的小雨，因其发音具有轻快跳跃之特点，能使人感受到春意的萌发和律动；而“唰唰唰唰”则因为在sh和a之间有一个u的介音而使跳动感骤减而连绵感陡增，所以其表现的大多为比较大的雨声；而“哗哗哗哗”则因其声母为舌根擦音h，所以发音位置靠后且摩擦着发出，就特别适合表现大雨，且是类似于用脸盆往下倾倒的倾盆大雨，而且还往往伴有大风；“噼里啪啦”则因为四个音都不同而显示出雨点比较大且急因此落于物体上声音之凌乱，且“噼啪”两字声母均为p，是一个送气塞音，使发音更具爆发力，更能显示出雨势之大。

因此，在语词教学时，教师要纠正目前念经式的、赛音量的、简单重复的读，而要运用声母、韵母、声调以及因为传承而依着在语词中的文化之美，来唤起读时的美，并且能在眼前出现画面之感。读“鸟语花香"，如表达喜悦，则可舌位前移面带微笑娓娓读出；若是借美景反衬落寞，则需舌位后靠带着些伤感读出。读"寒风凛冽"，则可将声母h、f、l、l发音靠后以浊音方式摩擦而出，呈现寒风之大及人们面对寒风时之不适。总而言之，在语词教学时，教师需引领学生在理解字义词义的过程中，借助语音感知每个语词中所包含的意和情，并将之放于不同情境中作辨析，让学生充分感受到语音之美，进而使语音表达更具艺术之感。

3. **品文教学，引领学生感受汉语语音的修辞功能之美**

从修辞学角度看，"研究语音是研究如何利用语音的各种规律和特征以增强表达效果和接受效果"①。语音修辞有点像作曲家给一首歌词谱曲，通过各种语音手段，使文章具有音韵美、节奏美。而"音律所始，本于人声者也""吐纳律吕，唇吻而已"②，意思是音律的产生，原是从人的声音开始的；语言的音韵，则是求其和人的口吻协调。汉字因其独立而具有自由组合之能力，因此，汉字通过各种组合使人的内心与口吻协调的功能和作用能得以充分发挥。

充分发挥语音修辞的功能与作用，自《诗经》开始便是中国文学的一种自觉追求。《诗经》之首篇《关雎》写道：

关关雎鸠，在河之洲。窈窕淑女，君子好逑。
参差荇菜，左右流之。窈窕淑女，寤寐求之。
求之不得，寤寐思服。悠哉悠哉，辗转反侧。
参差荇菜，左右采之。窈窕淑女，琴瑟友之。
参差荇菜，左右芼之。窈窕淑女，钟鼓乐之。

诗歌中已非常成熟地运用了循环反复彼此照应、合辙押韵（鸠、洲、逑……）的整体修辞以及拟声（关关）、叠音（悠哉悠哉）、双声（雎鸠、参差）、叠韵（窈窕）等局部修辞，两者结合，就使这首诗具有

① 刘凤玲，邱冬梅. 修辞学与语文教学［M］. 广州：暨南大学出版社，2010：12.
② 韩泉欣. 文心雕龙直解［M］. 杭州：浙江文艺出版社，1997：190.

了回环、起伏、连绵等音韵之美。从此之后，不管是散文还是韵文创作，中国文人都极其重视发挥语音的特殊作用，使韵律之美与内涵情感之美能够和谐统一并相互映衬。

然而，在语文教学中，很多教师却往往停留于传递这些修辞手法所产生的意义，却忽视其声音本身所具有的独特功能以及声音与意义之间的相互关联。如若我们能够充分重视语音修辞所达成的音韵之美，那么，书面固化的文字便会具有音、形、义兼备之美。如“弯弯的月儿小小的船”一句中，叶圣陶先生用了“弯弯的”“小小的”这样的叠音形式，教师不仅要关注“弯弯的”“小小的”比“弯的”“小的”所具有的更弯更小更可爱的意义，更要对为什么会产生这样的效果从语音层面进行把握。从语音角度看，“弯”“小”后面直接跟“的”，其连接速度相对比较快；而“弯弯的”“小小的”，却可以使第二个“弯”“小”与“的”之间的停顿拉长，从而使节奏变得舒缓，而在这一舒缓的节奏中，人更容易被激发出想象的能力，使诗歌中意境的美好得到最大可能的传达与体会。另外，对同一个音的叠加，往往在客观上达成一倍增其分量的效果，这与作者心中所要表达的认知和情感是一致的，由此我们可以推想作者在“弯弯的”“小小的”之叠音运用时内心所想象到的无限美好之境。

而其他的语音修辞现象，同样具有独特的语音表现功能。如循环反复彼此照应的语言单位，就像歌曲中反复的旋律。一首歌中，最让人耳熟能详的往往是反复部分，这是因为它不仅是歌词的强化，而且也是旋律本身的强化。而当我们唱反复的旋律时，情感往往又是同中有变，重音、速度等处理也会有变化。语音也如此，如《再别康桥》开头“轻轻的我走了”与结尾“悄悄的我走了”之反复，前者表“状态”，又处开头，所以读时可平常一些，后者表再别时落寞的“心态”，又处结尾，读时可深吸一口气，将“悄悄”的发音后靠，并加强声母q的送气状态。又如合辙押韵，因为汉语韵母由不同的元音或由元音和具有鼻腔共鸣带有浑厚特质的鼻辅音组成而具有丰富之美，这样的美在文中反复出现，就会产生一种回环之美感，并因其处于相对固定的位置而产生节奏美，如最常见的隔句韵使文本节奏舒缓而从容，连句韵则显得紧凑而明快；同时，不同的韵所产生的情感效果也不一样，“中国的语言文字有一个特色：字义悲伤，字音听起来也会觉得悲伤；字义欢畅，字音听起来也同样会有愉悦轻快的感觉。”韵的音响（洪音细音）、韵的声调、韵的疏密与换韵等都能对表意达情产生影响。再如双声、叠韵、谐音、连缀（如“即从巴峡穿巫峡，便下襄阳向洛阳”）等，也都会因其独特的语音构成而达成很好的修辞效果。

4. 音变教学，引领学生感受汉语语音的语流灵动之美

当一个个汉字组合在一起，形成句子和篇章时，因为字音之间的相互影响，会出现语流之中的音变现象，其中轻声、儿化、语气词“啊”的音变、“一、不”的变调等已为广大教师所熟悉。但教师在执教上述内容时，也往往停留在告知学生要轻声、儿化、变调等层面，而忽视了引领学生去感受音变后的不同效果，比如让语音更为顺畅自然、灵动跳跃或者悠扬婉转等，从而失去了一个很好的感受语流变化之美的教学资源。

音变现象的存在并非仅仅是语音规范层面的规定，而是出于一种极其自然的发音状态，也就是说，音变的存在是为了语流更为自然、顺畅，能够使人在最舒服的状态之下发出最悦耳的语音。举几个例子以作说明：

①就五度标调法而言，从1到5的音高变化，处于最自然最舒适的区域，正如音乐中之宫商角徵羽，无须有意为之，而低于1或者高于5的音高便需根据思想情感表达需要有意为之。

②轻声的发音特点是将前一个音节拉长，读轻声的音节轻轻跟上，这就像音乐中的一拍半加半拍的节奏，这种节奏的进入，就避免了字与字之间停顿的千篇一律状态，实现了均衡中又有变化的节奏效果。

③儿化的现象使语音增进了很多亲切与轻松之感，而发音情况是根

据前一音节的末尾音素来确定的，其关键规律是当前面音素是低元音、口腔内卷舌空间足够大时（如a、o、e），可直接卷舌发出儿化音，但当前面音素是高元音时（如i、u、ü），则要将高元音转化为低元音使口腔内形成足够大的卷舌空间后再儿化。

④语气词“啊”的音变情况也同样是根据前面音节的末尾音素确定的，末尾音素是a、o（ao、iao除外）、e、i、ü时，读ya（呀）；末尾音素是u、ao、iao时，读wa（哇）；末尾音素是n时，读na（哪）；末尾音素是ng时，读nga（啊）；末尾音素是舌尖前-i时，读［za］（啊）；末尾音素是舌尖后-i时，读作ra（啊）。

⑤“一”本音是第一声，在阴平、阳平、上声音节前变为去声，在去声音节前变为阳平；“不”本音为去声，在阴平、阳平、上声前读去声，在去声前读阳平；“一、不”在词语中间念轻声。

从上面的规律可见，一切的音变都是为了让语流更加自然顺畅富有美感，最鲜明的就是ao、iao后面的“啊”的音变，为什么单韵母o后面的“啊”读作ya，而末尾音素同样是o的复韵母ao、iao后面要读作wa，其道理在于ao、iao末尾音素虽然是o，但实际发音时ao、iao最后的舌位高度超越了o而接近u，而u后面的“啊”最自然的发音是wa（在u的基础上张开嘴巴读a就可以了）。所以，教师在帮助学生正确处理音变时，不仅要让学生知道音变后的实际读音，还要让学生体会到音变后所形成的不同的语音效果。

除了上述所提的轻声儿化等归类得出的音变现象，语流中的其他语音变化也是随处存在的，包括声调高低、舌位前后高低等。其中声调的变化又更为突出。汉语声调采用五度标调法，把声调的相对音高分为低、半低、中、半高、高五个等次，依次用1、2、3、4、5表示。从汉字单独发音看，阴阳上去四声的调值分别是55、35、214和51，但在语流中，因为前后声调的影响，调值往往会发生改变，如“我赶紧往荷花池边跑去”一句（叶圣陶先生《荷花》），其语流音变情况如表5–2所示。

表5–2 语流中的音变情况例举

句子	我	赶	紧	往	荷	花	池	边	跑	去
单读声调	214	214	214	214	35	55	35	55	214	51
语流音变	21	24	21	21	35	55	35	55	21	51

从表5–2可以看出，当一个个汉字组成句子后，其语音的高低就会很自然地发生变化。而当我们根据情感表达需要作音高、音强等的处理时，其声调高度经常会出现高于或低于其原有高度的情况。比如上句，为了体现急切之心情，读时可将“我赶紧往”这四个调值相同的上声字的高度作些处理，比如“赶”字的声调高度就会明显高于其他上声字，甚至达到35、46或57等高度，这都是一种很自然的语流音变现象，其目的都是为了让语音状态更为舒适自然、生动美好，并能更恰当充分地表达思想和情感。

5. 朗读教学，引领学生感受汉语语音的丰富表现之美

在语文课堂的朗读环节，我们经常看到这样的情况，就是对于需重点突出的语词，有些教师总是习惯于用加大音量的方式来表达，所以常会出现大声喊的现象。这种现象不仅破坏了语言的美感，更使语言内在思想和情感的表达显得肤浅而缺乏内涵。其实，朗读中语言的艺术呈现方式是极为丰富的，教师面对任何一个文本语段，都应该引导学生去把握各种不同的表达可能，使其在对无数种语言表现方式所达成的艺术效果的辨别与鉴赏中，领略汉语语音的丰富表现之美。而以下三方面要点的把握显得尤其重要。

一是任何人对文本都可以有不同理解，而这不同理解，都可以通过不同的朗读呈现得以传达。比如，《大堰河，我的保姆》中“呈给你黄土下紫色的灵魂”一语，既可以理解为“在诗人艾青心目中，大堰河的灵魂是紫色般的高贵（紫色被认为是象征高贵的颜色），以此赞美像大堰河一样的劳苦大众勤劳的付出”；也可以理解为“诗人回忆大堰河入土时只裹着一床草席，在如此的大雪天，她在地底下该是如何冻得发紫”；也可以理解为“紫色代表吉祥，在诗人眼中，通过以大堰河为代表的劳苦大众的劳动和付出，看到了新中国吉祥的未来”等。诸多不同的理解都可以通过朗读过程中不同的语调确定、语势走向、停连处理等得以表达。

二是即使对文本内涵和情感的理解是一致的，其表达方式也可以多种多样。如《雨巷》一诗中“悠长、悠长又寂寥的雨巷”这个意象的朗读，仅语调而言，就可以有“一直上扬的趋势”“一直下降的趋势”“高、低、高的趋势”“低、高、低的趋势”“一直平的趋势”等。而在这中间，还可以通过语速、节奏、停连等常规朗读技巧以及颤音、气音、叹息等特殊朗读技巧的配合，使该意象的朗读艺术表现具有无限可能性。

三是朗读所处的情境不同，朗读方式也会发生改变。在一个能够容纳近千人的场合的朗读和在一个容纳百人左右的演播厅的朗读、作为教学用的示范朗读等都是不一样的；一个人朗读和几个人合作朗读，其朗读方式也是不一样的。所以指导学生朗读，需要引导学生去确立一个情境，使其朗读具有情境感和对象感。不仅如此，我们还需引导学生去想象朗读过程中听众可能产生的某种情感呼应或反应，借助自己的想象或现场捕捉到的观众反应来调整朗读方式。另外，在合作朗读中，每一次的读法都会不一样，我们需要引导学生去聆听上一句的情感处理以便做好符合“这一次”情境的接读，也要在读的过程中为下一位朗读者提供最恰当的情感基调。通过这样的朗读教学，便能使学生很好地领会汉语语音的丰富表现力，感受到汉语的语音之美。

由上可见，对汉语语音之美的感受应贯穿语文“拼音教学—字词教学—品文教学—音变教学—朗读教学”的全过程并在各阶段教学中体现出不同的侧重点，这不仅仅是理解文本意义的需要，也是引领学生感受语音之美、培养热爱祖国语言文字情感的需要。

十一、关注用词之当

一次，在毕业生招考辅导课临近下课时，我请一位参加过浙江省师范生教学技能大赛并获奖的同学谈一谈参赛体会。她结合自己在集训及参赛时的心理体验谈了很多，让人很受启发。但对她在谈到“案例分析”一项竞赛时所说的“案例分析事实上就是考察你如何围绕一个问题，将自己所知道的东西装到其中的能力”的说法，我表示不认同。“装”这个词，用在这个语境中，虽然很形象，但是不够贴切，因为“装”只说明了这个相关材料存在着，但不能说明它们存在的状态、之间的逻辑关系以及分析者对它们的取舍态度。所以，在这个语境中，就应以“迁移”“整合”等语词来表达比较合适。另外，从听众的感受来说，听到“装”字，我们会感觉到一种机械、低水平的应试状态，而“迁移整合”则反映了一个人的思维品质和逻辑水准，是从事职业工作与科学研究的一种重要能力。所以，用词的准确性不仅体现了使用者的词语运用能力，更体现了使用者支撑其语词选择的内在素养与观念。

语词的运用准确与否将直接影响读者的关注点。一次，学校教师技能实训中心针对已实施三年的“师范类专业学生教师技能测评方案”组织召开专业主任与各测评项目负责人会议，对实施效果及具体措施的革新等进行讨论。会上，教师们针对近年浙江省师范生教学技能大赛中新增的“案例分析”项，提出将“口语”考核中针对实习而设的“自我介绍”内容改为“案例分析”，而名称仍为“口语”。这一提议很好，大家都表示认同，但我感觉还需有所修补：一是继续保留“口语”项中对口语的考察，内容可以是自我介绍，也可以是艺术朗读等各种方式，因为“口语”是师范生必须自始至终强化的教师基本功，不可偏废。二是建议单设“案例分析”一项，而不是将其纳入“口语”之中，因为“案例分析”事实上不是口语的问题，我们习惯上所说的“口语训练和测评”更多的是关注形式，如语音、语汇、语法的准确与否，而“案例分析”更多的是关注表达的内容，包括教育学、心理学、学科教学、教育法规等各科知识与理解的综合，内涵本身具有很大的区别，将其纳入“口语”是不严谨的。更重要的是，如果仍以“口语”为名，只作内容上的更替，事实上并不能引导学生对内容的重新关注，也就是说，学生看到“口语”这一名称，哪怕在知道其考察内容为“案例分析”的情况下，他们的关注点仍然会是语音、语汇、语法等外在形式，并不能达到我们所期望的改革效果。可见，不同的语词，会直接影响读者的关注点被引向何方，也直接影响读者对其范围、程度等的感知和认识。

语文来自生活，每个人在生活中的说话与表达，其实都关乎语文。而当我们将“恰当运用语词”的要求迁移到语文课堂，便会发现，对语词准确性的品析更应成为语文教学的重要任务，因为它直接影响读者对文本内涵的把握。

另外，现在很多教师要求学生准备“采蜜本”，摘抄阅读过程中看到的好词、好句并背诵。这对学生的语言积累虽然有着很好的帮助作用，但在这么做的同时，教师应强化三点才能达到预期效果。第一，字词本身其实无所谓好坏，只有用得合适与否。我们所习惯摘抄的“阳光明媚”“花红柳绿”等所谓的好词，不过是其表达的内容属于让人心仪的一类。而像“寒风凛冽”“狂风怒吼”等词，表达的是令人不太舒适的一种情状，但不能因此说它们不是好词。第二，字词的摘抄应该伴随对运用它的“境”的理解，唯有此，才能使字词的积累真正发挥其学会准确恰当运用的作用。第三，积累的字词应该在反复的使用中才能内化为学生语词库中的内容，而这一反复运用的过程必然是和某种心境情境紧密关联的，只有在“境”中，才能习得“用”的方法。

字词的“以境释用”须以辨析为基础和前提，即通过作者为什么用这个词而不是用那个词的原因分析习得运用字词的方法和语感。在语文教学中，类似于这样的案例数不胜数，需要语文教师积极关注和引导。

十二、关注标点之准

那是学生在小学开展教育实习的一天，那天刚好是我值班，下午快放学的时候，我坐在供学生备课的教工阅览室浏览杂志，也时刻准备着解答学生的问题。正如我所想，一位女生兴冲冲地跑来并坐在我对面，很激动地对我说："老师，我准备上一节标点符号运用的复习课。"我说："这好像不在你们本次实习内容范围之内，怎么会想到上这个内容呢?"她说她发现学生的标点符号使用很混乱，很多学生不会用，所以想补上一课。听了她的话，我真的很为她的教育教学热情和责任心而感到高兴。但在随后的对话中，我发现她虽然有热情，但却没有抓住重点。于是我们一起讨论并设计了如下的方案：

现代汉语中，标点符号的使用具有极其重要的表情达意的作用。所以，确定使用什么标点的关键在于确定想要表达的"情"或"意"，而不同的"情"或"意"总有着不同的"境"。我们不妨在课堂中通过带领学生做一个有趣的"揣摩语气和情境"的游戏，来帮助他们体会其中的妙趣，并明确标点符号的使用方法。我们先拟定一个不带标点的语言单位，就地取材，比如实习学校一进校门就有一个报告厅，那就以"报告厅到了"为例，让学生在其后面加上标点符号，使之成为一句完整的话，并且说出这样加的理由和设想的情境。作为备课环节，我与这位学生先按照这样的方法作了尝试。为了更好地帮助她体会同一标点之下的多种可能，我先以口头说的形式表达出不同的语气语调（在课堂中也一样，为了帮助学生更好体会，教师可先借助口头朗读或说的方式进行引导和启发），让她在听我说话语气的基础上揣摩可能的情境，并以这样的情境解释标点符号使用的方法即"以境释用""以境定用"。现将当时及后来我进一步思考得出的标点符号使用背后所存在的多种情境可能以列表形式作一呈现（如表5-3）。

表5-3 “报告厅到了”一语末尾标点使用背后的可能情境揣摩列表

标点使用情况	说话的语气	学生揣摩可能的情境
“报告厅到了。”（使用句号）	平静的语气	①几个人边走边聊，走到报告厅时其中一人这样说；②时间很宽松，一个人悠闲走去，到的时候自言自语；③组织方带领参观单位各场所，走到报告厅时这样说……
	热情的语气	①组织方带领大家到报告厅听讲座，走到时引领者这样说；②某人不知报告厅方位，向人问路，带路人很热情地带他过去，到的时候这样说；③某人或几人要去另一地方，刚好站在报告厅前，看着方位标示图寻找方向时自言自语或几人在交流……
	……	……
“报告厅到了？”（使用问号）	疑问的语气	①不确定眼前建筑是否为报告厅，向他人询问；②在来的车上睡着了，同伴推醒他后下意识的话语；③因为不知道这个地方就是报告厅，又不好意思大声问，就悄悄问身边的人……
	惊讶的语气	①眼前的建筑可能比预想的要小，表示不相信；②原以为报告厅很远，没想到很快就到了；③在来的路上大家正兴高采烈地说着话，报告厅到了，但还有很多话要说，有意犹未尽之感……
	欣喜的语气	①对报告厅中将举行的活动早已充满期待，所以看到时很是欣喜；②和参与报告厅活动的其他人有约，想到即将看到老朋友，很高兴；③以前曾经在报告厅参与过某项很快乐的活动，旧地重游，很高兴……
	忐忑的语气	①自己将在报告厅表演或比赛，有些紧张；②将在报告厅见到让自己紧张不安的其他人；③报告厅唤起了自己某种曾经经历过的忐忑心情……
	难过的语气	①在这报告厅曾有过难过的记忆；②将在报告厅举行让人难过的事情；③自己不愿参加这次活动，却又不得不来……
	……	……

续表

标点使用情况	说话的语气	学生揣摩可能的情境
“报告厅到了！”（使用感叹号）	欣喜的语气	①对报告厅将举行的活动充满无限期待和热情；②经过长时间的赶路，终于到了的欣喜；③原以为要迟到，结果到报告厅门口发现距离活动开始还有一段时间……
	不满的语气	①可能很多人还在报告厅门口大声说话，影响了里面的活动；②对报告厅开展的活动有些抵触情绪和不满；③在组织报告厅活动的过程中有些不愉快的事情发生，导致了不满的情绪……
	祈使的语气	①要求大家排好队有序入场；②要求大家保持安静，不要影响里面的活动；③要求大家按照原先的约定各就各位，担负起各自的职责……
	……	……

上表可见，使用同一标点符号的同一句话，因为语气不同，其可能存在的相应情境也就不同；而使用不同标点的句子，却也可以表现相同的语气和情境。这些真实灵活的情境与相应标点符号的运用，远不是“句子结束用句号、表达疑问用问号、表达强烈感情用感叹号”等抽象的语法规定和理论所能涵盖的。学会正确使用标点符号的关键在于准确地表达出人物在特定情境下的特定心境和语气，即通过对“境”的把握来学会运用标点，所以，“以境释用”“以境定用”是教师在指导标点符号使用过程中必须遵循的规律。

以上我指点该学生学习标点符号使用方法的过程是借助我说或者读时候的“语气”来帮助她揣摩特定的情境，并体会到标点符号使用的妙趣。而实际上，学生写话或写作的过程是一个先有特定情境，然后根据这一情境去确定使用什么标点的过程。前一过程是通过标点揣摩情境，后一过程中是根据情境确定标点，两者相辅相成、相互作用，才能使标点的正确使用化为学生敏锐的语感，才能使学生在千变万化的生活情境表述过程中真正学会根据情境需要正确地作出自主选择。而且在实际的文本阅读和写作中，标点符号的使用远比“报告厅到了”这单纯的五个字组成的句子要复杂，标点符号的使用涉及句与句的关系、分句与分句的关系、多种标点符号的套用等各种情况，这就更需要学生灵活把握具体情境，使情境的表达不仅准确生动，而且能使前后的逻辑表达顺畅自然贴切。

最后我想说的是，在我们基于标点符号的使用体会语气和揣摩各种情境的过程中，我们这位可爱的女生、这位聪明的新老师一直都用充满惊喜的表情看着我、与我互动，并时不时地说“真的是这样”“我怎么没想到”“太有趣了”。通过这样的表情和语言，我想说，这一揣摩情境和语气的过程，已经使枯燥抽象的标点符号学习变得非常的形象具体，并充满着极其生动的人的思想和情感。在小学生看来很难掌握的这一个个符号，就在忽然间变成了非常可爱的小精灵，这些小精灵成了他们写作过程中的魔术棒和表达喜怒哀乐等情感情绪的好伙伴，于是他们开始喜欢上它们，并且开始变得离不开它们。

十三、关注语气之适

有一个极其优秀的孩子，聪明能干、阳光大气、活泼开朗，但他的吃饭情况经常让家长感觉很头痛，往往是吃饭时间到了，他还在看书，一到冬天，往往因为耽误了时间使饭菜变凉得重新加热，而家长又是一个急性子，同时也很担心他不按时吃饭而影响身体发育，所以母子俩经常因为吃饭问题发生争执，闹得很不愉快。而这一过程往往又体现为三个阶段：第一阶段，母亲和颜悦色地说：“儿子，来吃饭了。”而他也总是很和气地说：“好的，妈妈，我就来。”过了十分钟还没来，母亲开始有些发火，语气明显增加了很多不耐烦：“儿子，来吃饭了！”这时候，他也就很自然地用带些不耐烦的语气回答：“哦，就来了！”又过了十分钟，家长的火气已经冒到了嗓子眼，一般都是大声地呵斥了："儿子，来吃饭了!!"儿子这时也用很发火的语气回敬："哦，就来了!!"有时候，听到儿子这样的语气，母亲更加生气，会啰唆上一句："妈妈怕你饿着，一遍一遍地叫你吃饭，你还用这样的语气对我说话!"这时，儿子总是很一本正经地说："是你自己先用这样的语气对我说话的。"听到这句话，母亲往往就一句话都说不出来了，因为事实就是如此的。

在母亲对孩子说的三句话中，内容没有改变，却引起了孩子完全不同的反应，起作用的是什么？是语气。有研究表明，语气在一个人的语言交流过程中所起的作用占了70%，也就是说，交流的效果如何，在很大程度上取决于其对语气的把握。而每个人在说话的过程中，总是带着特定的语气语调的，这和说话者当时的心情心境有着重要关系。而听话者若能关注其语气语调，便能体会出其心境来，也能品味出更多内涵来。

当我们将目光从生活中语言交流的语气转向文中语言的语气时，就会发现，语气语调的把握也应该成为揣摩作者心境的重要支撑点，抓住语句、感受语气应成为教师的自觉，而其中，抓住"语气词"成了实现这一目标的重要切入口。

《桂林山水》在描写漓江的水与桂林的山的时候，分别用了一组带"啊"的排比句，如果我们重视这六个"啊"，就能更好地引领学生跟着作者的笔触走进山水，走进作者当时的心境；若去掉这六个"啊"，则传递的更多意思是对桂林山水的客观陈述。《胖乎乎的小手》一文中爸爸、妈妈、姥姥说话时因为有了语气词"啊"，就传递出了无比浓厚的爱。所以，语气词虽然只是一种虚词，没有特别实在的意义，但从另外一个角度看，正是因为它的"虚"，才给读者提供了更多的意义生发的可能性。

可见，语气词在表情达意过程中具有重要作用，学会用适合心境的语气说话，借助语气词揣摩作者的心境，应该是语文教学的重要任务，应该成为帮助学生感受作者心境、提高语感水平的重要内容与抓手。

十四、关注语用之境

曾听一位年轻教师执教“教师语言技能”课程的下编“教育教学语言”中“如何与小学生交流”这一内容，发现其课堂是按照“小学生的特点、与小学生交流的原则、与小学生交流的方法”的前后内容安排教学流程的，课堂上大多数时间也是以教师讲授为主，课后则让学生设计一则与小学生交流的语言片段。在阅读学生作业时，我发现他们设计的语言材料存在很多不切实际、胡乱编造现象，其中出现了很多空话、套话。究竟是什么原因导致了这一现象的产生？抱着这一疑惑，在接下来我自己的教学中，作了改革与尝试，效果改善明显。

首先，在“教师语言技能”课程的整体设计中，我安排了让学生到小学指导朗读的课外延伸训练，为学生提高朗读指导和教育教学语言水平搭建平台。然后，承着这一安排，我在课堂上提出了两个问题供学生思考：第一，当你第一次走进一个小学班级，你会对小学生们说些什么？为什么这么说？第二，在你带领小学生朗读文章后，有小学生说“你的朗读太棒了”或者“老师什么地方出现错误了”两种不同的现象，你会作怎样的语言回应？为什么？

因为有了具体真实的情境，学生思考得出的语言显然要简洁、恰当、有效得多，对自己的语言作进一步调整的速度也快得多，内容也灵动得多，同时，对语言设计的理由阐述也充分得多。这使我进一步认识到：语言习得的其中一个必要条件是“有具体情境的支撑”。

相信很多人都清晰地记得小时候老师经常叫我们做的抄写词语解释的作业。其目的当然在于积累。但是效果并不好。因为，虽然学生在短时期内记住了所抄词语的意思，但随着时间推移，这些当时费了很多时间抄写的词语很快就会淡出我们的记忆。

我们记忆中存在的语词，并非是通过机械的抄写获得的。它们之所以能够顽强存在于我们的大脑中，是因为它们在特定的情境中被反复应用，并在不断强化中内化成了自己言语结构中的一个特定语词，在真正意义上成为“我”的语言。如果我们有意识地去关注和统计每个人说话过程中的语词频率，会发现，每个人乐用的语词是不一样的，喜欢进行哲学思考的人，往往习惯用“存在、异化、物质、精神”等语词；喜欢进行教育思考的人，往往习惯用“建构主义、多元智能、持续发展、课程开发”等语词；喜欢文学的人，往往习惯用“意象、意境、虚实、诗化”等语词……这是因为，在他所属的那个领域、所属的那个群体中，他能有机会和平台反复强化相关语词。当然，同一行业范围、同一专业领域中思考深度和广度不同的人，他们经常用来表达的语词也有一定区别。

随着时间的推移，很多语言因为情境变换或百姓喜好而出现新的变化，如“给力、你懂的”等语词，因为其形象性或含蓄性得到了广大年轻人的喜欢并成为他们经常运用的言语形式，往往就在不经意间脱口而出了；而“你太有才了，此处省去78个字”等话语，也因为小品、相声等语言艺术形式带给人们的会心一笑而成了人气很高的话语。

而因为社会发展和表达需要，很多语词呈现出老树发新枝现象，语词的义素有了改变和不断的丰富。比如“营造”一词，其本意是“建筑”，我国古代就有《营造法式》这一建筑专著。但到当代，“营造”作为“建筑”一义的使用范围缩小了，甚至极少存在了。人们更喜欢将其与“氛围、环境、家园、气息、和平”等名词搭配，甚至与“清凉、恬静”等形容词搭配。《劳动报》1998年1月30日刊登的韩振远的散文《主妇过年》中，有“年又是被她们营造出来的”一语，妙不可言；又如“塑造良好的企业形象，营造良好的生存环境，构造良好的薪资福利制度，创造良好的事业发展机会，铸造良好的人才持续队伍”一组排比中“营造”用得非常自然贴切。“营造”一词，已由具象的“建筑”含义发展为抽象含义并成为大家口头或书面喜欢运用的语词，也成了具有“文化”与“品位”的象征了。[①]

所以，语言是在特定情境、反复使用过程中得以内化并与一个人原有的语词结构、文化水平、思维习惯等紧密结合而习得的。在语文教学中，只有有意识地为学生创设一定的运用情境、有意识地要求学生在表达过程中自觉使用新学语词，才能实现有效性，并在长期坚持中内化为他自己的语言。所以，在小学语文教学中，确定“一课一词”或“一课二词”“一课三词”，自觉运用这种“情境中训练”的方法帮助学生积累语词或句子，对学生的语文成长应该是很有帮助的。

写到这儿，我想起了自己现在经常使用的“醍醐灌顶”这一成语的习得过程。已经忘了是在哪本书的阅读过程中最早认识并通过查字典理解了这一成语，成语中“醍醐”的“古时指从牛奶中提炼出来的精华，佛教比喻最高的佛法”的意思让我眼前一亮，而整个成语的“比喻灌输智慧，使人彻底醒悟”的含义更使我联想到了生活与学习中经常遇到的因为智者的某一话语而使自己茅塞顿开的现象。这样的联系使我对这个成语产生了浓厚的兴趣，并尝试着在主持各种研讨会作开场或总结时进行使用，也有意识地将其运用于自己的各种文章中，过了一段时间，我突然发现，我已经不需要用意识去提醒自己用这个成语了，很多时候，我不需要作任何思考，这个词就脱口而出了。

十五、关注拓展之效

在听小学语文课的过程中，我发现一些教师在引用课外资料时往往只是走过场式地将之在某一环节呈现一下，并不挖掘其在文章学习过程中可以发挥的作用。举几个例子。

① 何伟渔. 漫说时尚用词“营造”[J]. 语言大观. 2000（9）：62.

《桂花雨》是作家琦君的散文，在教学中，一位教师呈现了琦君的生平经历："琦君，浙江温州人，11岁随父亲去了杭州，32岁去了台湾，60岁移居美国，84岁回到故乡。"这段文字，在课文出现前呈现了一次，后面就没有再涉及过。

《白鹅》作者是丰子恺，在教学中，一位教师呈现了作者及创作资料："浙江桐乡人，著名漫画家。自幼爱好美术。1941年进浙江省立第一师范学校学习绘画、音乐，1921年赴日学习音乐和美术。回国后，曾任上海开明书店编辑，上海大学、复旦大学、浙江大学美术教授。1943年后专门从事绘画和写作。新中国成立后，曾任上海中国画院院长、中国美术家协会上海分会主席、上海文学艺术界联合会副主席等。著有《音乐入门》《缘缘堂随笔》《丰子恺书法》等。"这段文字，同样只在导入阶段出现了一次，教师没对其呈现的原因作解释。

《泊船瓜洲》的教学中，一位教师为了突显诗中"绿"字描写的春景，引用了很多诗人描写春天的诗句，如："日出江花红胜火，春来江水绿如蓝""两个黄鹂鸣翠柳，一行白鹭上青天""竹外桃花三两枝，春江水暖鸭先知""春色满园关不住，一枝红杏出墙来"等，但未作更多解释。

以上三个例子中，教师能够自觉引用这些资料进行拓展阅读，这很好。可惜的是，教师并没有对这些外引资料进行强化，或将其与文本进行更多连接，致使资料的引用仅成了一种环节与摆设，对于学生理解思考并无太大帮助。

要真正发挥外引资料的最大功效，教师须认真思考"引用这一资料的目的是什么"这一问题并自觉进行教学设计和实施。

如《桂花雨》中的这段资料，就至少可以延伸出以下思考：它是将文中母亲对故乡、对乡情的怀念化为作者自己对故土、对乡情的怀念进而表达浓浓乡愁的重要桥梁。因为文章写的虽然是作者小时候的事情，写的是母亲在杭州时对故乡温州的怀念，但折射出的恰恰是作者自己的乡情、乡愁。正如这段资料中所讲的，作者一生漂泊在外，因为种种原因不能回到家乡。当她回到温州时，已经是六十多岁的老人了。所以，这是一种对故土刻骨铭心的思念之情，这种无法化为现实的对故土的思念之情更深、更切、更苦。这才是文章所要表达的真正内涵，即文章表达了母亲的思乡，也借母亲的思乡来表达自己的思乡。从这个视角出发，我们可以深入理解作者为什么在形容杭州的桂花时用“飘”而形容故乡的桂花时用“浸”的原因。“飘”是可以随风而逝的，“浸”是渗入生命、融为一体、无法消散的，“浸”的语意表达远比“飘”重和浓。可见，通过这一资料，我们可以将内涵的解读与文章语言文字的品析联系在一起。就着这一思路，我们更可品味出题目的妙处来。作者把题目拟作“桂花雨”，是因为摇桂花时的情景像下雨，所以从语句运用角度看，“浸”最能体现“雨”之特色，也最能体现外引资料所显示的乡情乡愁。所以，如果我们能将这段资料的功效最大化，那就不仅可以触摸到文章最深处的内涵，更能借之品味语言、把握结构，实现言语内涵与言语形式的完美统一。

《白鹅》教学时引用的这段资料，其核心内涵是什么？对文本理解所起的作用是什么？这些问题同样需要引起教师们思考。就本文而言，我觉得，将丰子恺是漫画家的身份与文本语言表达的漫画风格进行联系品析是个不错的主意。丰子恺是中国文人抒情漫画的开创者，他的漫画多取材于古诗词、儿童生活、社会与自然，风格简易朴实，意境隽永含蓄，笔调简洁流畅，而且多用变形、比拟、象征的方法，构成幽默、诙谐的画面，达到讽刺或歌颂的效果。这些特点，在其《白鹅》《手指》等散文作品中都有鲜明的体现。如《白鹅》中写白鹅的叫声、步态、吃相等，都带着浓厚的漫画色彩，一个个文字、语词和句子，都能使读者看到一幅幅极富生活情趣的画面。更令人叫绝的是，作者善于将自己对鹅的理解自然地置换为这只白鹅的心理与行为状态，使语言的呈现妙趣横生。如作者是这样写白鹅的吃饭的："这样从容不迫地吃饭，必须有一个人在旁侍候，像饭馆里的堂倌一样""鹅便昂首大叫，似乎责备人们供养不周。这时我们便替它添饭，并且站着侍候""因此鹅吃饭时，非有一个人侍候不可，真是架子十足！"事实上，这里三次提到的"侍候"，都是作者对白鹅的一种主观理解，并非鹅的要求，作者却将这种主观理解化为似乎是白鹅自身的要求，使"人"在这一情景中显出有些不情不愿来，以写出这白鹅的高傲，并通过貌似对其高傲的"贬"而使人因"侍候"而导致的不情不愿得到了缓解与宣泄。这种有意错位的写法，使白鹅的情态与作者的情态彼此相融，并使读者也被带入这一情景之中，读来不禁会心一笑。这便是其漫画的风格与视界：丰子恺总是带着率真的眼睛观看世界，并用简单的一纸一笔将其呈现。他的眼睛是率真的，他的表达也是率真的，这种率真，在他的《瞻瞻的车》《要！》《村学校的音乐课》等诸多漫画作品中均得到了体现。同时，丰子恺有着深厚的古诗词功底，所以他的漫画也就会自觉追求意境之美之丰富，而当这一追求体现在散文中，便使他笔下的语言具有了空灵生动的气息。同时，他也能够自然而然地吸纳各种文化元素，这同样达到让人忍俊不禁的效果，如该文中所写的"鹅的步调从容，大模大样的，颇像京剧里的净角出场"等。因此，从这些外引资料中提炼出漫画元素，并将之与丰子恺的文笔风格进行联系品读，其效果就比较突出了。

而第三例中所涉及的各组诗句的引用，就不能仅停留在它们都描写了春天的美景这一层面，而需要通过它们去感受"绿"字的妙处，发现规律，抓住规律，感受中国古诗词运用色彩语词来体现诗意和诗境的创作追求。

因此，当我们引用资料时，决不可仅以"拓展知识"作为追求，而要明确拓展的真正目的，使拓展为言语内涵、言语形式的感受与理解服务，真正达成最大功效。不然，不仅不能收获成效，反而徒增学生学习负担了。

十六、关注多元之引

一天，在一所小学听一位教师执教鲁冰先生所写的童话故事《蜘蛛开店》，课堂快结束时，教师让学生根据课后要求续编故事，并在课堂上展示了几位学生的作业。我们不妨先来看一下几位学生的续编内容：

学生1：蜘蛛说："你的脚也太多了吧。"蜈蚣说："这是我天生的。""那我要织到猴年马月呀？"蜈蚣知道蜘蛛的辛苦，就说："那就给你加个5元吧。"

学生2：蜘蛛说："你为什么有这么多脚？"蜈蚣说："妈妈给我生的，我又没办法。"蜘蛛说："你这么多脚我要涨价。"蜈蚣说："可你的招牌上不是写着每位顾客只需付1元钱吗？"

学生3：之后，蜘蛛说："你就可怜可怜我吧。"蜈蚣说："我就可怜可怜你吧。"蜈蚣给他加了6元钱。蜘蛛边织袜子边想："以后我可要算清楚几元钱，要不我就吃亏了。"

学生4：蜘蛛说："蜈蚣，你怎么有那么多脚，让我织到猴年马月？"蜈蚣说："这是我父母生的，少一只也不行。"蜘蛛说："那你能不能给我点时间，我织袜子的材料也快没了。"

学生5：蜘蛛和蜈蚣谈了一下，蜘蛛说："你那么多脚，我要编好多天，能不能多给我一些钱？"蜈蚣说："招牌上写着只要付1元钱。"蜘蛛说："求求你，多给我一些钱吧。"蜈蚣心软了，说："那我给你多加些钱吧。"蜘蛛心想："我以后要换别的行业了。"

看着这五位学生续编的故事，您有何感想呢？我对这五个续编故事的特点作了以下概括：第一，五个续编故事与文本内容不一致，缺乏合理性；第二，五个续编故事内容太雷同，缺乏多样性；第三，五个续编故事内容太世俗，缺乏品位；第四，五个续编故事内容太苍白，缺乏思考；第五，五个续编故事表达方式太机械，缺乏生动性。而这五大问题，是学生在续编故事时存在的比较共性和普遍的问题。

那么，为什么一个明明很生动、很有趣、很有深意的故事，学生的续编却是如此糟糕呢？这是语文教师必须面对并作出反思的问题。我想，产生这些问题的原因主要有以下几方面：第一，受目前追求物质的风气的影响，学生一看到“开店”两个字，头脑中首先的反应就是赚钱，所以，当看到织袜子的工序很复杂，花费时间和原料多，就自然地想到了加钱，却忘了蜘蛛开店的初衷，而教师也并没有关注到这一点或者没有进行积极的引导；第二，因为教师没有对文本的内涵进行深入的解读，导致运用这个文本教学只是停留于为教故事而教故事的层面，学生学了文本，也只停留在“知道了一个故事”的层面，对这个故事所传递出的价值观等根本没有进行深入把握，导致思维封闭和单一；第三，对文本的行文特点和表达艺术缺乏关注，也导致了续编方法的简单与枯燥。可见，要避免学生续编故事中存在的诸多问题，使续编故事真正实现对学生语言和思维的训练以及世界观、人生观、价值观等的指导，教师就必须做好积极引导，通过多角度的恰当引领，使续编故事合情合理。

下面我们就以《蜘蛛开店》一课为例，就续编故事如何进行多角度的恰当引领作一深入探究。

第一，蜘蛛为什么而开店？从童话价值取向角度作恰当引领。

文中的蜘蛛为什么而开店？课文第一段就有非常明确的语言提示：“有一只蜘蛛，每天蹲在网上等着小飞虫落在上面，好寂寞，好无聊啊。”于是在第二段就写道：“蜘蛛决定开一家商店”，也才会“在一间小木屋外面挂了一个招牌，上面写着：‘口罩编织店，每位顾客只需付1元钱。’”也就是说，蜘蛛开店是为了改变“好寂寞，好无聊”的生活状态，赚钱并非它的本意。沿着这样的思考，将故事续编为要加钱，甚至是很可怜地请求加钱，这就不符合课文的原意了。思考蜘蛛为什么而开店，不仅可以弱化该文中“赚钱”因素的影响，而且可以在其他方面内容上得以强化和丰富。比如蜘蛛因为开了编织店，使它原来枯燥的生活得到了改变，丰富多彩的生活让它感到很快乐；又如因为不厌其烦地为河马织口罩、为长颈鹿织围巾、为蜈蚣织袜子而且都只收1元钱，因此收获了友谊，结交了很多朋友，经常和朋友聚会，从此改变了生活状态；又如蜘蛛在为朋友编织的过程中体会到了自己的存在价值，内心拥有了满满的价值感和成就感，生活的寂寞无聊感也就渐渐消失了，取而代之的是充实和快乐；等等。沿着这样的思路续编的故事，其合理性、丰富性等便可以得到提升。

第二，蜘蛛为什么选择开编织店？从童话主角特点角度作恰当引领。

学生续编的故事都以增加钱作为内容的另一原因是他们习惯于用人的思维方法去面对动物的特点。对于蜘蛛来说，钱的意义并不大，因为如上所述，其开店目的并不是为了赚钱，因此它当然是选择它最擅长的本领来开店。那么对于蜘蛛来说，最擅长的是什么？当然是织网，作者是由蜘蛛善于织网这个特点想到了开编织店的。当我们理清了这一特点，那么在续编故事过程中，学生就不会脱离蜘蛛善于织网的特点。即使续编中不再是编织的事情，也会遵循蜘蛛其他特点，比如利用蜘蛛网的韧劲为其他动物提供帮助等，这样就不会偏离童话主角的特点，而能使续编的故事合乎情理了。

第三，怎样看待蜘蛛不断改变编织物件？从童话多元理解角度作恰当引领。

在该童话的教学中，大多数教师和学生都习惯以蜘蛛没有恒心、缺乏坚持、面对困难就改变主意等缺点和观点来评价蜘蛛，即对该童话的主角蜘蛛的评价是负面的。这种观点当然也有一定的合理之处，但如果我们作一反向思考，是否可以发现这只蜘蛛的很多优点并且沿着这些优点的思维方向进行续编呢？比如优点之一是善于通过行动并发挥自己所长来改变寂寞无聊的状态，从被动地等待小飞虫落到上面到主动地去改变和创造一种新的生活，那么续编中是否可以让蜘蛛意识到编织不适合它，于是选择了另外的方式去改变寂寞无聊的生活状态；优点之二是蜘蛛尽管遇到了困难，但依旧坚持把承诺的物品织完，织口罩用了一天，织围巾用了一个星期，那么在续编故事中是否可以在蜘蛛“吓得匆忙跑回网上”后又让其出来，按照承诺完成袜子的编织呢？优点之三是这只蜘蛛并不是一只贪婪的蜘蛛，它只是象征性地收取了1元钱的回报，它追求的是一种精神层面满足的生活方式。如果基于这样的想法，那么当它面对蜈蚣后是否又会转念一想，想起了自己的初心，然后又乐呵呵地重新出现在蜈蚣面前呢？另外，我们如何看待蜘蛛的不断改变？如果以传统观念看，持之以恒是一种优秀品质，坚守于一个单位在过去看来是有情有义的象征，所以在很多人的生活状态中，哪怕不喜欢、不擅长当下的工作，也苦苦坚持着，因为他认定这是一种好的品质和行为。但随着观念的转变，一些单位在招聘员工时，恰恰喜欢有经验的应聘者。所以，对于蜘蛛不断改变编织物的故事内容，不能光有批评的声音，也应该鼓励学生大胆表达不同评价倾向的声音。正如陶行知先生所认为的，年轻人在选择职业的过程中，最好要尽可能多地尝试不同的职业，以此来获得体验、获得对自己能力和兴趣的正确认知，帮助选择并最终确定自己最感兴趣也最擅长的工作。如按照这样的想法，那么续编故事时就可能选择蜘蛛对自己改变寂寞和无聊生活状态的方式的再选择，这也是合乎故事发展逻辑并能从中衍生出学生自创的童话主题的。

第四，蜘蛛编织为什么要反复多次地写？从童话结构特点角度作恰当引领。

这篇童话写蜘蛛编织，采用了反复的结构形式写。一是内容呈现的反复，分别是“口罩与河马、围巾与长颈鹿、袜子与蜈蚣”；二是过程呈现的反复，都采用了“蜘蛛想—挂出招牌—来了顾客—出乎意料—终于织完—改变主意”的方式；三是在反复中又有细微的变化，如写顾客特点时分别是河马“嘴巴那么大”、长颈鹿“脖子和大树一样高，脑袋从树叶间露出来，正对着蜘蛛笑呢”，写蜈蚣则结合运用了蜘蛛“吓得匆忙跑回网上”的心理与动作描写和“原来那位顾客竟是一条四十二只脚的蜈蚣”的直接陈述；在写蜘蛛编织所付出的辛劳时，则分别用“口罩好难织啊，蜘蛛用了一整天的工夫，终于织完了”“蜘蛛织啊织，足足忙了一个星期，才织完那条长长的围巾”的话语方式，而对袜子的编织，则干脆就不说；在写蜘蛛编织后的心理活动时，则分别运用了“晚上，蜘蛛想”“蜘蛛累得趴倒在地上，心里想”的方式。通过对反复结构的把握以及反复之中又富有变化的内容的分析，学生在续编故事时就能尝试以编写又一个反复而又有变化的独立片断的方式进行。

第五，蜘蛛编织的顺序为什么是口罩、围巾和袜子？从童话选材组材特点角度作恰当引领。

在这个童话中，蜘蛛确定开编织店后，其编织的内容顺序分别是口罩、围巾、袜子，为什么是这样的组织顺序呢？因为蜘蛛开店目的是改变寂寞无聊的生活，所以它首先选择了最简单的口罩，这符合蜘蛛开编织店的初衷，只是没想到来了大嘴巴的河马；那第二个为什么会选择围巾呢？因为比较而言，围巾的技术要求是最低的，没有太多的结构变化，只是没想到来了长颈鹿；第三个为什么是袜子呢？因为袜子也是比较小且比较简单的，只是没想到来了蜈蚣。因此以比较而言“织起来很简单”的认知来选择确定编织物，是符合蜘蛛开店的初衷的。而编织口罩却来了河马，编织围巾却来了长颈鹿，编织袜子却来了蜈蚣，这些都是作者的有意安排，这种安排使童话有了诙谐幽默的色彩，富有生活气息和文学情趣。这样，如果教师引导学生关注了童话的选材和组材特点，那么续编故事时学生就会沿着织完袜子又织什么、又碰到什么动物的思路进行续编，比如织耳套却来了大象等，使童话的创作更具逻辑性，也更具诙谐幽默的表达效果，使其充满生活气息和文学情趣。

可见，如果注重从上述内容对学生的续编故事进行引导，那么学生对该童话的续编就不会仅仅停留于“多付一点钱”的简单、表层及低品位状态，或许就会出现：再编写一个独立故事，如不放弃编织，只是改为编织耳套而来了大象，进一步体现故事的诙谐幽默风格；突出蜘蛛始终以编织为工作，并在不同动物的不同要求下不断丰富了编织内容而成了编织专家的过程；面对困难，始终坚持，兑现承诺，因此收获了友谊，最终改变了寂寞无聊的生活状态；最后蜘蛛放弃了编织这项自己不太擅长的工作，而选择了通过自己丝线的黏性等本领帮助动物们做好事的其他工作，从而使生活更有意义；动物们看到蜘蛛这么辛苦，主动提出要加钱，蜘蛛却笑着拒绝了，因为它认为它的初心就是改变寂寞无聊的生活，现在通过自己的努力，不仅自己改变了，而且还给动物们带去了帮助和快乐，这真的是双赢的事情；等等。

通过以上阐述可以看出，面对部编版教材提出的续编童话故事的课后要求，教师应对学生进行充分的、多角度的引领，在童话的价值取向、童话主角的特点、童话的多元理解、童话的结构特点、童话的选材组材及特点等方面进行分析，只有这样，才能使学生的续编具有多样性、品位性、思考性、合理性和生动性，也才能真正实现部编版小学语文教材开设续编故事这一要求的初衷和愿景。

十七、强化朗读训练

在“教师语言技能”课程所安排的课前五分钟训练中，有一个班级第一位上讲台练习的同学的朗读，以及我对她的指导过程成了我和全班同学印象都极为深刻的事情。

这位同学第一个登台朗读，朗读内容是歌曲《在希望的田野上》的歌词："我们的家乡，在希望的田野上，炊烟在新建的住房上飘荡，小河在美丽的村庄旁流淌……"我为她选择一首歌词作为朗读内容而感到很佩服，为什么？因为就我自己的经验，当我们选择一首歌词，尤其是一首全民都会唱的歌词作为朗读内容时，朗读过程中很容易被歌曲旋律带动，并因此忘记歌词。但这并非我想说的重点。我的重点在于这首热情洋溢赞美家乡、赞美祖国的歌词，她却读得非常冷静。我很直接地点出了她朗读中感情基调的处理与诗歌情感不符的缺点。面对我的点评，这个学生态度很认真，当我说感情还不够充分并为其作示范后，她也能坚持着去模仿和训练，而且也有了一些进步。于是我说："课后好好练，下节课再来一遍。"第二节课上，我又基于她另外的不足进行了点评和示范，并同样要求下节课再来一遍。这个反复再来一遍的练习过程持续了六次课之久，效果非常好。到第二学期，当我们学到讲故事时，这位同学已经能够大方地、高质量地讲故事了，其讲故事时的勇气、语调、姿势等，都有了极大的飞跃。由此我想，朗读艺术和别的艺术一样，其训练过程应该也是反复强化和刻意为之的。

那么这些训练所涉及的内容都包括哪些呢？

其一，通过对作品整体感情基调的把握来确定语气语调。这首诗歌充满热爱的感情，所以整体基调应该是昂扬的。对于有些作品而言，其基调是单纯且基本稳定的；而有的作品，出于内容表达的需要，不同语段的情感基调是有区别的，这是一种纵向的基调的变化，需要朗读者作出界定和区分；而有的作品，同一处语言中其基调是双重甚至是多重的，在一个表层的基调之外，还有一个内在的基调，如《卖火柴的小女孩》中，小女孩擦燃火柴这几个语段，有我们为她看见那么多美好景象而具备的快乐的基调，但这种快乐并非纯粹的快乐，因为我们很清楚，小女孩所看到的这一切的美好，都会随着火柴的熄灭而很快消失，所以其内在语应该是含有同情、心酸和对社会不公的愤慨之情的。同一基调、不同语段纵向的基调变化、同一语段横向的不同基调并存，都需要我们作出不同的朗读表达。

其二，通过对每一个语段的分析来处理语段和句子之间的朗读连缀技巧。文学作品虽然是以静止的状态呈现在我们面前，但其中的每一个句子和语段都处于不断的变化之中，这种变化包括时间的变化、场景的变化、情节的变化等，我们在通过有声语言体现这些变化时，就会涉及如何通过恰当的语音处理方式和态势调整方式来表达的问题。比如《在希望的田野上》一诗中，尽管三个诗节都呈现了激昂的感情，但三个诗节所涉及的内容和呈现方式是多样的，第一诗节通过“炊烟、小河、冬麦、高粱、荷塘、果香”描绘了宁静祥和的乡村静态之美；第二诗节描绘的是农民们劳作的动态之美，是通过“汗水、笛声、纺花、撒网、播种、打场”这些劳动过程来呈现希望的田野，可以说是对第一诗节美好景象之所以能够获得的一种诠释；第三诗节是从“老人、孩子、小伙儿、姑娘”无比欢乐的生活场景描绘了通过劳动所获得的人们生活状态的一种改变。这三个诗节既是不同侧面的表达，又具有前后的因果关联，所以朗读时就要有前后连缀的技巧处理的考虑，眼前所见之场景也应该有变换。

其三，通过对每一个语词和句子的体会来“呈现”朗读的色彩和味道。汉语表情达意的功能是极为强大的，因为每一个汉字和词语从造字开始到之后的发展都凝结着历史传承过程中人们的思维和情感，并因之而能够在眼前呈现画面感。如《在希望的田野上》一诗中，“炊烟”带给我们一种暮色朦胧中家的温馨和劳作一天后的充实与满足；“小河”带给我们清澈透亮灵动活泼的舒适之感；而“冬麦”的青绿、“高粱”的火红、“荷塘”中的亭亭与纯净、“果香”里的丰收与喜悦、“禾苗抽穗”“牛羊成长”“纺花撒网”的欢乐、“老人举杯”“孩子欢笑”“小伙儿弹琴”“姑娘歌唱”的幸福，都应该在朗读之中得以体现。这些色彩和味道的体现，在朗读中是通过声音来实现的。比如，根据色彩和味道的不同，“冬麦”可以读得干脆一些以体现生机与活力，“高粱”可以读得高亢一些以体现其火红，“荷塘”可以放慢速度以体现其袅娜和意境，“果香”可以放慢速度以呈现其甜香入口鼻的感觉。另外，“冬麦”“高粱”“荷塘”“果香”又分属于不同的位置，有高有低，有水有陆，而且从时间上看又囊括了多个季节，所以朗读时又可作场景和时令跨度的切换和体现。

其四，通过对关键反复之处的不同把握方式来体现作品的朗读逻辑。作品是有逻辑的，当我们进行朗读时，一定要将其文本逻辑充分、准确地体现出来，这就需要做到前后呼应，但这点，经常被很多朗读者忽视。虽然朗读是一种时间艺术，说出的每一个音在说出的瞬间便立刻会消失，似乎让人觉得只要让听众听清当前的那个音即可，但事实是，正因为朗读时声音的这一特点，所以更加需要强化呼应和逻辑，使前文的朗读为后文作铺垫，使听众听到后文能想起前文并有一种原来如此的恍然大悟之感，进而在没有文字依托的情况下对文本整体有一个清晰的把握。比如在《在希望的田野上》一诗中，“宁静祥和的风光→辛勤快乐的劳作→幸福美好的生活”构成了其内容逻辑，“静态描绘→动态回想→动态展望”构成了其叙述逻辑，“我们的家乡→我们的理想→我们的未来”是“整体→个人→整体”的空间呈现和“现在→未来”的时间呈现，而“在希望的田野上”则是时空交织中所形成的最强音，所以在诗中进行了多次的反复。而各诗节所采用的对句形式所写到的“炊烟……小河……”“一片……一片……”“十里……十里……”“禾苗……牛羊……”“西村……东港……”“北疆……南国……”“老人……孩子……”“小伙儿……姑娘……”也都具有以点及面、由此及彼的逻辑跨度和呼应关系，这种跨度和呼应关系都应该在朗读时得到有意识的体现。

其五，通过表情、眼神、姿势等的变化来体现作品的不同角度和侧面。当我们对上述几方面作了思考和体会后，还需要对朗读者的表情、眼神、姿势等进行设计，使文本所呈现的不同角度和侧面得以充分体现。比如“炊烟”可以看得高一些远一些缥缈一些，“小河”视线则需要低一些近一些活泼一些，“一片冬麦”视线则可在低一些的基础上又变得远一些但可清晰一些，“一片高粱”视线可在前句远一些的基础上看得高一些虚指一些……诗歌中每一句的表情、眼神、姿势等，都可以根据其所用意象的实际方位与特点作出相应的设计，并在延承前句的基础上有所变化进而呈现出细微而又清晰合理的变化轨迹。

由上可见，由于多媒体的发展，在大多数区域，学生的语音标准已不再成为朗读学习的难点；同样由于多媒体尤其是自媒体的发展，朗读也已成为一种极其容易实现的艺术形式。因此，在这样的时代背景下，朗读的训练要点就很自然地发生了改变，更应关注朗读者对文本深入且全面的、个性化的理解，关注朗读促进人文思想和情感培养的功能。这些，都是当下的语文教学朗读指导中所需要加以强化的。

十八、走出朗读误区

在当下的语文教学中，虽然大家都在强化朗读教学，但不管是作为目的的朗读还是作为理解文本手段的朗读，都存在很多问题和误区，走出这些误区，是每一个语文教师都必须关注和实践的。具体而言，这些误区以及走出误区的策略方法主要包括以下五个方面。

第一，应从跟着感觉读走向跟着理解读。其实，对于一些朗读水平比较好的学生而言，当他拿到一个新的文本，只要其中没有不认识的汉字，那么他就能比较流畅、比较有感染力地将其朗读出来，因为对他们而言，艺术性地进行朗读已经成为一种语感和习惯。那么，既然学生已经达到了比较高的水平，我们为什么不鼓励这种跟着感觉走的朗读呢？这是由语文课朗读指导的价值取向决定的。因为语文课中的朗读指导身兼目的和手段两种功能，既是借助朗读理解文本，也是通过朗读体现理解。所以，在语文课中，我们必须将朗读建立在文本理解的基础上，在感觉的基础上获得“为什么这样朗读”的理性认知。所以，朗读前，我们需要引导学生就文本的主旨立意、选材组材、遣词造句等做好分析和理解，并对运用怎样的表达技巧进行朗读等作一些把握，使其朗读具有思想的脉络，使其情感表达具有思想的支撑。

第二，应从“读得重”为重音走向用各种方式表达重音。很多教师在课堂上会说：“老师听出来了，这个词你作了重音处理，读得特别重。”其实，重音的体现方式并不仅仅是读得重。恰恰相反，在很多时候，越是强烈的情感，越是要读得轻、读得虚，要用比较多的气音进行表现。比如你登上一座高山，在“一览众山小”的山顶往下看并说“啊，真美啊！”时，如果你用很重很实的声音来说，其内在情感的表达恰恰是很弱的。相反，如果你用气音的方式轻轻地说，反而更能体现出你此刻比较饱满的赞叹之情，这就是朗读艺术中一个很需要教师引导的方式。因为近观这几年的师生经典诵读比赛、演讲比赛等，在情感激昂处用“喊”的形式去表达似乎已经成为一种比较普遍的现象，亟须得到改变，因为很多时候，“喊”的形式恰恰说明其对文本内涵理解的浅薄和朗读表达过程中的内涵缺失。

第三，应从比赛式朗读走向合作式朗读。现在的朗读和朗读指导过程中，当一个学生读完，其他同学便会举手并习惯性地指出该同学读得不好的地方，教师也会习惯性地说“谁能比他读得更好”，这样，就使轻松愉快的朗读活动充满了压力。事实上，学生的朗读在很多时候是没有可比性的，因为每个人对文本的理解不同，其对文本的朗读处理就可以不同，而且，“艺术的最高技巧是无技巧”，所以从根本上说，朗读本身也是没有固定技巧的。相反的，我们在弱化竞赛式朗读的同时，要强化合作式朗读的意识培养，如引导学生关注男同学朗读时的阳刚之美、女同学朗读时的柔和之美，明白两者此起彼伏相互合作的朗读，才是最和谐与美好的朗读。

第四，应从局部朗读走向整体朗读。现在语文课的朗读大多停留在某个局部，比如品味了一句话之后让学生读这句话，这句话的理解和朗读往往是孤立于整个文本之外的。这样的朗读，缺乏整体的观照、前后的呼应、自然的连缀和逻辑的呈现。真正的朗读训练，从题目怎么读、如何开篇、情绪思想如何发展、各段之间如何起承转合、如何收尾等都是有讲究的。如果我们只关注了局部语言的朗读，那么上述朗读时需注意的重要方面势必无法得到学生的重视。而这种碎片化的朗读，致使学生缺乏整体性的视角和眼光，教师应该自觉引导学生有意识地扭转这种习惯。

第五，应从单一朗读走向多元朗读。正如前面所说，任何一篇文章的朗读，由于学生理解的角度、深度、广度不同，其朗读方法是可以很不一样的，这不仅是一种客观存在，而且从某种意义上说，应该成为语文教学追求的境界。这其中，既有对文本内涵理解的不同而形成的多元读法，也有在同一种理解的基础上作出的不同朗读方式的处理；既有大异，也有小异；既有同中之异，也有异中之同。教师不可以用一种可能去替代四五十个学生所拥有的四五十种可能，唯有如此，才符合朗读艺术的基本规律，也才能真正促进学生朗读艺术的发展，才能真正实现语文课中朗读和朗读指导的意义和价值取向。

朗读和朗读指导教学要走出误区并达成上述效果，其必要条件是教师要对朗读规律有一定把握，并且对朗读活动有一定的指导经验和基础；要求教师不仅要自己会朗读，而且能够对学生的朗读形成自己的判断并挖掘出学生朗读得好的地方去表扬和鼓励，以促进学生更好地发挥；对学生尚需提高之处，也要一语中的地进行点评和指导，切忌空泛而谈。

如若我们能够更好地发挥语文教学中朗读和朗读指导的力量，那么我相信，语文课的教学质量也会因此而上升一个台阶。

十九、理清朗读脉络

一天，我到小学听一位教师执教《闻官军收河南河北》，之后的点评中，我针对其教学中内容比较单薄和没有重视六年级处于小初衔接过程中的特殊情况，提出了“知人论诗”“析词品诗”“以诗解诗”等建议，即从作者与背景、本诗内涵理解、其他诗作的印证诠释等方面对诗歌进行品析。第二周，我再次听取了该教师对该诗的第二次上课，可以看出，她的课堂已大大增强了诗歌鉴赏的层次性、丰富性和多向性。但在诗歌朗读环节，学生的情感、情绪总是调动不起来。观摩了一整节课后，我发现学生情绪之所以调动不起来，是因为教师自身在朗读时缺乏感情。由此我想到，教师自身朗读能力的缺失，是语文教学中学生情感无法共鸣、思维无法激发的一个重要原因。课后，我与教师们交流这个话题，执教老师说，之所以会这样，一方面是因为她不知道该怎样进行诗歌的朗读；另一方面，是面对杜甫的“喜欲狂”，她缺乏大胆表达的勇气。

一次，又听了一位教师执教《闻官军收河南河北》，这位教师语言有激情，课堂上学生的感情也被调动得很有激情，但她从头到尾都是“喜欲狂”的情感处理和始终高昂的语气语调却让我这个有着三十多年从事学生朗读、朗诵指导经验的口语教师同样产生了一种不认同感，我之所以强调我的朗读、朗诵辅导经历，是因为经历告诉我：当这位教师在课堂上一直这么充满“喜欲狂”的语气、语调朗读的时候，作为还处于朗读学习过程中、还没有形成对朗读的独立理解的学生来说，往往是不加判断地就接受了，而且会觉得这样的处理是对的，因为这首诗的诗眼就是“喜欲狂”，喜到“狂”的程度，自然是要用无比激昂的语气、语调表达喽。

那么我的不认同源于什么呢？源于她的处理是“一直”“喜欲狂”，这不符合这首诗的内容，不符合诗人“闻官军收河南河北”后的真实心理状态，也不符合“文似看山不喜平”的艺术规律、特点和诗人的创作追求。因此，“一直”“喜欲狂”的高昂朗读，是不符合这首诗的原意的，是对这首诗在朗读层面的简单化处理。

之所以说这位教师“一直”“喜欲狂”的朗读是一种简单化的处理，是因为任何一个文学作品，其文本逻辑脉络中都有一个作者或文中主人公情状转换的内容在其中。我们不妨来研究一下《闻官军收河南河北》这首诗的内容和作者情状的转换过程。

诗眼“喜欲狂”是在诗歌的第四句出现的，并非在诗人一听到这个大好消息时马上同步出现的。诗中可见，当杜甫听到这个消息时，他的第一反应是“初闻涕泪满衣裳”，这种反应合乎人之常情，更合乎杜甫的性情。你不妨回忆一下我们生活中人们的表现，当一个人在苦苦等待某个人、某件事而始终不得实现之后的某一个时刻，这个人、这件事突然出现了，一般人的感觉是马上“喜欲狂”吗？一般不会的，更多的应该是“懵住了”“不敢相信这是真的”“像在做梦”，抑或是“百感交集”“万千回忆涌上心头却又道不清是什么”，杜甫的表现也是这样，但他当时的感觉应该更加超越一般人，因为他在近八年的逃难生涯中，心中挂念的不仅是自己和家人的情况，更是以一个诗人特有的敏感、敏锐和无比爱国的情怀挂念百姓和国家，《春望》《三吏三别》等诗作都可看出这样的情怀，所以当他听到这个消息时是“涕泪满衣裳”，如果理解为喜极而泣，那也是饱经沧桑后的低沉的泣，绝不可能是高昂的大声的泣，所以这句话的朗读，可以用低沉的语言表达方式；而对其中“满衣裳”三个字，则更可放慢速度，以一字一顿甚至带着些沉重的颤音方式读出，将这八年的等待、八年的沧桑、八年的苦难、八年的情感叠加等，都凝结在这“满衣裳”三个字中。然后，作者在泪眼蒙眬中转身看到妻子孩子脸上一直笼罩的愁云已经不复存在，取而代之的才是满心的欢喜和轻松，这才使诗人由“涕泪满衣裳”转为“喜欲狂”，所以读这句，可以由“转身一看”的现场感带动并实现诗人情感的转换，语气、语调上也可以带着些许跳跃感，“漫卷诗书”四个字的朗读则可采用适当拉长“漫”字并将后三个字快速连读的方式，“喜欲狂”则可以用饱满而高亢的语气突显尤其要突显“狂”字。另外，我们可以想见，当诗人听到这个消息时，可能是正在读书之时（这种可能性较大，而不是很多人认为的听到消息后拿起书来读或者收拾书本准备回家，因为按常理，当诗人听到这么大快人心的消息后，一般是不会平静地拿起书的。因为诗人是在读书之时听到了这个消息，手上正拿着书呢，所以才可能“漫卷诗书”，这样的理解比较能够说得通），所以这两句诗朗读时情感的转换，应该是引导学生借助“情境化”的想象得以实现，即诗人在读书，忽然听到收复蓟北的消息（抬头，眼睛看着门口，眼神突然放光），然后涕泪横流（眼神回收，带着悲喜交加的神情，“满衣裳”三字读得慢且可配以皱眉或怅惘之神情），回头看见妻子孩子脸上的愁容一扫而光（“却看”两字可带转头将视线挪至妻子孩子身上的情状，可读得稍快些；“愁何在”三字则可采用很宽慰的语气，采用放慢语速的方式，其语气与“满衣裳”完全不同，“满衣裳”是低而凝重，“愁何在”是高而轻快），看到这样的情景，作者才真的相信消息的确凿，战争结束，百姓的苦难结束，国家的山河收复，因此“喜欲狂”。在这个过程中，朗读的语调不可能是一味高亢的，我们应该结合生活、结合诗人、结合背景等再现诗歌真实内容和诗人真实情感，使之得以合理表达。而诗歌后面的两句，虽然是表达了“喜欲狂”的感情，但在朗读体现过程中，在总体采用高亢快速的语气、语调的过程中，依然应该有高低快慢的变化。

“文似看山不喜平”，文章的创作如此，作为对文章进行再度创作的朗读艺术自然也应如此，而且任何艺术也都是如此。而要做到“不平”的表达，就要理清文章的逻辑脉络，包括思想、情感还有根据生活作出的情状的想象与还原，这样，才能使前后文、上下句之间建立联系和呼应，使读前句时能顾到后句，读后句时能呼应前句。

因此，当我们理清了文章的逻辑脉络，朗读处理就自然能够抑扬顿挫、张弛有致，从而实现文本真实而丰富的意义，实现朗读艺术“不喜平”的审美追求。

二十、各种文体的朗读

那是一天傍晚，我接到以前一个学生的电话，她带着极其无奈的、求助的口吻说：“邢老师，你快帮帮我。”我说：“怎么了？”她说：“明天参加区里比赛，要上一节朗读指导课。”听了她的话，我笑了，因为她的语言表现力还是不错的，于是说：“那就上呗，这对你来说并非难事啊！”谁知她说：“可是没法上啊！”我很诧异，问：“为什么？”她说：“上的是《电脑住宅》，是一篇说明文啊！”原来在她的意识中，说明文是无法进行朗读和朗读指导的。

第二天晚上，我又接到了一个学生电话，是个男教师，语言素质特别好，经常活跃在朗诵的舞台上，谁知他也说：“邢老师快帮帮我，我明天要参加区里的教学比赛，上一节朗读指导课，但文章是说明文《赵州桥》，我真不知道怎么上。”原来在他的意识中，说明文也是无法进行朗读和朗读指导的。

说明文果真是无法进行朗读和朗读指导的吗？那两个晚上，为了让他们获得一种心理上的支持感，我还是分别赶到两所学校，为他们作指导。我首先让他们分别读给我听了一遍，然后就他们的朗读中所存在的未体现说明文文体特点的朗读问题进行了指点。对于《电脑住宅》，我问她，文章所具有的特点及想表达的主旨是什么？她说主要是表达电脑住宅的神奇，说明的特点是方位交代特别清晰，语言使用上也很准确。基于这样的理解，我让她独立思考，并划出课文中最能体现电脑住宅之神奇的语句和交代方位变化的语句，对它们进行重音处理（请注意，重音处理并非指读得重），然后我请她再读一遍，理出读这些语词时的朗读策略，比如有的地方读得特别重、特别轻、特别快、特别慢或其他处理方式，并提炼出了说明文朗读在朗读技巧处理时的特殊性。对于《赵州桥》一文，我在引导教师关注各种说明方法进行强调朗读之后，尤其突显了文中“这座桥不但坚固，而且美观”这句过渡语的特点，因为从文本内容看，上文是写“赵州桥非常雄伟”，按常理，过渡语应该是“这座桥不但雄伟，而且美观”，而课文却是“这座桥不但坚固，而且美观”，可见，课文内容是从一开始的“外观的雄伟”在长宽及一个拱形大桥洞的视觉层面上的说明深入到了对桥的结构，以及该结构所具有的抗压、抗洪等诸多方面的作用等内容的说明上，因为这之间有着这样的逻辑转换，文中“这座桥不但坚固，而且美观”这一过渡句才说得通，所以要强化“坚固”一词的朗读，而这，必然以如上对文本内容的把握为基础。

作为语文教师，需要掌握各种文体、各种主题的朗读规律并不断提高自身的朗读水平，因为正如前面所述，如果教师自身的朗读缺乏思想和情感，那么学生朗读的思想和情感是无法调动起来的。而教材中收录的课文，其主题基调各不相同，有的豪放，有的婉约，有的欢快，有的忧伤，有的俏皮，有的沉静……另一方面，所选课文的文体也有不同，有记叙文、说明文、诗歌、童话、剧本、小古文等，每一种文体都有自身的要求和特色，教师都必须面对，因为这是教材，教师可不能因为自己不喜欢某篇课文而放弃不教。教师努力提高自己面对不同文体、不同主题文本的朗读水平才是关键。以下几点，或许是教师练就较高朗读水平的关键要素。

第一，要有勇气尝试练习各种音色处理。比如，我们教学生讲述

《猴吃西瓜》这个故事，里面涉及的猴王的威严要用舌位后靠以发出较粗的声音，紧接着应声出现的小毛猴的声音则是靠前且尖细的，接着的短尾巴猴的声音是理性的、处于中央舌位，而老猴的音色则是苍老且可以处理为带些沙哑和颤音的，吃了西瓜皮后那只发出质疑又不敢高声说话的猴子的音色是轻声细语又带着些困惑的，最后一只猴子的声音是借提高音量来假装自己很懂以达到童话故事诙谐讽刺的效果的。其实，这些音色谁都可以模拟出来，只是一开始，你需要有勇气迈出第一步。

第二，要对各种文体的特点与规律有清晰的把握并借助朗读得以体现。这点从理论上看，很多教师在讲课时都关注到了，比如诗歌的节奏、音步、押韵、意象、反复等；说明文用词的准确、说明的顺序、说明方法的运用等；记叙文的六要素、结构特点、所要阐述的道理等。但课堂上往往会存在讲归讲、读归读的现象，教师缺乏用这些特点和规律指导朗读的意识和能力，致使在朗读时依然不知所措的情况大量存在。所以，在面对各种文体课文的朗读准备时，教师不妨先回忆一下在课堂中所讲的几方面文本规律，并依循这些规律分别在文中找到相应的语句，然后再进行朗读，相信这样会事半功倍。

第三，要掌握对不同价值取向和情感内涵基调文本的朗读方法。有的文章以激昂的情感贯穿始终，有的以理性的思考为逻辑线索；有的以不同人物的对话为主要内容，有的以人物塑造为基本任务；有的以事情发展为基本思路，有的以总分安排为内容布局；有的以意境营造为审美追求，有的以道理阐述为最终目标；有的以铿锵之语表达明确观点，有的以余音绕梁含蓄暗示为收尾特色……这种种的不同，都对朗读提出了不同的要求，这就需要教师仔细分析文本的内涵与形式特点，使朗读时的语气语调、速度节奏、停顿重音等符合课文主旨，经常练习，久而久之，便会形成一种感觉，这种感觉将使你能够在拿到文本的第一时间就准确把握其朗读基调。当然，朗读并不能仅仅依靠感觉，作为教师的朗读和朗读指导，必须从“依托感觉的朗读”走向“依托理解的朗读”，进而又回复走向“依托感觉的朗读”，虽然起点和终点似乎都是“依托感觉的朗读”，但前后有关“感觉”的内涵和意义已经是完全不同的了，有了更高层次的把握，有了更多的内涵和内涵体现，而要实现这一步的提升，关键的要素在于教师对文本的诠释和理解。

另外，我们需要对朗读的基本要求“正确、流利、有感情”中的“有感情”一词树立正确的理解。现在有一些语文教师，在朗读时往往“过于有感情”，有一种装腔作势之态，这样的朗读若是贯穿全课甚至贯穿所教学生在小学语文学习中的整个六年，那么对于学生来说将是一件极其受折磨的事情。我们必须相信并坚持，朗读语言的基本要求是符合生活的真实，是用最真诚的语言而非虚假（比如装腔作势）的语言进行表达。所以请试想一下，你和朋友说着《桂林山水》时正常的、平常的语气语调，然后在其中渗入你对文本的理解与思考，对作者在文本不同之处所表达的情感的强烈程度进行一定的轻重快慢的处理，观察你朋友听你说时的反应并依此适当调整你的话语节奏等，这其实就是朗读的真意所在了。这种符合生活常态的、真诚的语言表达方式，就能使你在面对不同文体和主题的文本时，都能够做到自如朗读。

二十一、走向看不见的风光

一次，我与金华市荣光国际学校合作开展省培活动，其间邀请了金华市宾虹小学的傅必强老师上示范课，他以宾虹小学校园中的国画大师黄宾虹的塑像为写作对象，以自己写的前后两段文字为内容，让学生辨析其中的区别（第一段是简单地写，第二段则在第一段基础上加入了自己的理解和思考），并引导学生要在“看得见的风景”中品出“看不见的风光”，然后又让学生选择荣光国际学校的某一景进行写作，要求便是既要写出“看得见的风景”，又要写出“看不见的风光”。

这段教学给我留下深刻的印象。的确，从“看得见的风景”中品出“看不见的风光”，这应该是提升学生听、说、读、写质量的关键。遗憾的是，现在很多语文教师都只是在“看得见的风景”中转来转去，其自身的语文素养也因为只是在表面打转而未能持续提升。我们先举一个人人都有体验的例子。现在教师学习培训的平台很多，观摩特级教师上课的机会也很多，但为什么教师的语文学科水平和语文教学水平依然如故？因为他们只看见了特级教师所呈现出来的“看得见的风景”即教学实施方法，却缺乏对其优质教学方法背后的原因即“看不见的风光”的探究，所以，虽然或许他们在自己的课堂中也模仿着运用了这种种方法，但终不能达到特级教师在课堂上达成的效果。他们或许不知道，在特级教师采用某种教学方式的背后，有其对各种教育规律的深刻理解，有对学生将心比心设身处地的心理把握，有对文本长达数万字的解读，有对表达这些内容的语气语调的反复揣摩……这诸多方面因素的整合，才促使其决定采用怎样的方式开展教学，我们便看到了特级教师们因为对这些很多人“看不见的风光”的把握而拥有的教育教学智慧……

所以，语文教学必须从“看得见的风景”走向“看不见的风光”；语文教师的修炼，也必须从“看得见的风景”走向“看不见的风光”。那么，这“看不见的风光”到底包含什么呢？我们不妨从几个维度作些思考。

第一，从内容上看，“看不见的风光”是诸多规律。包括对班级授课制的优点和局限、师生关系、课堂文化建设等教育层面的认识，包括对字、词、句、段、篇等语文基础知识运用规律和听、说、读、写等语文基本能力提高规律的理解和认知，包括对文本从言语内涵、言语形式、言语意图多个层面的深意的理解和三者关系的把握，包括对语言文字和文学作品鉴赏与批评的基本方法的掌握，也包括对语文与生活、与社会、与自然之关系在哲学层面的思考，等等。总之，是教师内在深厚的知识积累和全面的规律把握。所以，我总是在培训中建议各位教师和各个学校在日常教研活动、教学展示或竞赛前的研讨过程中，一定要从对教学环节设置的关注中解放出来，转为关注学生学习心理和状态，关注文本解读的深度、广度和关联度，关注教师是否形成了独立的能够借助语言文字和生活体验作出自圆其说的观点等，因为如果忽视了对这些“看不见的风光”的自觉把握，要上出一堂高质量的语文课是不可能的，关注、重视并掌握这些“最本源”的规律，才能实现语文课堂的高质，才能让学生的课堂状态达到最佳，才能使学生的学习保持较高的热情。

第二，从方法上看，“看不见的风光”是思维进程。从“看得见的风景”到“看不见的风光”，这是一个由此及彼、由点及面、由表及里、由浅入深、由局部到整体的“过程”，需要有一些逻辑方法的支撑，要善于发现各种“看得见的风景”之间的关联并在关联过程中发现新的意义。优秀的作者，总是善于在平常的现象中看出并表达出不平常的内涵；优秀的读者，也必然是应该透过语言看出作者所要表达的不平常的内涵来。而要达成这样的效果，除了需要教师拥有广泛的阅读之外，还要将平日的阅读纳入某个特殊的语境中，将各文本作品进行有意关联，并在关联中得出自己独立自由的思想和观点来。曾听康震老师在《百家讲坛》中解读唐宋八大家，其对柳宗元借助动物和小人物所创作的寓言内涵的深意的“关联”解读就极具逻辑力量。如他在讲解《捕蛇者说》《种树郭橐驼传》《梓人传》三则寓言时，在分别得出“暴政”“表面勤政实则管束”的从政态度与方法的基础上阐述了柳宗元心目中“顶层设计统筹管理、用人不疑绝不干涉”的政治主张，并对其为何拥有这样的政治主张的原因进行了深入剖析，这便是将三个寓言故事的内涵进行了关联思考。当他将三个分别独立揭示或解释某种政治现象或政治主张的寓言小故事进行了如上的整合思考后，就对柳宗元的政治观作了整体的、清晰的、有创意和有深度的诠释。另外，从这个例子中，我们也可看出，在把握“看不见的风光”的过程中，我们尤其要有意识地关注系统思维、批判思维、创新思维在其中的运用与体现。

第三，从宗旨上看，“看不见的风光”是价值观。如果说前两者分别是内在的知识和依托关联形成的认知，那么，从“看得见的风景”走向“看不见的风光”的最终目的是价值观的培养。所谓价值观，是指“基于人的一定的思维感官之上而作出的认知、理解、判断或抉择，也就是人认定事物、辨别是非的一种思维或取向”，人之所以作出这样或那样的思维判断和行为选择，都取决于其价值观的作用。而正确价值观的形成并非依靠理性的道德说教或思维推理，而是受到立场角度以及过往经验带来的情感、情绪体验等诸多因素的影响，比如，在前面谈及的“暴政”“表面勤政实则管束”“顶层设计统筹管理、用人不疑绝不干涉”这三种政治主张中，作为一个读者，我们都会接受第三种主张。但为什么在实际生活中，有少部分人虽然认可第三种，在行为中却是第一或第二种？这就有支撑价值选择的立场与出发点以及过去体验等的影响。正确立场角度和正向情感体验的形成，需要在特定的情境和语境中去感悟，需要在深刻感悟他人思想和行为并使这种思想行为触动到其内心最柔软的那根心弦的过程中才能起作用。而这些，只有从“看得见的风景”走进“看不见的风光”中，才有可能实现。

所谓“风景”，是一种客观的物象存在，是静态的、平面的、就在眼前的；所谓“风光”，则是一种需要你主观介入的意象把握，是动态的、立体的、连接起遥远时空的。若我们的眼前只有风景，终有一天会审美疲劳；若我们的眼前拥有风光，便能常见常新，生发出无限可能。若眼前只有风景，那么它带给我们的最多只是刹那的惊喜；但若能看见其中的风光，那么我们将拥有如泉涌一般的不竭的思考。

语文教学要从“看得见的风景”走向“看不见的风光”，需要语文教师广泛地阅读以把握内在的规律、自觉地思考以呈现严密的逻辑、积极地体验以树立正确的观念……而这些，需要我们有捅破“现象”和“本质”之间、“看得见”与“看不见”之间这层薄薄窗户纸的勇气和自觉，经常问问自己：“特级教师这样教的内在原因是什么?”“作者这样写的目的是什么?”“这样的朗读处理是出于怎样的考虑?”“当教学行进到这里，学生的心理感受会是怎样的?”“这个作品背后，究竟有怎样的背景在支撑?”“作者其他的作品有类似的主题表达吗?”“同一时期的其他作者有怎样的思考?”“这个话题在历史演变的过程中都有哪些不同的观点?”等等。唯有如此，教师才能领略到以往“看不见”的“无限风光”，并深深地爱上课堂、爱上语文、爱上学生，也因此深深地爱上自己。

后　记

对语文对话教学的研究，是偶然因素和必然因素相互促成的结果。

说偶然，是因为1986年我从金华师范学校毕业保送到浙江师范大学中文系读书的过程中，一直以语言艺术作为自己的专长进行执着的练习和研究，在朗诵、演讲、讲故事等领域获得了很多奖项，中师时即在金华市的演讲比赛中荣获第一名；大学时更以讲述《乌鸦、老虎和狐狸》的故事而代表中文系参加全校艺术节的演出；大学毕业纪念册上，很多同学写道“何时再听你讲故事”“听你讲故事，每个人都愿意成为孩子的”。大学毕业回到母校工作，执教的也是“语文基础知识”和“教师口语”课程，最为经常性的工作是辅导学生练习普通话、排练朗诵、指导演讲和讲故事，每天早自修在学校广播站带领整个年级学生练习普通话成为非常美好的记忆；也经常在学校和金华市庆元旦、“五四”纪念活动、建党纪念活动等诸多大型演出中担任演出任务，收获了无数的喜悦与感动。2007年，在金华职业技术学院师范教育百年庆典中，我们排演了音乐情景剧《永远的课堂》，我在其中扮演新中国成立时学校的一名普通话教师，我至今清晰地记得其中的场景和语言，在激动人心的《东方红》乐曲声中，我从舞台的侧面上台，伴随音乐展望着祖国蒸蒸日上的景象，并对从舞台两侧上台的学生说：“同学们，同学们，毛主席在天安门城楼上宣告‘中华人民共和国中央人民政府成立了’！从今以后，我们要加倍地努力学习，建设新中国！来，上课！”接着学生以很不标准的普通话朗读艾青诗歌《我爱这土地》第一二句，我听后说：“停！我听出来了，同学们来自义乌、东阳、永康、武义等地，都带着浓浓的乡音。我们作为一名未来的小学教师，首先要说好普通话。来，跟我一起读：‘为什么我的眼里常含泪水？因为我对这土地爱得深沉！’”在我示范朗读后，学生以标准的、充满感情的语言朗诵这两句诗，意喻经过学习后的提高。后来，每次看这个视频、听这段录音（网上能搜索到这个节目），我都非常激动，我觉得这就是工作中的我的真实写照，我觉得我将一直从事师范生的语言艺术培养工作。所以，基于这样的基础而转为对语文对话教学的研究，实属偶然。

说必然，是因为我从2001年开始，在过去零星发表了几篇不同选题论文的基础上，开始系统地研究教师语言并申报了金华市教育科学规划课题“教师语言艺术研究”，从课堂的导入语、提问语、讲授语、过渡语到结束语，我都进行了有教学案例支撑的阐述，但越研究越发现，单纯研究教师语言的表达或表现是一件只能停留于技巧层面的事情，不能深入语言的内涵，我陷入了研究困惑之中。该如何突破这一瓶颈呢？在大量听课的过程中，我发现教师语言质量的高低绝对不是单纯地由语音标准程度、语速重音停顿等的处理方式决定的，起决定作用的是更为重要的说话内容、逻辑思维等因素。丰富、深刻、独立且富逻辑性的内容才能使教师语言从技巧运用中解放出来，做到声情并茂、行云流水、高超卓越。所以，对语文对话教学的研究，其实是对教师语言艺术研究内涵的自然延伸，是一种必然的结果。

而将偶然与必然联结在一起的又一个原因是在之后学院一位小学语文教学法教师即将退休之际，学院安排我执教小语教课，这就要求我担着更大的责任和使命去研究语文课堂，也有更多的机缘去研究优秀教师语言的内在规律。而当我认真研读了《语文课程标准》，便以其中“阅读教学是学生、教师、文本之间对话的过程”（2011年修订稿改为“阅读教学是学生、教师、教科书编者、文本之间对话的过程”）一语为基点，将教师语言和语文教学进行了融合研究，确立“对话”这一关键词为自己的研究重心，进而申报并成功立项浙江省教育科学规划课题“对话理念在小学语文中的实践研究”（2005年）、全国教育科学教育部规划课题“语文对话式教学模式的构建研究”（2006年）、全国教育科学“十二五”规划教育部重点课题“基于师生幸福文化的小学语文课堂改革的研究”（2012年）。有了课题研究的要求和平台，我每周前往小学指导一线语文教师按照我的对话教学思想执教研讨课，并在此基础上进行总结和提炼。2005年，撰写专著《语文课堂对话艺术》；2006年，《以对话为学习策略的小学语文教学模式探索》一文发表于教育类权威刊物《教育研究》第3期，表明了语文对话式阅读教学模式的真正确立。同年，金华市教育行政部门发文在中小学推广“对话式教学模式”，并由中国教育学会教育实验研究会、教育部浙江大学基础教育课程研究中心和金华职业技术学院联合举办了“语文对话式教学研讨会”。2007年，课题研究成果评为浙江省人民政府基础教育教学成果二等奖，由我主持建设的以此为标志性成果的“小学语文新课程教学法”课程评为浙江省精品课程、国家精品课程。2010年，在不断发展基础上形成的研究成果评为教育部首届基础教育课程改革教学成果二等奖。2013年，我主持的国家精品课程“小学语文新课程教学法”转型升级为国家精品资源共享课。运用语文对话式阅读教学模式开展教学的师范生和一线语文教师多次在省市比赛中荣获一等奖，也为多人成长为教改之星和特级教师发挥了作用。

自2011年开始，浙江省全面开展中小学教师专业发展培训，我每年均主持培训项目，至今已有二十余项次，大多为90学时连续12天的培训，也有长达30天的骨干教师培训，培训内容均围绕“语文对话教学与文本解读”这一主题进行。因每次培训均历时较长，所以必须将培训内容分解为许多更细节、更深入的话题，而在对这些话题的整合思考过程中，我对语文课堂和语文学科的本质以及语文能力发展的规律等有了比较独立的理解。当我将这许多独立理解与参训教师分享时，我看到了他们豁然开朗和无限欣喜的神情，并有效促进了其中很多教师在日常教学中也运用语文对话式阅读教学模式开展教学。更重要的是，在运用这个简单易行的教学模式过程中，他们将关注点从教学环节与教学外在技巧的设计转移到了文本解读和内在文学素养的提升，将关注如何教转为关注如何学，真正将学生的阅读感受、问题和建议作为教学的逻辑起点。每当看到教师们的转变，我内心的感受真可以用“无限的欢喜”来形容，并因此想到若能将这许多的思考凝练成文字，使其超越时空，让更多教师来分享，让更多学生能受益，这应该也是一种价值和功德的体现了。因此，此书从酝酿到撰写其实至少经历了十余年的时间。在这十余年的时间里，有六年时间担任着师范学院小学教育部主任的职务，在此期间将更多的精力放在了专业的顶层设计和具体实施中，直至2017年专业评上浙江省特色专业后，我将小学教育部主任的位置交给了年轻教师，让自己回归为一个研究教师语言艺术和小学语文教学法的普通教师。经过一年多角色的重新转化，我再次拾起对语文对话教学的思考，欣喜地发现经过岁月的沉淀，自己对语文对话教学的思考更为丰富和立体了。

所以，对语文对话式教学的研究是偶然与必然的合力促成，是作为一个教师的责任和使命使然，对本书中的每一篇文章、每一个教学案例，我都经过了认真的思考和选择，都投入了自己的热爱和热情，从来不敢有丝毫的马虎。

本书分五章。

第一章，我将阐述对话教学思想的逻辑起点界定为对当下语文教学的清醒审视和分析，从十个方面阐述了导致目前语文课没意思的内在原因，在分析原因过程中则有力突出学生的学习心理、学生和教师的课堂生存状态，并以缜密推理的语言让读者和一线教师感同身受。

第二章，我提出“高效对话成就有意思的语文课”的观点，将有意思语文课的实现基础和关键确定为“对话”，进而从师生存在本质、师生心灵解放、师生平等对等、师生积极互动、师生教学相长等角度作阐述，从“对话”这一崭新视角丰富读者和一线教师的课堂认知。

第三章，我基于上述思考，阐述了“语文对话式阅读教学模式”，具体分析了其中概念的内涵、外延和每一部分的实施方法并提供了课例，使读者和一线教师在轻松把握策略过程中深入领会其中价值，并将提升课堂质量的关注点从教学技巧运用转为对文本解读和内在学养以及学生学习心理规律等的把握上。

第四章，我详细阐述了实现高效对话的关键即“文本解读”的多维策略，包括“诠释文本意图、促进精神成长、站在读者立场、站在学生立场、三境之融合、三言之互释、遣词造句、选材组材、谋篇布局、主旨立意、情感基调、文体风格、文本题目、逻辑演绎”等，并提供了自己开展文本解读及对话模式教学设计的课例，帮助读者和一线教师形成“独立、自由且真诚的文本解读”能力。

第五章，我基于“教育是一场修行”的认知，提出还需有语文教师各方面素养的支撑才能实现高效对话的观点，内容包括提升教师形象、转变教育观念、放低教师姿态、开展逆向思维、学会三心并举等21篇文章，以期达成对读者和一线教师在平常生活中发现规律、思考规律的引领，从看得见的风景走向教育教学看不见的美丽风光。

教育是学生和教师当下的生活，因此我们必须去成就教育当下的美好而不仅仅是为未来做准备，这其实就是本书撰写的初心和宗旨。这一美好的初心与宗旨，使我在研究和撰写过程中始终能够收获欢喜和感动，心中也便充满无限的感恩。首先感恩众多一线语文教师的参与。研究初期，滕闽军、贾淑玮、金丽春等教师常围绕我的身边，为某个教学问题而孜孜研讨直至豁然开朗；吴小军、叶如芳、许佳丽等教师愿意以对话模式开展教学参加各级比赛并荣获大奖，给了当时的我莫大的信心；在后来主持培训的过程中，赵建鼎、刘旭升、余音、黄晓红、陈方正等诸多教师为我的培训班学员执教研讨课，并收获了很好的教学效果；还有众多默默无闻运用这一模式为自己的日常课堂带来重要改观的教师们。其次要感谢在研究过程中给予我很多支持和指导的专家们，感谢我的恩师王尚文先生，不顾自己的高龄，对我提出的讲学邀请和学术请教总是不遗余力，有求必应，他的讲学风格一如我读大学之时，用无限的激情和智慧唤起广大教师的教育热情；感谢我的访学导师刘力先生，他对教育教学问题的敏锐感知和深刻分析往往能够帮助我开启一片崭新的研究视域；感谢省教研室教育研究专家柯孔标主任、滕春友主任、张丰主任在我总结和提炼研究成果时毫无保留的指点，使研究能一次次达到新的高度；感谢徐锦生、朱昌元、李武南、邵金生、陈芸等众多专家从各个不同的学术角度为我主持的培训班提供学术指导。特别感谢王尚文先生、滕春友教授为我的新作写序，给予我很多的褒扬和鼓励。感谢我的家人，在我将全心放在教育教学工作的过程中，他们给了我最大的支持。感谢我工作的学校和学院，金华职业技术学院是我国高职教育中的佼佼者，师范学院的前身金华师范学校成立于1907年，具有百余年办学历史和优秀传统，是我的母校、我的教育初心萌发之地，她们为我的专业成长提供了很好的环境。

最后我想说，从我在1983年考入金华师范学校的那天起，从我在学生时代观摩了陈云仙老师、李吉林老师的语文示范课后，我就立志要成为一名特级教师，并因此激励自己不断努力。虽然有幸保送读大学却也因此而与这份崇高的荣誉失之交臂，但这份教育的情怀始终未有丝毫减弱。所以在撰写本书的过程中，我的内心始终有一份因这情怀而使教学思想和策略得以超越时的激动，这份激动或许会使我的文笔多了一些感性而少了一些作为一本学术著作该有的理性，其中的观点或许也会因此而存在一些偏颇，敬请各位读者提出宝贵意见，使对话教学理念和策略不断得以完善，使广大学生和教师收获更多语文课堂的精彩和欢喜。